CB122488

FLORESTAN FERNANDES: IDEIAS PARA COMBATES

Adelar João Pizetta
Carla Loop
Geraldo Gasparin
Rosmeri Witcel
Selma de Fatima Santos
(org.)

FLORESTAN FERNANDES: IDEIAS PARA COMBATES

1ª EDIÇÃO

EXPRESSÃO POPULAR

SÃO PAULO – 2021

Copyright © 2021, by Editora Expressão Popular Ltda.

Revisão: Aline Piva, Cecília da Silveira Luedemann
Projeto gráfico e diagramação: Zapdesign
Capa: Rafael Stédile

Dados Internacionais de Catalogação-na-Publicação (CIP)

F634 Florestan Fernandes : ideias para o combate / Adelar João Pizetta...[et al.]; — 1.ed.— São Paulo : Expressão Popular, 2021.
255 p.

ISBN 978-65-5891-036-7

1. Fernandes, Florestan, 1920-1995. 2. Sociologia Brasil. I. Pizetta, Adelar João. II. Título.

CDU 316

Catalogação na Publicação: Eliane M. S. Jovanovich CRB 9/1250

Todos os direitos reservados.
Nenhuma parte deste livro pode ser utilizada ou reproduzida sem a autorização da editora.

1ª edição: agosto de 2021

EDITORA EXPRESSÃO POPULAR
Rua Abolição, 201 – Bela Vista
CEP 01319-010 – São Paulo – SP
Tel: (11) 3112-0941 / 3105-9500
livraria@expressaopopular.com.br
www.expressaopopular.com.br
ed.expressaopopular
editoraexpressaopopular

SUMÁRIO

APRESENTAÇÃO

Os/as organizadores/as

É PROVÁVEL QUE, PARA MUITOS DE NÓS, o primeiro contato com Florestan Fernandes tenha se dado a partir de um pequeno livro de bolso, muito utilizado nos processos de formação de militantes, que apresenta um título tão questionador quanto necessário: *O que é revolução* (1981).[1] Essa referência, que nos inculcou ideias sobre a importância de transformar as estruturas, também nos inspirou a aprofundar os estudos sobre o próprio Florestan. Seu pensamento complexo e abrangente, por vezes difícil, de formulação científica e crítica, nos deixou um legado, uma história, que nos permite dispor de chaves de leitura muito atuais para desvendar a realidade brasileira, seus dilemas e desafios.

No ano de 2020, em que celebramos o centenário de nascimento de Florestan Fernandes, muitas foram as iniciativas, algumas ainda em curso, no sentido de vivenciar seu legado e conhecer sua obra. A própria atividade formativa, cujo programa de estudos se encontra ao final deste livro, teve mais de 500 inscritos e mais de uma centena de militantes, professores, intelectuais que chegaram a completar as oito etapas do grupo de estudo *on-line* organizado pelo Movimento dos Trabalhadores Rurais Sem Terra (MST) em tempos de pandemia. Isso revela que as ideias e a força do pensa-

1 Cf. Fernandes, Florestan. *O que é revolução*. São Paulo: Expressão Popular, 2018.

mento de Florestan Fernandes permanecem vivos e nos instigam a entender a sua arguta elaboração teórica sobre a estratégia da revolução brasileira.

Os textos organizados neste livro são o resultado das elaborações teóricas dos educadores e educadoras que contribuíram no curso "Legado teórico e político de Florestan Fernandes", e se inserem no conjunto dos esforços formativos na luta pela Reforma Agrária Popular, a nos mostrar que o pensamento de Florestan também está vivo na luta dos Sem Terra nos acampamentos e assentamentos, cooperativas, grupos de jovens e mulheres e em nossa Escola Nacional Florestan Fernandes (ENFF). Nessa escola, espaço da classe trabalhadora, se busca refletir os dilemas atuais da sociedade, como que atualizando as próprias reflexões de Florestan: os dilemas da desigualdade social, a questão racial, a questão da democracia, a questão educacional e, fundamentalmente, a questão da revolução e da luta pelo socialismo.

Portanto, além de um convite à leitura da obra magistral de Florestan Fernandes (ver apêndice com um roteiro como guia para essa leitura), apresentamos um conjunto de temáticas que nos permitem acessar o legado de um mestre que educa gerações e que nos insinua que a revolução está na ordem do dia, a começar por superar a contrarrevolução mais odiosa que presenciamos na atualidade.

No início do livro, apresentamos dois artigos encomendados a dois intelectuais e educadores da ENFF, *Educação e formação da consciência crítica*, de Maria Orlanda Pinassi, e *Pensamento e ação política de Florestan Fernandes*, de Vladimir Sacchetta. Ao homenagear nosso mestre, eles nos revelam um encontro de gerações entre intelectuais e o movimento popular, pleiteando um legado que não apenas abriu horizontes para a reflexão teórica, a compreensão e a interpretação da realidade social, como também forneceu chaves para uma releitura crítica de tudo o que havia sido produzido no país até então.

Propomos aqui um estudo sistematizado a partir de oito temáticas, que são amplas, pois Florestan Fernandes buscou estudar, interpretar e entender, em seu momento histórico, problemas que permanecem muito atuais no Brasil e na América Latina. A forma como organizamos o programa de estudo nos coloca em diálogo com o pensamento do autor e, como vivemos um momento histórico com novos elementos, este diálogo permite que façamos nossas interpretações e não apenas copiemos o que Florestan Fernandes nos disse.

Florestan carrega o título de um mestre rigoroso, de uma escrita elaborada e densa; por isso, nosso programa integra temáticas de forma que algumas obras são retomadas e complementares, exigindo conexões, disciplina para leitura, ao mesmo tempo em que pretendemos fazer nossas análises e potencializar nossa capacidade de interpretar o movimento atual das contradições da sociedade brasileira.

A primeira temática aborda a vida e obra de Florestan, no texto *A teoria como força política e cultural: a práxis de Florestan Fernandes*, de Miguel Yoshida. Esta é uma introdução que nos permite entender quem é Florestan – sua origem, formação, dificuldades enfrentadas em sua vida, barreiras que ultrapassou – e compreender as bases teóricas da sua obra. Destacamos sua relação com o pensamento sociológico clássico e sua interpretação sobre a realidade brasileira com um sentido e um objetivo marcados, qual seja, o de constituir consciência revolucionária na classe trabalhadora para a construção de uma revolução socialista.

Na segunda temática, com o texto *Florestan Fernandes e a sociedade de classes por uma perspectiva racializada*, de Daniele Motta, compreenderemos a elaboração teórica do Florestan acerca da questão racial, relançando as raízes da formulação do seu método de pesquisa e de interpretação da sociedade brasileira. Refletindo sobre as mudanças e permanências que a transição da ordem senhorial e escravocrata para a ordem capitalista acarretou na formação do regime de classe, Florestan demonstra a manutenção da raça como forma de classificação e estratificação, revelando as marcas que o sistema escravocrata deixou para a sociedade de classes.

Na terceira temática, com o texto *Sobre a sociologia crítica e militante de Florestan Fernandes*, de Mirian Limoeiro, aprofundaremos a interpretação de Florestan e seu estilo de pensar a realidade social. O norte que guia o pensamento, as atitudes e as ações de Florestan é a necessidade da transformação profunda, estrutural, da organização da sociedade que exclui, que retira direitos, que domina, oprime e explora o mundo do trabalho e a população em geral. Também vamos compreender o método e sua contribuição para a constituição da sociologia como ciência, relacionando pensamento crítico e história; a criação da sociologia crítica e uma nova forma de interpretar o Brasil e de compreender a sociologia a serviço da luta de classes na perspectiva dos trabalhadores.

Na quarta temática, o texto *Democracia e revolução em Florestan Fernandes: a tática e a estratégia em tempos de capitalismo monopolista*, de Ricardo Scopel Velho, estudaremos importantes categorias do pensamento de Florestan, como capitalismo dependente, classes sociais, mudança social e democracia. O texto nos permite captar o processo de formação e comportamento das classes dominantes e da burguesia brasileira, bem como o processo de formação e debilidades das classes trabalhadoras e operária no Brasil. Nos apresenta o padrão de dominação burguesa e o controle dos processos de mudança social numa sociedade capitalista subordinada e dependente do imperialismo, colocando em debate a questão da estratégia da revolução.

Na quinta temática, com o texto *Florestan Fernandes e a educação no Brasil: a necessidade de ver as trevas para ver melhor*, de Fabiana de Cássia Rodrigues, debatemos o dilema educacional no

Brasil, sobre o qual o sociólogo construiu uma análise de país que tomou como traço constitutivo das relações sociais a manutenção do atraso, de relações arcaicas, de mecanismos que sustentam e dão continuidade ao apartar dos de baixo. Florestan viveu integralmente os desafios de seu tempo como pensador, professor e lutador em defesa da educação pública e do socialismo, trazendo, por vezes, a incômoda análise de que era preciso tratar os problemas brasileiros com radicalidade, com proposições, dotando a educação de uma extraordinária importância no processo de emancipação humana.

Na sexta temática, o texto *Notas sobre o tema "revolução burguesa no Brasil" no pensamento social de Florestan Fernandes*, de Diogo Prado Evangelista, analisa a problemática da revolução: revolução burguesa e contrarrevolução. Ao analisar a obra de Florestan acerca da sua interpretação da revolução burguesa no Brasil, que fecha suas possibilidades com a contrarrevolução de 1964, vamos aprofundar o significado do pacto histórico de classes firmado pelas elites em torno da contrarrevolução, pacto que, de certa maneira, se manteve na Nova República, prolongando-se com novas roupagens até a atualidade.

Na sétima temática, com o texto *Florestan Fernandes e o tema da organização política*, de Ronaldo Pagotto, vamos discutir a concepção de revolução em Florestan, o caráter da revolução brasileira e seu horizonte socialista. A dialética revolução "dentro da ordem" e revolução "contra a ordem", como táticas de um mesmo processo revolucionário, os sujeitos da revolução e a importância da construção de organizações autônomas, revolucionárias, com táticas e estratégias adequadas à situação estrutural da sociedade brasileira, se apresentam como desafios atuais para a esquerda brasileira, do ponto de vista organizativo, teórico e da luta de classes em geral.

Na oitava temática, com o texto *Capitalismo dependente*, de Felipe Augusto Duarte e Silvia Beatriz Adoue, vamos estudar os principais elementos indicados por Florestan acerca dos padrões de dominação externa na América Latina, da dinâmica histórica que forjou a dependência da região na sua inserção no mercado mundial capitalista, em contraponto ao imperialismo, indicando-nos como as relações de dominação e dependência são continuamente fabricadas, mas não apenas de fora para dentro, como também e fundamentalmente de dentro para fora.

Para finalizar o conjunto de reflexões, apresentamos ainda dois textos que transcendem o programa de estudos e buscam ancoragem nas práticas da luta política ideológica dos movimentos populares. O texto *Florestan Fernandes e a história em processo*, de Geraldo Gasparin, trata das formulações de Florestan em diálogo com Marx, Engels e Lenin, para recolocar as bases fundamentais do materialismo histórico dialético como parte da luta ideológica necessária nesse momento da luta de classes. Destacamos como a batalha das ideias ganha centralidade no conjunto da obra de Florestan, sobretudo por seus escritos sociológicos e de caráter político.

O texto *Aspectos do legado de Florestan Fernandes, a editora Expressão Popular e a Escola Nacional do MST na batalha de ideias*, de Adelar João Pizetta, Carla Maria Loop, Carlos Finatto Bellé e Rosmeri Witcel, faz reflexões acerca da relação que podemos estabelecer entre a trajetória do MST e a vida de um homem como Florestan, por que o Movimento o homenageia – dando seu nome à nossa Escola Nacional de formação de quadros –, qual o papel da ENFF e da editora Expressão Popular na construção de práticas teóricas revolucionárias da classe trabalhadora e da formação de quadros na "batalha" de ideias.

Quando assumimos o trabalho de escrita sobre os estudos a serem aprofundados, pensamos no nome de Florestan Fernandes intimamente associado ao que ele representa: um grande lutador que jamais abdicou de suas convicções e que procurou viver de modo coerente com suas ideias e princípios. Um batalhador incansável, desbravador de um pensamento sociológico genuíno, defensor da luta de classes, da revolução e do socialismo como horizonte a ser alcançado.

Florestan nos inspira à busca por entender e resolver os problemas do Brasil, à revitalizante tarefa de pensar a estratégia da revolução brasileira, uma vez que uma sociedade não se transforma profundamente quando não dispõe do conhecimento das relações que a organizam. Portanto, seguindo as orientações de nosso mestre, daquele pequeno e denso manifesto, que também cabe como livro de bolso: "Na prática, porém, deverá combinar várias táticas de luta, que unam entre si as reivindicações concretas e os pequenos combates com o fortalecimento de uma consciência de classe revolucionária e uma disposição de luta inabalável." (Fernandes, 2018, p. 112).

Fica, portanto, o convite para a leitura das páginas que ocupam este livro, preenchendo um importante roteiro de estudos sobre a obra e o pensamento de Florestan Fernandes – roteiro que se constituiu em curso, um curso que assumiu uma característica fundamental de nosso mestre: o de ser um publicista das ideias do socialismo, da revolução, potencializado no desafio da teoria. Evidentemente, o convite é para adentrarmos na obra de Florestan e transformá-la em arma de combate e forma de manter a vitalidade de suas ideias e aspirações. Este livro tem como objetivo dar munição para esse combate.

Por fim, e não menos importante, é desnecessário dizer que, para o estudo, exige-se disciplina, empenho, dedicação. Disciplina que o autor de *A revolução burguesa* assumiria como postura ante a vida, mas, sobretudo, como método de estudo: do domínio rigoroso da estrutura, da dinâmica da vida social, da rigorosidade na pesquisa no domínio das ciências, especialmente da sociologia. Todos sabemos que a estrutura e dinâmica da sociedade burguesa se renova. Por isso, a necessidade de desenvolvermos a capacidade de analisá-las e propor alternativas ante a ordem e desordem burguesa. Eis aqui o sentido mais preciso da disciplina com o estudo.

Nesses tempos em que persistem o aumento das desigualdades sociais, o esvaziamento da democracia, o recrudescimento do caos econômico, da destruição ambiental, a elevação da consciência das massas, sempre potenciado nas lutas sociais, seguramente é um dos maiores desafios. Todavia, a formação de consenso em torno de um projeto de emancipação humana e social que promova a articulação social e política dos "de baixo", não como um fim em si mesmo, mas como um poderoso movimento socialista na sociedade, é o convite que Florestan Fernandes nos faria pessoalmente se estivesse vivo. Nós que continuamos, temos o dever ético-político-cultural de seguir seu legado, por isso o convite sincero de ler o esforço coletivo reunido nesse livro e, sobretudo, o compromisso com o estudo da obra e pensamento de Florestan Fernandes.

Novos cursos serão oferecidos à militância no sentido de continuar estimulando o debate, a pesquisa, mas, acima de tudo, porque o tempo presente exige-nos que recoloquemos a construção do socialismo na ordem do dia, e Florestan torna-se leitura obrigatória nessa construção.

Referências

FERNANDES, F. *O que é revolução*. São Paulo: Expressão Popular, 2018.

MEUS CAMINHOS PARA FLORESTAN

Maria Orlanda Pinassi[1]

FLORESTAN FERNANDES MARCOU várias gerações; a minha, talvez, tenha sido uma das últimas a pleitear seu legado. Meu primeiro contato com seus escritos aconteceu ainda nos anos de graduação na Escola de Sociologia e Política de São Paulo. Era final dos 1970, um período efervescente, de esperança, mas ainda muito duro. Alternávamos cautela e alguma ousadia para protestar. Afinal, a invasão da PUC-SP, em 1977, não deixava dúvidas de que a repressão se mantinha em forma.

Obviamente que naqueles anos iniciais da minha formação acadêmica, não tinha ainda maturidade suficiente para compreender, por exemplo, que o livro com o qual adentrava seu universo sociológico, *A integração do negro na sociedade de classes* (1965), é uma obra de desvendamento e desmistificação de um segmento social até ali *mau* contemplado pelas ciências em geral. Digo *mau* contemplado não porque tenha sido desprezado, mas porque, à medida que serviu de cobaia para experimentos raciais, causou prejuízos inenarráveis. Pois é no próprio campo científico que

1 Professora aposentada da Faculdade de Ciências e Letras (FCL) da Universidade Estadual Paulista (Unesp) e professora colaboradora da Escola Nacional Florestan Fernandes (ENFF).

Florestan restabeleceu-lhes a dignidade suprimida, demonstrando que a recusa ao trabalho pelos negros foi uma estratégia criativa de resistência à escravidão mantida dissimuladamente pela República. A preguiça foi uma forma ideológica, pejorativa, bem sucedida e longeva de criminalizá-los pelo desdém frente ao não lugar que a "abolição" lhes ofereceu no mundo livre e autocrático.

A mesma incompreensão pairou sobre a leitura que fiz de *Fundamentos empíricos da explicação sociológica* e outros textos do gênero. Naquele momento eu me pretendia uma "marxista" e era com "pensadores menos ecléticos" que queria moldar minha formação. Se pudesse voltar no tempo, certamente não seria para renegar meu marxismo crítico, seria para enriquecê-lo, sendo menos pretenciosa (e ignorante) diante das etnografias magistrais que o jovem Florestan fez da parte esquecida da nossa história. Nem só de operários se constituía o povo brasileiro e as lutas contra a ordem. Os Tupinambás, os africanos e os pobres, que como ele, na infância, habitaram os cortiços da cidade de São Paulo, foram iluminados por um cabedal de temas e abordagens que, além de Marx, nos trazia Trotsky, Lukács, Marcuse, o melhor de Spencer, Comte, Weber, Durkheim, Mannheim, Wright Mills –, a genial imaginação sociológica. Meus primeiros passos foram de negação do que não conhecia.

Apesar do meu estranhamento inicial, parte dele, é verdade, creditada ao nosso autor, que jamais facilitou as coisas para seus leitores, insisti em sua pena, observando que com ele encontraria um horizonte gigantesco de ferramentas para compreender a dependência estrutural do Brasil e da América Latina. Assim foi que me deparei com os escritos da transição vivida por ele na sofrida aposentadoria compulsória da USP e no não menos sofrido exílio no Canadá. Reconheço aqui que, entre outros inúmeros equívocos que cometi, também dividi o jovem Florestan do Florestan maduro. Há muito, porém, superei o disparate de cindir a processualidade de uma obra tão rica e tão complexa como a que ele construiu.

A revolução burguesa no Brasil (1975), *Capitalismo dependente e classes sociais na América Latina* (1973), *Circuito fechado* (1976), *Da Guerrilha ao Socialismo: A Revolução Cubana* (1979), *Poder e contrapoder na América Latina* (1981), *O que é revolução* (1981), *Nova República* (1986), *Em busca do socialismo, O PT em movimento,* foram alguns dos demais livros que fui descobrindo nos anos que se seguiram à graduação. Isso sem falar nos nomes que escolheu para acompanhá-lo nas preciosidades que ele cuidadosamente selecionou para a *Coleção grandes cientistas*, sob sua organização na Editora Ática.

Desde aqueles tempos iniciais, Florestan esteve presente em todo meu percurso intelectual e militante. Uma ocasião que encontrei para me aprofundar em suas ideias foi quando, já professora na universidade, constatei, através dos alunos, a lacuna que ele representava naquele Curso de Ciências Sociais. Apresentei, então, um programa de disciplina optativa inteiramente dedicada a Florestan Fernandes. Sempre com a sala cheia de estudantes, regulares e irregulares, todos muito interessados em conhecer aquele famoso desconhecido deles que, enfim, saía do exíguo espaço de uma aula que ocupava nos quatro ou cinco anos de duração do curso.

Para mim, todo esse processo começou a se encaixar ainda melhor quando fui convidada para palestrar sobre "Educação e formação da consciência crítica" na I Semana Florestan Fernandes – A luta de classes e o legado de Florestan Fernandes – da ENFF. Isso aconteceu em agosto de 2009, e ali sentia que meus conhecimentos do mestre chegavam a um lugar que ele certamente o deixaria feliz. Participei de Semanas seguintes e poucos anos depois, contribuí com a elaboração do projeto que deu origem ao curso O legado de Florestan Fernandes, um esforço de mais largo espectro e aprofundamento de sua obra para militantes do MST e demais movimentos sociais brasileiros.

Com essa minha breve história rumo a Florestan, entrego o prefácio desse livro, resultado de todas e todos que nos envolvemos com tanta energia na concretização deste Curso, uma iniciativa seminal da ENFF. Alunas e alunos, de todo o Brasil, enfrentaram, talvez com as dificuldades do meu início, os desafios de desbravá-lo. Mas desde sua condição de lutadoras e lutadores, transcendia o interesse pela apreensão teórica; exalavam a necessidade de torná-lo práxis.

Os textos desta publicação foram escritos por educadoras e educadores envolvidos nessa difícil, mas frutífera função de tornar compreensível um pensamento profundamente complexo e inovador. Cada um dos autores revela uma faceta desse grande intelectual, socialista e militante, um ser humano ímpar que tem muito a iluminar os caminhos da ruptura com da (des)ordem insensata que vivemos.

Educação e formação da consciência crítica[2]

> *Sempre me coloquei à frente dos que acham que a função do intelectual consiste em negar a ordem em nome do pensamento crítico e das forças de transformação revolucionária da sociedade de classes.*[3]
>
> Florestan Fernandes

Ao declarar, corajosamente, naqueles anos de chumbo do regime empresarial militar, de que lado se encontrava nas trincheiras da luta social no país, Florestan Fernandes, a um só tempo: 1)

---

2 Texto apresentado na I Semana Florestan Fernandes na Escola Nacional Florestan Fernandes, em agosto de 2009.

3 Cf. Fernandes, Florestan. *Circuito fechado*. São Paulo: Hucitec, 1976. Ver, na segunda parte do livro, os textos: "América Latina: hoje; "A ditadura militar e os papéis políticos dos intelectuais na América Latina" e "A universidade em uma sociedade em desenvolvimento".

desmistifica a fantasia em que se converteu a neutralidade axiológica; 2) profana o mundo sagrado das abstrações teóricas puras, daquelas que se tornam reféns do conceito e da palavra; e 3) mais importante ainda, ressalta o poder que o pensamento crítico pode adquirir quando encontra os sujeitos da "transformação revolucionária da sociedade de classes".

Esse aspecto particularmente explosivo do pensamento de Florestan se apropria do que há de mais radical na teoria revolucionária de Marx e Engels. Isso significa que, para ele, o intelectual (ou educador), se quiser ser verdadeiramente crítico, não pode se pensar acima da realidade social, nem considerar que seu pensamento, por mais crítico que possa parecer, seja capaz de moldá-la por muito tempo.

Tendo em vista a conjuntura política pouco favorável na qual Florestan Fernandes escreve aquele ensaio, é profundamente instigante sua análise a respeito da ditadura militar como uma "fase de transição" que, mediante violência e corrupção, busca "assegurar um novo padrão de desenvolvimento industrial dependente sob o capitalismo monopolista" (Florestan, 1976, p. 138).

Obviamente que não tenho pretensões de me estender aqui pelas brilhantes considerações sobre a lógica do desenvolvimento desigual e combinado que marcam tão fortemente suas análises sobre a revolução brasileira e o insuperável caráter dependente do capitalismo no Brasil e na América Latina. Minha intenção é mais modesta, situando-nos no interior delas. Interessam-me algumas das mediações que ele constitui para nos ajudar a compreender a difícil relação que a intelectualidade estabelece com o poder político, seja na vigência da ditadura, seja da democracia (burguesa de país dependente). E, claro, essa compreensão passa pela importante e necessária desmistificação da política como instância autônoma da economia em sua relação com a intelectualidade e os rumos dados à produção do conhecimento.

O enfrentamento da questão é particularmente necessário à realidade latino-americana, cuja dependência estrutural forjou uma permanente e insolúvel instabilidade econômica e, consequentemente, política. É isso que torna tão indefinidos os limites entre ditadura e democracia no Brasil, algo que reflete diretamente sobre o comportamento da intelectualidade frente às necessidades do país. Segundo Florestan,

> Alguns papéis específicos dos intelectuais e suas implicações políticas indiretas (para o desenvolvimento da pesquisa científica, da educação, do planejamento etc., ou para empreendimentos abstratos) não foram afetados [pelo regime militar]. Eles sofreram uma mudança de orientação, em consequência do novo padrão de dominação econômica e cultural externa. As esperanças de crescimento cultural autônomo e de uma 'revolução intelectual' através da ciência, da tecnologia avançada e da educação democrática serão basicamente destruídas. Mas, aqueles papéis e suas implicações políticas indiretas são inerentes ao sistema de instituições da 'civilização tecnológica moderna'. (Fernandes, 1976, p. 135-136)

Uma peculiaridade problemática da ditadura é ressaltada por ele na relação que o regime estabelece com a intelectualidade pois, na medida em que proíbe manifestações populares e coíbe a liberdade da crítica, cria uma situação tensa e perigosamente radicalizada. De um lado, encontram-se os lacaios, alguns incondicionais, ou seja, aqueles que se entregam de corpo e alma ao poder independentemente da forma que assume; outros tantos, neutros, cujo colaboracionismo e resultado dão absolutamente no mesmo. De outro, se encontram os críticos radicais organizados 'em torno dos movimentos clandestinos de oposição e de rebelião'. Para Florestan, no entanto,

> [...] a tirania de classe e os regimes autoritários militares não são contra 'o homem de saber' em si mesmo. Apenas empenham-se em controlar ou destruir o assim chamado homem de saber 'rebelde'

> e o desenvolvimento do 'conhecimento crítico' sobre a sociedade. (Fernandes, 1976, p. 136)

Numa situação ditatorial declarada, como foi o caso do regime que advém ao golpe de 1964, a radicalização da crítica e da práxis clandestina de uma parcela da *intelligentsia* tende a se definir pela revolução socialista. Mas, segundo Florestan Fernandes, já nos idos de 1960, a consciência restrita ao campo das disputas políticas não podia admitir que o capitalismo brasileiro jamais atingiria a plenitude dos países centrais, dada sua incapacidade de "sobrepujar a pobreza crônica e generalizada, a marginalização sistemática de milhões, a falta permanente de integração nacional, e a exploração externa crescente" (Fernandes, 1976, p. 138).

De fato, os prognósticos de Florestan Fernandes se confirmam no cenário atual, que vem sofrendo agravamento explosivamente dramático devido às consequências da crise estrutural do capital. O quadro traz um enorme desafio para a crítica radical marxista, que não pode desconhecer que esta forma societal, fundada necessariamente na insolvente desigualdade social, resulta de uma concentração tendencialmente verticalizada da riqueza material produzida. Isso quer dizer, conforme arriscou e acertou Florestan, que a essência contraditória da nossa sociedade dependente atinge sua maioridade de modo tão bárbaro que parece tornar impotentes, inúteis e vãos todos os mecanismos ideológicos de controle democrático do conflito latente que, desde a gênese, e apesar de todas as formas contingentes que alternaram alguns momentos democráticos entre muitas ditaduras, continua se manifestando, e cada vez mais intensamente.

A degradação das condições materiais da classe trabalhadora – algo que não causa estranheza nem constitui novidade histórica em países subalternos como o Brasil – não só não foi superada pelo desenvolvimentismo, como vem, muito ao contrário, generalizando e banalizando a utilização, de norte a sul do país, de uma nova modalidade de trabalho escravo, em muitos aspectos diferente e ainda mais perversa que a sua antecessora, se for possível afirmar tal coisa. A tragédia se completa com o recrudescimento da relação monopólica que atualmente se estabelece entre países ricos e pobres que, por intermédio dos capitais transnacionais voltados ao setor de agronegócios, desenha um quadro de sugestiva e generalizada colonialidade para estes últimos.

É este quadro que comprova a atualidade das afirmações de Florestan Fernandes sobre a linha de continuidade entre a fase de transição autoritária, o período da democracia controlada e o autoritarismo democrático, tempos que não só preservam como aprofundam os problemas sociais. Vejamos o que ele diz a respeito:

> [...] se a superconcentração e a militarização do poder atingirem seus objetivos políticos, sob o novo modelo de dominação econômica e cultural externa, surgirá algum tipo de equilíbrio político, e com o ele o intelectual 'rebelde' e o 'conhecimento crítico' reaparecerão na cena histórica. Talvez o 'homem de saber' será um pouco mais cauteloso; e os setores dominantes da sociedade e de suas elites no poder um pouco mais tolerantes. O essencial é o fato de que a 'civilização ocidental moderna' não pode sobreviver sem os intelectuais 'rebeldes' e o 'conhecimento crítico'. Eles fazem parte do seu padrão de continuidade através de mudanças permanentes e rápidas. Isto também é verdadeiro para o presente e para o futuro dos países da América Latina. (Florestan, 1976, p. 136)

Com isso, concluo com a seguinte afirmação: educação e formação da consciência crítica no sentido de uma transformação revolucionária rumo a uma sociedade pautada na igualdade e na liberdade substantiva não se conquista nos bancos da escola formal, a não ser em casos da feliz e rara exceção da regra de haver um educador com princípios revolucionários, disposto a quebrar a apatia dos estudantes diante de "ensinamentos" tão desinteressantes quanto inúteis. Ainda assim, os resultados são questionáveis, dado o isolamento da experiência e dado que isso constitui a exceção e não a regra.

Educação e formação da consciência efetivamente crítica e revolucionária só podem ser conquistados a partir da realidade das lutas travadas contra o capital, da experiência que emana da agudeza das contradições da atualidade. Pois é a crítica dos movimentos sociais de massas, a crítica dos movimentos sindicais e dos partidos políticos que ousam transgredir as regras impostas pela "coisa pública" que incomoda o capital. É essa crítica, que associa teoria e práxis, que é criminalizada, reprimida, violentada pelo capital, na vigência de uma forma muito atual de democracia cada vez mais violenta e militarizada.

Por tais razões, encerro com Florestan que nos diz, com imensa sabedoria que a crítica verdadeiramente revolucionária deveria dar um salto no sentido de:

> [...] contribuir para uma percepção melhor da realidade histórica para a sua transformação social pelo comportamento revolucionário da massa. Esse é, talvez, o papel político específico de uma autêntica intelligentsia que se ache disposta a participar do destino social e as lutas dos povos impiedosamente brutalizados. (Florestan, 1976, p. 140)

Referências

FERNANDES, Florestan. *Circuito fechado.* 1 ed. São Paulo: Hucitec, 1976.

PENSAMENTO E AÇÃO POLÍTICA DE FLORESTAN FERNANDES[1]

Vladimir Sacchetta[2]

Um dos intelectuais brasileiros que mais se empenhou em transformar o pensamento em ação política e social, Florestan Fernandes sempre se orgulhou das suas origens humildes de homem do povo.

> Eu nunca teria sido o sociólogo em que me converti sem o meu passado e sem a socialização pré e extraescolar que recebi, através das duras lições da vida. Para o bem e para o mal, [...] a minha formação acadêmica superpôs-se a uma formação humana que ela não conseguiu distorcer nem esterilizar. [...] Iniciei a minha aprendizagem *sociológica* aos 6 anos, quando precisei ganhar a vida como se fosse um adulto e penetrei, pelas vias da experiência concreta, no conhecimento do que é a convivência humana e a sociedade. (Fernandes, 1980, p. 142)

O fato de ter nascido na pobreza, marcado pelas privações, não o impediu de inaugurar uma nova era na história da sociologia

---

1 Este texto recupera e atualiza a comunicação apresentada no painel "O pensamento brasileiro no século XX: homenagem a Florestan Fernandes, Paulo Freire, Darcy Ribeiro, Rui Mauro Marini e Celso Furtado". Participação de Emir Sader, Frei Betto, Ana Cairo, José Bell Lara e Esther Pérez (moderadora). XIV Feira do Livro de Havana. Cuba, 6 de fevereiro de 2005, Forte San Carlos de La Cabaña.

2 Jornalista e pesquisador de cultura brasileira. Foi companheiro e colaborador de Florestan Fernandes; organizou o livro *A contestação necessária*, que ganhou o Prêmio Jabuti em sua primeira edição pela editora Ática, em 1995, e foi reeditado pela Expressão Popular, em 2015.

brasileira. Isso porque, como lembrou Antonio Candido, companheiro de vida e trajetória intelectual de Florestan, havia na sua personalidade uma espécie de titanismo, em seus dois sentidos: o de força hercúlea e de ânimo de revolta contra as potências superiores, sem jamais perder suas raízes. "Acho que a coisa mais difícil que fiz foi permanecer fiel à minha classe de origem", Florestan fazia sempre questão de relembrar.

Assim, ele não apenas abriu horizontes para a reflexão teórica, a compreensão e a interpretação da realidade social, como também forneceu chaves para uma releitura crítica de tudo o que havia sido produzido no país até então. Graças ao instrumental que criou, conforme destacou Octavio Ianni, um de seus principais discípulos, podemos ler e analisar, sob uma nova perspectiva, teses de pensadores que vão de Silvio Romero e Oliveira Vianna a Sérgio Buarque de Holanda e Gilberto Freyre. Florestan, ao mesmo tempo, retoma e desenvolve reflexões esboçadas por Euclides da Cunha, Manoel Bonfim e Caio Prado Júnior, entre outros. E, a partir desse rico e fecundo diálogo, funda uma interpretação inédita do Brasil, inaugurando um modo de pensar o passado e o presente e de como projetar um futuro com liberdade, igualdade e, especialmente, felicidade, como gostava de frisar.

A interpretação do Brasil concebida por Florestan Fernandes revela a formação e o desenvolvimento, as lutas e perspectivas do povo brasileiro. Um povo formado por indígenas, conquistadores portugueses, africanos trazidos como escravos, imigrantes europeus, árabes e asiáticos. Uma história cujas raízes assentam-se no escambo e escravidão, no colonialismo e imperialismo, na urbanização e industrialização, na formação da sociedade de castas que posteriormente converte-se na sociedade de classes. História permeada por lutas sociais da maior importância, que vão desde as revoltas indígenas contra os colonizadores às lutas abolicionistas contra o regime de trabalho escravo e que, no século XX, amadurece com os embates dos trabalhadores da cidade e do campo pela conquista de direitos e transformação das estruturas sociais.

Parte fundamental dessa contribuição encontra-se em livros, como *A integração do negro na sociedade de classes*, *O negro no mundo dos brancos*, *Mudanças sociais no Brasil* e *A revolução burguesa no Brasil*. Essa produção teve início ainda nos anos 1950, quando empreendeu, com Roger Bastide, uma grande pesquisa sobre a condição do negro em São Paulo. Incorporando definitivamente o marxismo ao seu trabalho e à construção de seu saber, elaborou o que viria a denominar "sociologia crítica e militante", marcada pela consciência política e voltada para os problemas que afetavam os "de baixo", como costumava referir-se aos oprimidos e à população da base da pirâmide social, tomando de empréstimo a expressão de Mariano Azuela forjada no calor da Revolução Mexicana.

Intelectual orgânico e revolucionário, entre 1960 e 1961, Florestan engajou-se na campanha em defesa da escola pública, percorrendo o Brasil de norte a sul, em uma pregação que denunciava o descaso da sociedade brasileira pela democratização do ensino. Por intermédio de palestras, debates e manifestações, Florestan chamou a atenção para os graves problemas educacionais do país e defendeu teses inovadoras que visavam confrontar o Estado burguês, forçando-o a assumir a tarefa de promover a educação pública, gratuita e de boa qualidade para todos.

Florestan Fernandes sempre esteve ligado aos movimentos sociais e reivindicatórios, legais e ilegais, e às organizações políticas de esquerda, clandestinas ou não. A militância orgânica deu-se no Partido Socialista Revolucionário (PSR), de orientação trotskista, a partir de meados dos anos 1940, e durou cerca de uma década. Somente 40 anos depois Florestan retornaria aos quadros de um partido, dessa vez, no Partido dos Trabalhadores (PT). Eleito deputado constituinte em 1986, seria reeleito em 1990, assumindo a atividade parlamentar em uma perspectiva da oposição de esquerda, e procurando defender uma plataforma socialista durante os dois mandatos que lhe foram conferidos. Na Comissão de Educação, defendeu as bandeiras históricas pelas quais sempre lutou: expandir, modernizar e, especialmente, fortalecer a escola pública, dando o melhor de si na elaboração do projeto da Lei de Diretrizes e Bases (LDB).

Por isso tudo, a escolha do seu nome para a escola que o Movimento dos Trabalhadores Rurais Sem Terra (MST) fundou em Guararema, interior de São Paulo, construída pelo esforço voluntário de 29 brigadas de 20 estados brasileiros, que se revezaram durante cinco anos, comprovando, na prática, que os ideais de Che Guevara estão mais vivos do que nunca, tornou-se mais do que uma justa homenagem.

É uma oportunidade histórica única, afirmou Antonio Candido, pois nela o MST combina a fibra militante e o alcance revolucionário e radical de Florestan Fernandes que, em todos os momentos, seja na vida acadêmica ou política, nunca deixou de se posicionar a favor das causas libertárias e socialistas, colocando seu conhecimento a serviço da classe trabalhadora. Com a Escola Nacional Florestan Fernandes (ENFF), ergueu-se a voz que faltava, a dos trabalhadores da terra, demonstrando que finalmente o Brasil está preparado, pela primeira vez, para as lutas decisivas, com a possibilidade de participação de todos os segmentos e camadas, cada um afirmando seus interesses e suas reivindicações. Nela, conforme também lembrou Antonio Candido, amadurecemos como sociedade para tentar realizar a aspiração de Florestan Fernandes de transformar o Brasil. Uma homenagem de um movimento social como o MST, ressaltou Emir Sader, não é para qualquer um, é para intelectual revolucionário, orgânico, carnal.

> Quando escolhemos Florestan Fernandes para ser patrono de nossa Escola de Formação Política, queríamos que o nome representasse mais do que a identidade do estudo e da coerência individual.

> Queríamos que fosse, acima de tudo, um exemplo de conduta para os dirigentes e militantes do MST. Que tivéssemos nele, em qualquer tempo, o realce como matriz para buscar produzir-nos com a mesma firmeza de caráter e conduta.

Assim explica a cartilha do MST intitulada *Ao mestre com carinho*.

Referindo-se ao encontro nacional realizado em 1997, que oficializou a escolha do nome de Florestan para patrono da escola, Ademar Bogo, autor da referida cartilha, distribuída em 23 de janeiro de 2005 no ato de inauguração, acrescentou que, com o dinamismo natural do movimento de massas, ao se tornar conhecido da militância, o nome de Florestan foi se tornando patrimônio popular e passou a identificar acampamentos e assentamentos, turmas de formandos nos cursos de nível médio ou de graduação, nas brigadas, nos núcleos de base ou nas palavras de ordem que se repetem e divulgam sua memória e seus ensinamentos.

Nas reflexões que fez acerca dos movimentos sociais da América Latina, Cuba mereceu um livro de Florestan Fernandes. Depois de uma visita à Ilha, em 1979, onde conheceu de perto o processo revolucionário, organizou um curso na pós-graduação da Pontifícia Universidade Católica (PUC) e, em seguida, na Universidade de São Paulo (USP), a convite do Diretório Central dos Estudantes e do Centro Acadêmico de Ciências Sociais. Dele resultaria o livro *Da guerrilha ao socialismo: a Revolução Cubana*, lançado em 1979 e reeditado pela Editora Expressão Popular em 2006.

Destacando que "temos de estudar Cuba se pretendemos desvendar o futuro e conhecer a história de ritmos fortes que se abre para a frente e assinala uma nova época de civilização no solo histórico da América Latina", Florestan lotou o auditório da USP, de onde fora expulso pela ditadura militar dez anos antes. Recusando-se a pedir sua reintegração aos quadros da universidade na qual construíra a carreira, conforme sugeriu então a Reitoria,

Florestan não hesitou em realizar um curso livre sobre Cuba. Este, sim, marcaria simbolicamente sua volta à USP, pelas mãos das entidades estudantis.

Por ocasião do lançamento no Brasil do livro *Nossa América*, em 1984, Florestan escreveu sobre seu autor, José Martí:

> [...] um homem modesto e sincero, amante de Cuba, identificado com os pobres, os excluídos e explorados, tão capaz de ser sensível aos encantos de Marx, de um Bolívar, de um Whitman ou de um Wilde, quanto de mostrar-se rude diante dos maus e extremamente duro diante da opressão; objetivo e realista a ponto de combinar a intuição do poeta à sensibilidade do jornalista e à precisão do cientista social; acima de tudo um lutador e um educador, pronto a servir, a colocar seu talento e seu ardor revolucionário a serviço da liberdade de Cuba e a emancipação da nossa América. (Fernandes, 2015, p. 74)

Em sentido recíproco, José Martí teria composto, sem dúvida, um perfil semelhante de Florestan Fernandes.

Percorrendo sua vasta obra, é possível perceber no livro *Nova República?*, de 1986, o último de cunho ensaístico. A partir dali, dedicou-se a cumprir uma pauta de questões candentes na grande imprensa. Só na *Folha de S. Paulo*, foram mais de 300 colunas, entre 1986 e 1995, ano de sua morte. Dessa atividade, sempre coerente com seus princípios, Florestan recordaria:

> No fundo, cada artigo surgia como se eu estivesse escrevendo cartas aos leitores, largando a pele de sociólogo em troca do papel de publicista, agarrado com tenacidade às causas das classes oprimidas, à ótica socialista da luta de classes e à difusão da desobediência civil como patamar inicial de uma revolução democrática de cunho proletário e popular.

No dia da inauguração da Escola Nacional do MST, os trabalhadores rurais que participavam da festa vestiam camisetas vermelhas com o símbolo do movimento no peito e, nas costas, uma frase de Florestan: "Feita a revolução nas escolas o povo a fará nas ruas". Coincidindo com o pensamento de Mariátegui, para quem "ao mesmo tempo que conquista o poder, a Revolução avança para a conquista do pensamento".

Passados 15 anos da inauguração, quando celebramos o centenário de seu patrono em 2020, a Escola Nacional tem seu projeto político, pedagógico e cultural consolidado e voltado à construção da prática teórica revolucionária da classe trabalhadora e à formação de quadros. Em Guararema estão concretizados em bases mais que sólidas os ideais do grande lutador que foi Florestan Fernandes.

Referências

FERNANDES, F. As faces humanas de José Marti. *In*: FERNANDES, F. *A contestação necessária: retratos intelectuais de inconformistas e revolucionários*. São Paulo: Expressão Popular, 2015.

FERNANDES, F. *A Sociologia no Brasil*, 2ª ed.: Petrópolis: Vozes, 1980.

A TEORIA COMO FORÇA POLÍTICA E CULTURAL: A PRÁXIS DE FLORESTAN FERNANDES

Miguel Yoshida[1]

O que devemos fazer não é lutar pelo povo. As nossas tarefas intelectuais possuem outro calibre: devemos colocar-nos a serviço do povo brasileiro, para que ele adquira, com a maior rapidez e profundidade possíveis, a consciência de si próprio e possa desencadear, por sua conta, a revolução nacional que instaure no Brasil uma ordem social democrática e um Estado fundado na dominação efetiva da maioria.

Florestan Fernandes

Em 2020, celebrou-se o centenário de Florestan Fernandes (1920-1995) um dos mais importantes intelectuais brasileiros do século XX, amplamente reconhecido no mundo universitário por sua atuação como professor de sociologia na Universidade de São Paulo (USP), por sua vasta obra e, sobretudo, por ter consolidado essa disciplina como um sistema de saber e de pensar, no Brasil (Ianni, 2004).

Além disso, ele também é uma referência indispensável para todos os que enfrentam, tal como ele o fizera, as injustiças e opressões próprias do regime de classe do capitalismo dependente brasileiro. Florestan dedicou boa parte de sua vida intelectual a pensar o

[1] Membro da equipe da editora Expressão Popular.

Brasil, e a partir de determinado momento, assumiu abertamente a tarefa proposta K. Marx em sua Tese 11 sobre Feuerbach: "Os filósofos apenas interpretaram o mundo de diferentes maneiras; o que importa é transformá-lo" (Marx e Engels, 2009, p. 126). Assim, ele passa a formular uma interpretação sobre a realidade brasileira com um sentido e um objetivo marcados; o de constituir consciência revolucionária na classe trabalhadora para a construção de uma revolução socialista.

Neste breve texto, vamos olhar um pouco mais de perto para sua trajetória de vida e também procuraremos traçar algumas reflexões em torno da tarefa militante que ele se colocou em sua vida: a construção teórica na constituição da chamada sociologia crítica e militante (Ianni, 2004) e na promoção de uma pedagogia socialista (Netto, 2004).

Seu caminho até a Universidade de São Paulo

Florestan Fernandes nasce na cidade de São Paulo a 22 de julho de 1920. As primeiras décadas do século XX foram marcadas, no Brasil, por intensas transformações econômicas, sociais, políticas e culturais. Nesse período, essa cidade passa por uma intensa industrialização e urbanização decorrentes, principalmente, da produção e exportação do café, que constituíra-se como uma das principais atividades econômicas do Brasil desde meados do século XIX (Prado Jr., 2011).

Os antecedentes desse processo de transformação do país – a abolição formal da escravidão em 1888 e o fim do império com a proclamação da República em 1889 – trazem mudanças na constituição das classes sociais no Brasil. Analisando esse período, Florestan identifica o fazendeiro de café e o imigrante como os agentes humanos centrais do que ele chamou de "desencadeamento da Revolução Burguesa" (Fernandes, 2006, p. 114), pois a dinâmica econômica e social em que o país estava inserido impõe ao setor dominante agrário a aceitação de um "elemento burguês", até então negado, em detrimento do *status* senhorial proveniente da colônia e tradição escravocrata (Fernandes, 2006).

É nesse contexto que, em fins do século XIX, Maria Fernandes chega, ainda menina, com sua família vinda da zona rural do Minho, norte de Portugal, ao interior do estado de São Paulo para o trabalho nas lavouras de café (Fernandes, 2009). Em um segundo movimento de migração, Maria muda-se, alguns anos depois, para a capital paulista ocupando-se como empregada doméstica. Segundo Laurez Cerqueira (2005, p. 11), "Florestan nasce de uma paixão por um moço que também prestava serviço em uma das casas onde trabalhou";[2] grávida, ela, deixa seu emprego e passa a trabalhar como lavadeira para a família Bresser, membro da elite paulistana ligada à recente e nascente industrialização da cidade.

Além de Maria, havia outros trabalhadores domésticos na casa dos Bresser, entre os quais Florestan, o motorista da família que a ajudou em alguns momentos de dificuldade durante a gravidez. Não poucas vezes ele dividia com ela o parco café da manhã a que tinham direito na casa (Sereza, 2005, p. 28); criou-se assim um estreito laço de amizade entre os dois. Mais tarde, Florestan viria a se casar com uma de suas melhores amigas, Jullieta. É em homenagem a esta amizade, fruto da solidariedade, que seu filho se chamará Florestan.

O desdobramento dessa escolha lança algumas luzes à postura que as classes dominantes brasileira mantinham com relação aos trabalhadores. Em sua análise do processo da revolução

---

2 Florestan nunca conheceu seu pai que se chamava "Giuliano (ou Juliano) Solia, cujo nome Florestan só veio a conhecer nos últimos anos de sua vida (Maria sempre se recusou a dizer-lhe o nome do pai, que só foi confiando à mulher de Florestan, Myriam Rodrigues, após muita insistência. Myriam o revelou a Florestan, que, ao que se sabe, não quis saber mais detalhes sobre ele, mas guardou seu nome num papel que foi encontrado na carteira do sociólogo após a sua morte." (Sereza, 2005, p. 27-28).

burguesa no Brasil, Florestan Fernandes destaca o fato de não haver uma ruptura no padrão de dominação de classe. Ou seja, apesar das transformações pelas quais passam as classes dominantes ao longo da história – incluindo disputas e conflitos entre elas e setores delas – há traços dessa dominação que se mantêm, até hoje inclusive, remontando à nossa herança escravista. Essa última, por exemplo, pode ser vista na relação estabelecida entre a família Bresser e Maria Fernandes. Como empregada doméstica, ela morava na casa onde trabalhava, com isso o seu filho passou a ser "cria da casa"[3] e os patrões de sua mãe tornaram-se seus padrinhos de batismo. Apesar disso, algum tempo depois ela deixa o emprego na casa dos Bresser e passa a "tentar a vida de modo autônomo, lavando roupa para fora, Florestan começa a viver em cortiços, em porões e em quartos alugados." (Fernandes, 2009, p. 32).

Esse período em que vive na casa dos patrões de sua mãe lhe traz a possibilidade de conviver em um ambiente culto, no qual falava-se francês, tocava-se piano, lia-se livros, hábitos que se configuravam como privilégios das classes dominantes brasileiras. Foi aí também que Florestan teve os primeiros contatos com a leitura, por meio da revista *Tico-tico*, leitura que "o levou a lugares de sua imaginação ainda não visitados" (Cerqueira, 2005, p. 13). É ainda por conta de sua madrinha que ele se inicia nos estudos escolares aos 6 anos de idade quando volta a morar na casa dos Bresser e frequenta uma pequena escola primária. Segundo o próprio Florestan: "[...] fiquei com um padrão de curiosidade intelectual que foi alimentado pela família Bresser." (Fernandes, 1980).

3 "Como muitas crianças negras, dessa mesma época, também Florestan foi uma "*cria da casa*" das famílias brancas da elite paulistana do século XX e passou pela mesma experiência de socialização do paternalismo branco" (Fernandes, 2009, p. 31).

Ao mesmo tempo, os aspectos senhoriais da dominação também estavam presentes nessa relação e a posição de Hermínia Bresser de Lima, madrinha de Florestan, em torno da escolha de seu nome é uma expressão disso. Como dito anteriormente, Maria quis homenagear o seu amigo ao pôr o nome dele em seu filho. No entanto, no momento do batismo, sua patroa não aceita a escolha e diz que o menino deveria chamar-se Vicente e não Florestan, pois este último não era apropriado para o filho de uma lavadeira. Devemos lembrar que Florestan é o nome do personagem principal de *Fidélio*, a única ópera escrita pelo compositor alemão Ludwig von Beethoven (1770-1827); um nome de origem tão nobre "era extravagante demais para um menino pobre [...]" (Sacchetta, 2004, p. 10). Essa postura é uma expressão do traço senhorial da dominação, no qual a cultura letrada e erudita é um privilégio de classe historicamente negado aos trabalhadores. Essa contradição entre Vicente e Florestan marcará a sua vida e é lembrado por ele, quando diz "O Vicente que eu fora estava finalmente morrendo e nascia em seu lugar, de forma assustadora para mim, o Florestan que eu iria a ser" (Fernandes, 1994, p. 130). Para Laurez Cerqueira (2005, p. 12),

> Sob esse conflito, Florestan, que estimava a madrinha, vivenciou ainda muito cedo o que seria uma verdadeira contradição de classe. Mais tarde, o sociólogo Florestan Fernandes tratou amplamente dessa e de outras situações semelhantes numa outra dimensão, a sociológica.

Outro momento em que essa dominação senhorial se expressa é quando depois de insistir para que Florestan fosse morar um tempo com ela para poder estudar, Hermínia Bresser, vendo as dificuldades econômicas pelas quais a lavadeira e seu filho passavam, pede que Maria lhe dê Vicente, pois ela poderia educá-lo apropriadamente. A resposta foi imediata; olhando diretamente nos olhos de Hermínia, Maria diz: "não se dá filhos, o que se dá são cães" (Fernandes, 1980). Apesar desses conflitos, não há uma ruptura na relação com a madrinha com quem Florestan se encontraria com alguma frequência ao longo de sua infância.

Diante dessa realidade e das dificuldades a serem enfrentadas por uma mulher e uma criança na cidade de São Paulo, Florestan passa a realizar alguns pequenos serviços para ajudar no sustento da casa. O primeiro deles foi o de limpar as costas dos fregueses de uma barbearia no centro de São Paulo, trabalhou também em uma alfaiataria, como carregador de sacolas em feiras livres, como engraxate entre outros. Aos 9 anos de idade precisa interromper os estudos formais, pois, com o padrasto doente, passa a ser a principal fonte de renda da casa. Apesar de não voltar a frequentar a escola até os 17 anos, Florestan nunca interrompeu sua aprendizagem, incentivado não só pela curiosidade intelectual desenvolvida quando vivia com a família Bresser, mas também por influência de um dos namorados de sua mãe, que tinha muitos livros e que sempre o motivou a estudar (Sereza, 2005). Essa experiência precoce no mundo adulto foi marcante para sua vida intelectual, segundo o próprio Florestan (1994, p. 123):

> Eu nunca teria sido o sociólogo em que me converti sem o meu passado e sem a socialização pré e extraescolar que recebi através das duras lições da vida [...] ainda que isso pareça pouco ortodoxo e anti-intelectualista, afirmo que iniciei a minha aprendizagem sociológica aos seis anos, quando precisei ganhar a vida como se fosse um adulto.

Esse passado também tem rebatimentos na sua perspectiva política socialista bem como no seu compromisso inabalável com os de baixo.

Aos 17 anos, Florestan decide retomar os estudos formais no curso de madureza. Nessa época, ele trabalhava como copeiro no bar Bidu, onde além de cozinhar e servir os clientes, também participava de algumas conversas destes sobre temas diversos como "campanha das tropas francesas na Espanha, a história de Roma etc." (Fernandes, 1980); quando não estava nem servindo, nem cozinhando, estava sempre lendo um livro atrás do balcão. Esse comportamento chamou muito a atenção de um dos frequentadores do bar, o Manoel Lopes de Oliveira Neto um dos diretores da empresa Novoterápica, que diante do interesse e da dedicação de Florestan, se dispôs a ajudá-lo. Maneco, como era chamado, lhe arranjou um emprego como entregador de amostras. Essa decisão de retomar os estudos, no entanto, não foi bem recebida por sua mãe:

> Chegando em casa, animado, foi logo dizendo a Dona Maria que tinha decidido estudar. Esperava que ela recebesse a notícia com alvíssaras, mas a reação foi contrária. Com os olhos marejados, disse a ele que não concordava com sua decisão porque tinha medo de ser abandonada, caso fizesse carreira. Achava que os estudos o deixariam vaidoso e, quando frequentasse o meio das pessoas cultas, teria vergonha dela, por ser analfabeta. (Cerqueira, 2005, p. 27)

Apesar disso, trabalhando agora em melhores condições, ele seguiu em frente, finalizou o curso de madureza e estava pronto para tentar ingressar nos estudos de nível superior. Dentre as carreiras universitárias a que mais lhe interessava era a de engenharia química. No entanto, as aulas eram em período integral, logo, impossível para Florestan que tinha de trabalhar para garantir o seu sustento e o de sua mãe. Ele escolhe, então, o curso de Ciências Sociais.

Sua trajetória intelectual e a sociologia crítica e militante

Olhando para o contexto histórico brasileiro da época, nas décadas de 1930 e 1940, é importante lembrar que o país passava por grandes transformações econômicas, políticas e sociais. No terreno da política, as oligarquias sulistas haviam derrotado as paulistas levando Getúlio Vargas à presidência; este, em 1937, instaura a ditadura do Estado Novo. Para Florestan, está em processo a consolidação do capitalismo competitivo e dependente cujos ritmos e direcionamentos são comandados pelos centros imperialistas. No plano interno, decorrente das transformações iniciadas em fins do século XIX com a abolição da escravidão e a proclamação da República, que marcam a transição da "era senhorial (ou o antigo regime)" para a "era burguesa (ou a *sociedade de classes*)" (Fernandes, 2006, p. 239), opera-se a consolidação de uma dominação burguesa cuja especificidade é o não rompimento com as antigas classes dominantes, mas sim um arranjo ou adaptação entre a burguesia emergente, com uma "modernização" de setores das oligarquias agrárias que se incorporam no poder burguês. O horizonte cultural oligárquico, de "preocupações particularistas e de um entranhado conservantismo sociocultural e político" (Fernandes, 2006, p. 241) é o parâmetro deste poder.

> [...] nesse entrechoque de conflitos de interesses da mesma natureza ou convergentes e de sucessivas acomodações, que repousa o que se poderia chamar de *consolidação conservadora* da dominação burguesa no Brasil. Foi graças a ela que a oligarquia – como e enquanto 'oligarquia tradicional' (ou agrária) e como oligarquia 'moderna' (ou dos *altos negócios*, comerciais-financeiros mas também industriais) – logrou a possibilidade de plasmar a mentalidade burguesa e, mais ainda, de determinar o próprio padrão de dominação burguesa [...]. (Fernandes, 2006, p. 245-246)

A revolução de 1930 e os conflitos entre as oligarquias paulista e gaúcha são expressões desse processo. Interessa-nos, aqui, justamente as resoluções daquelas que após duas derrotas nas armas e na política – em 1930 e 1932 – decidem mudar sua tática e investir na formação de quadros intelectuais para seguir como classe dominante. A fundação da Faculdade de Filosofia Ciências e Letras e da Universidade de São Paulo (USP), em 1934, faz parte desse novo projeto, incorporando elementos "modernos" que procuravam se contrapor, em alguma medida, aos antigos.[4] Segundo Sereza (2005, p. 38) "Também orientaria a formação da Universidade de São Paulo a ideia de que era preciso formar uma elite para educar o povo. Na escala da organização educacional, o povo receberia o ensino primário; as classes médias, o secundário; e as elites, o superior". Essa era a perspectiva de Fernando de Azevedo (1894-1974)[5] que tinha o "ideal de formar uma elite dirigente recrutada entre os mais capazes, independentemente da sua origem social" (Fernandes, 2009, p. 34). Tal digressão se faz importante para compreendermos o mundo no qual Florestan estava se inserindo, um ambiente que lhe era estranho.

Em 1941, ele presta o exame de seleção no recém-criado (1934) curso de Ciências Sociais na Faculdade de Filosofia Ciências e Letras da USP. Nesse ano são abertas 30 vagas para as quais se inscrevem 29 candidatos. No entanto, apenas seis são aprovados, entre os quais Florestan Fernandes. Um fato curioso é que a maior parte dos professores dessa faculdade, à época, eram estrangeiros, sobretudo franceses, e a prova oral do exame de ingresso deveria ser realizada na língua nativa dos professores. Segundo Sereza (2005), a questão

---

4 Segundo Heloisa Fernandes (2009, p. 33-34), "A universidade faz parte de um complexo contexto social e político marcado pela crise da oligarquia cafeeira paulista, pela intensa urbanização da cidade e pela industrialização crescente. É nesse contexto que um projeto liberal assumido por uma fração da elite dominante começa a construir uma hegemonia intelectual e moral marcada pela defesa da ciência, de uma certa democratização do ensino, e da universidade [...]".

5 Um dos fundadores da Universidade de São Paulo, professor de Sociologia da USP, e junto com Anísio Teixeira, pioneiro do movimento da Educação Nova. Florestan torna-se seu assistente, junto com Antonio Candido, na cadeira de sociologia II logo após concluir sua graduação. Para Florestan, Fernando de Azevedo era um "autêntico reformista" portador de um radicalismo burguês que defendia as "revoluções dentro da ordem" como a defesa da educação laica e pública, das reformas urbana e agrária etc. Tal posição, no entanto, para o padrão de dominação de classes completamente contrário a mudanças, era tão perigosa quanto a revolucionária socialista. Florestan dedicou um ensaio a Fernando de Azevedo, cf. Fernandes, F. *A contestação necessária*: retratos intelectuais de inconformistas e revolucionários. São Paulo: Expressão Popular, 2015.

que lhe foi colocada era em torno do livro *Da divisão do trabalho social*, de Émile Durkheim, texto que Florestan conhecia bem, ou seja, o conteúdo da prova não seria um problema. Contudo, ele não tinha domínio da língua a ponto de versar sobre o tema em francês. Diante disso, ele "pediu que a prova fosse feita em português. Diante do impasse e depois de uma breve reunião, os professores consentiram, e Florestan pôde desenvolver seu tema, obtendo quinto lugar no exame" (Sereza, 2005, p. 59). Assim, inicia-se, formalmente, a vida intelectual de Florestan dedicada às Ciências Sociais e a pensar o Brasil, o que perduraria até o fim de sua vida.

É importante observar que se o seu ingresso em um curso superior estava relacionado, num primeiro momento, a garantir melhores condições de vida para si e para sua mãe, o desenvolvimento de seu trabalho intelectual – aliado às transformações e exigências políticas e sociais do Brasil à época – tanto na universidade quanto fora dela lhe trouxe outra perspectiva; Florestan passa a refletir sobre o papel do intelectual ou as tarefas da inteligência, nos termos de Ianni (2004), na sociedade brasileira. Outro aspecto determinante de seu trabalho intelectual é a opção política pelo socialismo, definida ainda nos anos de 1940, e sua intransigente defesa dos de baixo. Num movimento duplo, isso se deu de maneira indireta no exercício profissional da Sociologia, como professor na USP fomentando um inconformismo intelectual para si e entre seus alunos, e na constituição desta como um sistema de saber e de pensar crítico, uma sociologia crítica e militante; e de maneira direta, por exemplo, na tradução da obra *Contribuição à crítica da Economia Política*, de Karl Marx, para a editora Flama, ou em sua produção teórica a partir dos anos 1970 na qual procura ser o promotor de uma pedagogia socialista e construir uma teoria da revolução brasileira. Retornaremos a isso mais adiante.

Sua ligação com a Faculdade de Filosofia, Ciências e Letras da USP iniciada no ano de 1941 se encerrará no ano de 1969, quando a ditadura civil-militar instaura um processo de "exoneração compulsória", leia-se expulsão, de professores que faziam oposição ao regime. Nessa instituição ele conclui sua graduação e, em 1943, passa a trabalhar como assistente do professor Fernando de Azevedo da cadeira de Sociologia II, junto com Antonio Candido, de quem se tornaria grande amigo. Em 1953, por meio de um concurso de livre-docência, assume a cadeira de Sociologia I, ocupada até então por Roger Bastide. Como professor, organiza e dirige um grupo de alunos, sociólogos, que ficou conhecido como Escola Paulista de Sociologia, entre os membros podemos mencionar Heleieth Saffioti, Marialice Foracci, Octavio Ianni, Gabriel Cohn, Fernando Henrique Cardoso entre outros (Fernandes, 2009).

No que toca ao seu desenvolvimento intelectual é sempre importante lembrar que uma das principais características do professor Florestan Fernandes foi a dedicação e disciplina no estudo em jornadas de até 15 horas por dia (cf. Cerqueira, 2005).[6] Antonio Candido (2001, p. 48) relembra que

> Quando éramos jovens assistentes, saíamos da Faculdade de Filosofia, então na praça da República, e íamos pela rua 7 de abril às 6 horas da tarde. Mas enquanto eu ia pegar o ônibus cansado, ele entrava muitas vezes na Biblioteca Municipal e lá ficava até ela fechar, às onze e meia da noite [...].

Havia em Florestan "uma espécie de sede de recuperar o tempo perdido" (Candido, 2001, p. 47) por ter-lhe sido negado o direito de estudar quando criança. Tamanha disciplina é necessária para colocar em dia as leituras e estudos que não foram realizados durante a infância e adolescência. "Eu tinha que aproveitar o tempo disponível para estudar. A minha concepção de estudo era, como

6 "Com seu humor desconcertante, Florestan costumava dizer que tudo que conseguiu na vida intelectual devia à sua bunda. Ela que lhe possibilitou, em média, dez a quinze horas de leitura por dia sentado numa cadeira" (Cerqueira, 2005, p. 41).

naquela época comumente se chamava, do 'cu de ferro' (Fernandes, 1980).

Ao comentar a trajetória de formação de Florestan, Antonio Candido (1987) – que a acompanhou de perto – distingue três momentos que se desenrolam ao longo das décadas de 1940, 1950 e 1960: construção do saber; aplicação do saber ao mundo; saber transformado em arma de combate. Um traço comum nesse percurso é o Brasil como tema de estudo, em diferentes tempos históricos e a partir de diferentes sujeitos e perspectivas. Vejamos brevemente cada um deles.

Nos anos 1940, ele "[...] acertou as contas com a informação sociológica, por meio de leitura abundantíssimas" e dedica a dominar "a bibliografia da escola sociológica francesa [...] do funcionalismo inglês e americano, além de outras correntes, como o marxismo, e de autores como Freyer e Mannheim" (Candido, 1987, p. 33, 34). A pesquisa desenvolvida em seus estudos de pós-graduação, realizados na Escola Livre de Sociologia e Política, foi em torno da extinta sociedade dos Tupinambá que resultou em três trabalhos: "o mestrado, *A organização social dos Tupinambá*, em 1947; o doutorado, *A função social da guerra na sociedade Tupinambá*, em 1951, e a livre-docência, *Ensaio sobre o método de interpretação funcionalista na sociologia*, em 1953" (Fernandes, 2009, p. 35). Este último, é apresentado no concurso que o torna professor de Sociologia I da USP.

Outro ambiente importante para a formação de Florestan foi seu ingresso no Partido Socialista Revolucionário (PSR), pequeno agrupamento trotskista vinculado à IV Internacional, dirigido por seu dileto amigo e jornalista Hermínio Sacchetta,[7] engajado na luta

[7] "Foi Hermínio Sacchetta quem publicou seu primeiro artigo no jornal *Folha da manhã*, em 1º de julho de 1943, sob o título 'Livros que valem'. A partir desse momento, Florestan agregou à sua carreira acadêmica a função de intelectual

clandestina contra o Estado Novo. Uma das suas tarefas militantes foi traduzir e preparar uma introdução para a *Contribuição à crítica da Economia Política*, de Karl Marx. Nesse período de atuação orgânica em uma organização política, Florestan se via dividido entre as tarefas cotidianas da militância, parte do compromisso dos que ingressavam na organização, com a atividade acadêmica; depois de alguma hesitação, decide priorizar esta última por compreender "a importância da estratégia da construção do núcleo de estudos das ciências sociais e havia percebido a necessidade imperiosa de formar uma geração de acadêmicos cientistas" (Cerqueira, 2005, p. 42). Ou seja, apesar de deixar de lado a vida militante em uma organização partidária, não abandona seu compromisso com a construção do saber numa perspectiva emancipatória.

Esses anos de "construção do saber" aliam o aprofundamento na reflexão sociológica, um olhar para o Brasil na organização social dos Tupinambá e a militância partidária. A síntese operada por Florestan consiste na tarefa militante de construir a sociologia como um sistema de saber e pensar crítico.

Octavio Ianni, um dos seus principais alunos, observa a compreensão de Florestan com relação à sociologia:

> A sociologia de Florestan Fernandes inaugura um novo estilo de pensar a realidade social [...] Cria um padrão de pensar a realidade social por meio do qual se torna possível reinterpretar a sociedade e a história, bem como a sociologia anterior produzida no Brasil [...] Em certa medida o estilo de pensar a realidade social pode ser um modo de iniciar a sua transformação. (Ianni, 2004, p. 15-16)

Ainda segundo Ianni,

> [...] toda a sua produção intelectual [de Florestan] está impregnada de um estilo de reflexão que questiona a realidade social e o pen-

---

publicista, com presença marcante no debate das questões políticas, sociais e culturais." (Cerqueira, 2005, p. 43).

> samento [...] interrogar a dinâmica da realidade social, desvendar as tendências desta e ao mesmo tempo, discutir as interpretações prevalecentes. (Ianni, 2004, p. 28-29)

Esse estilo de reflexão questionador será a marca central de seu pensamento e constituirá um dos pilares da sociologia crítica e militante; comparece não apenas em seus trabalhos acadêmicos de pesquisa, mas em toda sua atividade intelectual como os artigos de jornais, conferências, debates públicos etc. (Ianni, 2004). Isso também se expressa em sua prática por meio do que Florestan chamava de desobediência civil. Se, como vimos, ele deixou em segundo plano a militância político-partidária, de modo algum abandonou o seu compromisso com os de baixo ou se absteve de se posicionar publicamente em torno de questões importantes para o povo brasileiro. Recordemos, por exemplo, sua ativa participação na campanha em defesa da educação pública nos anos 1950 e sua franca oposição à ditadura civil-militar desde 1964.

Na década de 1950 Florestan aprofunda os estudos de autores como Max Weber, Parsons, Merton entre outros (Candido, 1987). Ele já é "o sociólogo de grande formação teórica e o intelectual de grande consciência política [...]" (Candido, 1987, p. 34), que corresponderia, de acordo com Antonio Candido, à aplicação do saber ao mundo. A sua investigação volta-se à questão do negro, em um projeto de pesquisa sobre as relações raciais entre brancos e negros na cidade de São Paulo, encabeçado por seu professor Roger Bastide e com um parco financiamento da Unesco. Florestan se detém, então, não mais sobre algo remoto como a sociedade Tupinambá, mas sobre uma dinâmica social de preconceitos e espoliações presente naqueles dias – e até hoje – que remontava às origens escravocratas e marcava diretamente a sociedade brasileira.

A relevância do trabalho desenvolvido por ele e por Bastide não se restringiu ao resultado da pesquisa que demonstrou a prevalência do preconceito contra negros – e não uma democracia racial – e sua ligação com a escravidão, em vez de confirmar a hipótese da Unesco de uma suposta "[...] convivência mais harmônica e menos racista e violenta entre negros e brancos" (Sereza, 2005, p. 99). Tal pesquisa operou também uma mudança no método utilizado que analisava a questão racial em suas diversas facetas: econômica, cultural, política, ideológica e histórica. Além disso, propiciou ao jovem sociólogo e ao professor francês os primeiros contatos com alguns membros da Frente Negra Brasileira (FNB) (1931-1937) com quem coletavam informações e debatiam os temas da pesquisa em comissões com encontros regulares na Faculdade de Filosofia Ciência e Letras (Costa, 2019) e em uma associação cultural negra na cidade de São Paulo. Portanto, operava-se uma mudança também na perspectiva a partir da qual analisava-se o problema, pois os negros eram também sujeitos do processo de pesquisa.[8] Florestan tomava contato, então, com a problemática do negro em uma sociedade com raízes escravistas a partir da perspectiva de sujeitos engajados nas lutas por direitos para o povo negro, como era o caso da FNB. Esse trabalho contribui para a sua compreensão com relação ao processo histórico brasileiro (Sereza, 2005, p. 103) e abre caminhos que seriam desenvolvidos posteriormente, principalmente seus estudos sobre o capitalismo dependente brasileiro. Diz Florestan em *A condição de sociólogo*:

> Através do índio, ficara conhecendo o Brasil dos séculos XVI e XVII; através do negro teria de estudar relativamente a fundo o

[8] "'Essas diversas comissões', segundo Bastide, 'criando um clima de camaradagem', 'mostraram como o preto vê a sociedade, como considera as relações entre brancos e negros em São Paulo e quais ideologias elabora'. Além de trazer a comunidade negra paulistana para dentro da universidade, tratando-a não apenas como objeto, mas também como sujeito do estudo [...]" (Sereza, 2005, p. 102).
Para mais detalhes e informações sobre essa pesquisa e o seu significado, inclusive metodológico, e a relação estabelecida com o movimento negro, cf. Fernandes, F. As relações raciais em São Paulo reexaminadas. *In*: Fernandes, F. *Significado do protesto negro*. São Paulo: Expressão Popular, 2017, p. 129-139.

> Brasil dos séculos XVII, XVIII, XIX e XX. Pus o pensamento sociológico no âmago da sociedade 'colonial', 'imperial' e 'republicana', o que representou uma enorme vantagem em termos de aprendizagem ou de possibilidades de lidar comparativa e historicamente com os problemas de estratificação social e de evoluções de estruturas sociais. (Fernandes *apud* Sereza, 2005, p. 104)

Nesse passo, é possível traçar um paralelo entre o nosso sociólogo e o jovem Karl Marx que, em 1843 ainda bastante envolvido nos debates em torno da filosofia de Hegel e ocupando o posto de redator d'*A Gazeta Renana*, se viu obrigado a opinar sobre uma questão concreta: a repressão aos camponeses no vale do Mosela proibidos de recolher lenha em propriedades privadas, algo considerado, até então, um "direito consuetudinário". Diante disso, Marx percebe a necessidade não só de estudar a economia, as formas de produção da vida, para compreender a realidade, mas mais que isso, vê a necessidade de mobilizar e direcionar o seu conhecimento a uma forma de intervenção na realidade. O mesmo se passa com Florestan ao ter de lidar com um problema contemporâneo seu, com o estilo de reflexão questionador da realidade social e do pensamento,

Antes de seguirmos, é importante situar brevemente Florestan no interior do desenvolvimento das ciências sociais no Brasil. Apesar de historicamente ter sido o responsável por "conferir à Sociologia carta de cidadania na cultura brasileira" (Netto, 2004, p. 204), não foi o primeiro a pensar o país numa perspectiva sociológica. Para Ianni (2004, p. 25), é possível identificar três diferentes gerações, sendo que na "[...] primeira geração, por assim dizer, predomina a pesquisa de cunho histórico ao passo que, na segunda, passa-se a valorizar a pesquisa de campo. [...] 'A análise histórico-sociológica da sociedade brasileira se transforma em investigação positiva [...]'". À primeira ligam-se nomes como Tavares Bastos, Joaquim Nabuco, Euclides da Cunha, Oliveira Viana entre outros; à segunda, podemos citar Roger Bastide, Donald Pierson, Emílio Willems. A terceira geração, na qual figuram Florestan Fernandes, Alberto Guerreiro Ramos, Hélio Jaguaribe entre outros, trabalha "[...] com amplo domínio da teoria e metodologia, combinando a pesquisa de campo com a de reconstrução histórica. Além disso, retomam criticamente temas 'clássicos', inovando-os. E inauguram outros temas." (Ianni, 2004, p. 27).

É de se notar também os diversos matizes políticos dos que se dedicaram a elaborar um pensamento sobre o país e a construir uma teoria de Brasil, para relembrar um termo caro a Carlos Nelson Coutinho (2011). Desde conservadores como Oliveira Viana e Gilberto Freyre até críticos e negadores da ordem como Caio Prado Jr. e Nelson Werneck Sodré. Florestan, que se enquadra entre os últimos, se valeu desse legado do pensamento sobre o Brasil e sobre a Sociologia para construir a sua teoria. Sem desprezar os aportes e análises mesmo de uma perspectiva conservadora, mas também longe de endossá-la, Florestan num duplo movimento estabelece uma nova interpretação da realidade histórico-social brasileira e uma crítica à forma de pensar destes teóricos, trazendo a perspectiva dos de baixo como algo central para sua teoria.

Podemos perceber como as bases dessa Sociologia crítica e militante são estabelecidas por um lado no confronto teórico com a realidade,[9] por outro na grande formação sociológica que ele acumulara. Para Ianni (2004, p. 29),

> Ao submeter o real e o pensado à reflexão crítica, descortina as diversidades, desigualdades e antagonismos, apanhando as diferen-

---

[9] Ainda com relação à pesquisa sobre a relações raciais, diz Florestan: "Estabeleceu-se uma base de identificação psicológica profunda, em parte por causa do meu passado, em parte por causa da minha experiência socialista prévia, em parte graças à origem que tenho [...] condições sem as quais provavelmente tudo isso não apareceria e eu seria o típico sociólogo profissional 'neutro', 'seco' e 'impecável'." (Fernandes, *apud* Sereza, 2005, p. 104).

> tes perspectivas dos grupos e classes compreendidos pela situação. Nesse percurso, resgata o movimento do real e do pensado a partir dos grupos e classes que compõem a maioria do povo [...] As mais notáveis propostas teóricas da sociologia são avaliadas, questionadas e recriadas, tendo em conta a compreensão das suas contribuições para apanhar os andamentos da realidade social.

Com isso, ele concebe a Sociologia como um sistema de saber e de pensar no qual para conseguir analisar as contradições da realidade, ele "retira e desenvolve o conteúdo crítico da sociologia clássica e moderna" (Ianni, 2004, p. 30), se vale desses clássicos sem se deter aos limites internos de suas teorias. Além disso, as contradições de classe postas pelo desenvolvimento de uma sociedade de classes numa perspectiva dependente e extremamente desigual colocaram novos desafios também para o trabalho sociológico, "[...] 'precisou adaptar suas técnicas de observação, de análise e de explicação a um padrão de objetividade que incorporasse a negação' da ordem social" (Ianni, 2004, p. 31).[10] Apesar de a teoria de Marx ser apresentada "indiferenciadamente ao lado de Durkheim, Weber, Mannheim *et alii*", como nota José Paulo Netto (2004, p. 205), ela está presente: a "imaginação sociológica, enriquecida pela dialética" (Ianni, 2004, p. 32) contribui para captar as contradições da realidade social.

Esse movimento de ideias se realiza no bojo do que Gabriel Cohn chamou de um "ecletismo bem temperado".[11] A reflexão

---

10 "A perspectiva oferecida por uma sociedade como a brasileira, com acentuadas desigualdades sociais, econômicas, políticas e culturais, permite questionar muito da sociologia clássica e moderna e resgatar seus conteúdos críticos" (Ianni, 2004, p. 31).

11 [...] o que importa fundamentalmente são os procedimentos de análise da realidade, os modos de se enfrentar a realidade pela via do pensamento analítico. Interessa mais a ordem dos procedimentos para se dar conta da realidade do que a ordem dos conceitos na teoria internamente consistente [...] por essa via Florestan é levado a colocar a questão das diversas *modalidades* desse domínio analítico dos fenômenos: por que ângulos, por que vias, é possível dar conta do objeto na sua diferenciação interna, na sua multiplicidade? (Cohn, 1987, p. 49).

sobre a realidade e o questionamento do pensar utilizará as vias ou instrumentos metodológicos mais adequados a ela, não de forma relativizadora e incoerente, mas pela construção orgânica suscitada a partir da própria pesquisa.

Ainda segundo Octavio Ianni (2004), a sociologia de Florestan é síntese de cinco fontes:

- sociologia clássica e moderna – num diálogo contínuo e crítico com diversos autores;
- pensamento marxista – Marx, Engels, Lenin entre outros, incorporando o pensamento dialético e a perspectiva histórica de análise;
- a corrente mais crítica do pensamento brasileiro – retomando temas e dialogando com autores que antes dele haviam refletido sobre o Brasil levando "em conta as lutas dos mais diversos setores populares" como, por exemplo, "Euclides da Cunha, Lima Barreto, Manoel Bomfim, Astrojildo Pereira, Graciliano Ramos, Caio Prado Jr. e outros cientistas sociais e escritores inclusive do século XIX" (Ianni, 2004, p. 36);
- os desafios da época – o processo de consolidação do capitalismo no Brasil por meio da industrialização, sem perder a "cara agrícola"; da urbanização ainda com um jeito rural; do surgimento de uma burguesia que sem romper com os antigos setores dominantes carrega consigo os padrões de dominação de classe com relação aos de baixo e o padrão de submissão aos centros imperialistas;
- grupos e classes sociais que compõem a maioria do povo – a perspectiva deles é incorporada na história e na análise possibilitando a construção de um pensamento com um horizonte mais amplo, além da ordem estabelecida. "Ao lado do índio, imigrante, colono, camarada, peão e outros, a presença do negro na história social brasileira

desvenda perspectivas fundamentais para a construção do ponto de vista crítico na sociologia, nas ciências sociais e em outras esferas do pensamento brasileiro" (Ianni, 2004, p. 38).

A década de 1960 é de grande movimentação político-social no Brasil e na América Latina. Em 1959, em uma pequena ilha a apenas 90 milhas do maior centro imperialista do mundo, o Movimento 26 de julho, capitaneado por Fidel Castro e apoiado por camponeses e setores populares urbanos e estudantis, leva a cabo uma revolução que destitui Fulgêncio Batista e inaugura um governo da maioria. Dois anos depois, em 1961, a revolução assume seu caráter socialista. Em um mundo marcado pelo clima da Guerra Fria entre as potências mundiais EUA e URSS, a Revolução Cubana surge como um alento de esperança aos povos em luta contra a dominação capitalista e como um espectro a assombrar as classes dominantes.

No Brasil, os primeiros anos dessa década são marcados pelo ascenso de um movimento de massas que abre a possibilidade de um avanço nas reivindicações populares em torno das reformas de base propostas pelo governo João Goulart, em 1964. No entanto, a burguesia brasileira, aliada e subordinada às burguesias dos países centrais do capitalismo, responde rapidamente a essa pressão de baixo com uma contrarrevolução preventiva iniciada pelo golpe de Estado de abril de 1964 inaugurando uma ditadura civil-militar que duraria até 1985.

Como é de se supor, Florestan não passou ileso a esse processo político, essa década marca um ponto de inflexão no seu pensamento, como veremos adiante. Para Antonio Candido (1987, p. 35):

> [...] nos anos 1960 Florestan chega ao que eu chamaria os seus limites naturais: o sociólogo, o pensador e o militante unidos num só tipo de atividade, vai agora se configurar como cientista cujo ato

> de construção intelectual já é um ato político [...] ele transformou Sociologia em militância.

Nessa década, quase como uma decorrência do seu trabalho sobre a questão racial, se dedica a estudar as classes sociais e a forma de consolidação do capitalismo no Brasil, desenvolvendo a categoria de capitalismo dependente que seria central para os seus trabalhos a partir de então. Segundo Ianni (2004, p. 39), Florestan realiza uma nova interpretação do Brasil "com base na pesquisa sobre a colonização, a escravatura e a revolução burguesa"; três eixos que se sucedem historicamente e se enlaçam contribuindo à compreensão das "condições sob as quais se forma o povo brasileiro" (Ianni, 2004, p. 39).

Nos primeiros anos de 1960, dedica-se aos desdobramentos da pesquisa sobre as relações raciais em São Paulo. Em 1964, ano em que inicia-se abertamente a contrarrevolução preventiva da burguesia brasileira, Florestan conclui e defende sua tese *A integração do negro na sociedade de classes*, atingindo o topo da carreira universitária com o cargo de professor catedrático.

Em 1966 redige as duas primeiras partes de sua obra máxima *A revolução burguesa no Brasil,* que seria retomada em 1973 e finalizada apenas em 1974. Desenvolve a partir daí a categoria do capitalismo dependente,[12] cujas primeiras formulações aparecem em 1968 no livro *Sociedade de classes e subdesenvolvimento* e serão desdobradas e enriquecidas em publicações posteriores como *Capitalismo de-*

12 Para Miriam Limoeiro Cardoso (s/d, p. 2), "[...] este conceito é ao mesmo tempo estrutural e histórico: define-se como parte de um determinado 'sistema de produção', para usar a expressão pela qual Florestan o designava preferencialmente (o capitalismo); como parte deste 'sistema' num determinado momento do seu desenvolvimento na história (o capitalismo monopolista); e como parte que é uma de suas especificidades nesta fase (parte heterônoma ou dependente do capitalismo monopolista). Florestan não formula uma 'teoria da dependência'. Sua formulação do capitalismo dependente constitui uma contribuição teórica à teoria do desenvolvimento capitalista".

pendente e classes sociais na América Latina e, sobretudo, na terceira parte d'*A revolução burguesa no Brasil*. Com isso, Florestan procura compreender o Brasil não apenas a partir da sua relação desigual com outras nações, que é uma das faces da dominação externa, mas também considerando a dinâmica interna de dominação de classes na qual a forma de exploração implementada pelos setores hegemônicos da burguesia aqui, que produz uma "sobreapropriação e sobre-expropriação capitalistas" (Cardoso, s/d, p. 3), é contraparte da subordinação externa, operando assim numa lógica de dominação interna-externa conjugada. À pressão das burguesias imperialistas, a fração dominante nacional se adapta e cede; à pressão dos de baixo por direitos, decorrente desse padrão de sobre-expropriação, a resposta é o solapamento, num padrão de dominação autocrático, como mais tarde exploraria na terceira parte d'*A revolução burguesa*.... Nessa breve síntese, muito distante de expor a riqueza dessa categoria teórica desenvolvida por Florestan, é possível notar que ele não se detém apenas no aspecto econômico da questão, apesar de ele ser determinante na análise, mas examina também os seus desdobramentos políticos e sociais, buscando ainda se lastrear nos aspectos históricos da formação social brasileira.

Se esse desenvolvimento teórico pode ser considerado, em parte, como um desdobramento quase necessário da dinâmica interna de sua pesquisa, a partir das questões com as quais ele se defronta no estudo do negro na sociedade de classes; por outro, é também motivado pela problemática colocada a partir do movimento do real, qual seja, a lógica de dominação da burguesia brasileira que assume sua face autocrática a partir de 1964 com vistas a manter os laços de subordinação às burguesias dos grandes centros imperialistas. Na "Nota explicativa" à primeira edição d'*A revolução burguesa no Brasil*, ele afirma que esta obra "[...] deveria ser uma resposta intelectual à situação política que se criara com o regime instaurado em 31 de março de 1964" (Fernandes, 2006, p. 25).

É importante lembrar que havia outros autores e forças sociais preocupados e dedicados a compreender a realidade brasileira à época; mencionemos, entre outros, o Partido Comunista Brasileiro (PCB), que ainda influenciado pelas teses da Terceira Internacional da chamada revolução em etapas apostou em um suposto caráter anti-imperialista da burguesia e na aliança de classes contra a dominação externa; o Instituto Superior de Estudos Brasileiros (Iseb), que apostava em um desenvolvimento nacional para superar o subdesenvolvimento; a Comissão Econômica para a América Latina (Cepal), órgão vinculado à Organização das Nações Unidas (ONU) que procurava compreender as causas do subdesenvolvimento dos países latino-americanos a partir da relação desigual estabelecida entre as nações do centro e da periferia; autores como Caio Prado Jr., que publica em 1964 *A revolução brasileira*; o agrupamento Organização Revolucionária Marxista – Política Operária (ORM-Polop) no qual participavam Ruy Mauro Marini, Vânia Bambirra e Theotonio dos Santos, que seriam figuras centrais no posterior desenvolvimento da Teoria Marxista da Dependência.

Além dessa resposta intelectual ao golpe de 1964, em sua atuação cívica e militante, Florestan transforma "sua enorme reputação como sociólogo e a cadeira que ocupava na USP numa pequena fortaleza contra a ditadura" (Soares, 1997, p. 50 *apud* Fernandes, 2009, p 37); se posiciona frontalmente contra a ditadura civil-militar desde o início e atua em sua denúncia lutando, por meio da desobediência civil, pela democracia. Participa de diversas atividades estudantis e protestos contra a ditadura, por conta do que é preso por alguns dias em 1964 e passa a ser observado de perto pelas forças do regime. Com o recrudescimento da repressão do Estado em diversas áreas, cuja expressão maior foi o Ato Institucional n. 5 (AI-5), proclamado em dezembro de 1968, Florestan e mais outros professores são cassados e compulsoriamente aposentados (leia-se expulsos) da Universidade de São Paulo no ano de 1969. Diante da ameaça que grassava sobre ele, "escolhe o exílio e aceita o convite para lecionar na Universidade de Toronto, no Canadá" (Fernandes, 2009, p. 39).

Antes de seguir o percurso de Florestan após sua expulsão da USP, é necessário um breve olhar para sua atuação na universidade. Seu trabalho, desde que se tornara professor em 1953, compreendia a pesquisa, a docência e a organização de um grupo de sociólogos alunos seus, que ficou posteriormente conhecido como Escola Paulista de Sociologia e incluía Heleieth Saffioti, Marialice Foracci, Maria Sílvia Carvalho Franco, Octavio Ianni, Paul Singer, Fernando Henrique Cardoso entre outros, e do Centro de Sociologia Industrial (Cesit). Um dos aspectos inegociáveis para Florestan com relação às pesquisas era o da autonomia na produção do conhecimento, por conta disso nunca aceitou financiamento de fundações estrangeiras para o centro de pesquisa (Cerqueira, 2005). Esse grupo é parte da consolidação do seu projeto de uma Sociologia crítica e militante empenhada em compreender o Brasil a partir de uma perspectiva também histórica, buscando desvendar a estrutura e a dinâmica do desenvolvimento capitalista brasileiro.

É possível perceber, pelo que vimos até aqui, uma elaboração concomitante, embora com ritmos distintos, de duas tarefas intelectuais: a constituição da Sociologia como ciência no Brasil, como um sistema de saber, que assume a primazia e centralidade de sua atividade até aqui; e a elaboração de uma teoria do Brasil, que ganhará outro direcionamento e relevância após os desdobramentos do golpe de 1964. No que toca ao primeiro, um aspecto implícito em sua compreensão da universidade era o de um espaço que comportasse o embate de ideias, a polêmica, o que implicava um certo grau de autonomia universitária (Netto,

2004).[13] Assim, nessa sua atuação estava incorporada a sua opção política socialista:

> Eu queria ligar o trabalho da investigação na sociologia ao processo de construção de um pensamento socialista no Brasil, e isso exigia uma atividade política revolucionária que não havia. Então o que restou, para mim, foi o trabalho dentro da universidade, a partir das tensões que poderiam nos levar a um processo de renovação cultural profundo. (Fernandes, 1980, p. 20)

O pedagogo da revolução

Há um equilíbrio entre o sociólogo profissional que assumia a primazia em sua atividade e o militante socialista. A ditadura civil-militar, ao tolher a liberdade de pensamento e a autonomia universitária, fecha as possibilidades da manutenção do exercício da profissão, tal como Florestan a concebia. Para José Paulo Netto, a consolidação da autocracia burguesa rompe esse equilíbrio e traz uma nova principalidade para sua atuação intelectual: "a de pedagogo socialista revolucionário" (Netto, 2004, p. 207).

> Entre 1964 e 1968, Florestan ultrapassa o terreno da Sociologia (nos termos da 'ciência concreta') e franqueia a fronteira do socialismo *revolucionário*. Deixa de ser um sociólogo: recupera para a análise da sociedade a crítica da Economia Política, converte-se em pedagogo da revolução. Foi a contrarrevolução (burguesa) que situou Florestan no eixo da revolução (proletária). (Netto, 2004, p. 207)

Esse novo direcionamento do seu trabalho terá rebatimentos não apenas na rotação de perspectiva teórica, que veremos mais

---

13 Ao comentar uma pergunta a respeito de seu isolamento como intelectual, Florestan deixa evidente essa sua compreensão ampla da produção do conhecimento que incluía também a divergência. "A vida dentro da universidade tem que ser aberta para o talento. Na cadeira de Sociologia aproveitei pessoas que não tinham nenhuma vocação política. Não que eu desse prioridade à vocação política. Quando eu podia conciliar as duas coisas, eu dava prioridade. Agora, quando eu via que não tinha remédio, e que entre os talentos acessíveis havia uma vocação intelectual de primeira, aceitava-a. Mais tarde, se tivesse um fracasso concreto, a regra era a mesma para todos: a eliminação." (Fernandes, 1980, p. 24).

adiante, mas também na própria forma dos seus escritos bem como na sua intervenção política como militante. Após *A revolução burguesa no Brasil*, finalizada em 1974, a obra de Florestan assume um cunho ensaístico (Netto, 2004) distinto do da produção acadêmica anterior; é aí que estão incluídas, por exemplo, as reflexões que desenvolverá em torno da prática e da teoria de Marx, Engels e Lenin em textos dedicados a isso ou nos prefácios e introduções que escreveu para obras destes autores.[14]

Outra iniciativa de vulto assumida por Florestan a partir de fins dos anos 1970 foi o seu papel como "editor", cujo objetivo era publicar e divulgar o pensamento socialista e revolucionário tanto de autores clássicos como Marx, Engels, Plekhanov, Lenin, Kautsky quanto contemporâneos como Frederic Jameson, Vânia Bambirra, Octavio Ianni entre outros; tais autores foram editados na coleção "Pensamento Socialista" por ele dirigida, na editora Hucitec (Martinez, 2006). Dirige também a famosa coleção "Grandes Cientistas Sociais" composta por 60 volumes publicados pela editora Ática entre os anos de 1978-1990. Observando os títulos editados, podemos perceber a concepção de Florestan com relação a Ciências Sociais, figuram ali autores como Lenin, Trotsky, Fidel Castro, Che Guevara, Ho Chi Minh, Mao Zedong,

---

14 Florestan escreveu dois longos ensaios um sobre Marx e Engels e outro sobre Lenin, publicados originalmente como introduções a dois volumes da Coleção Grandes Cientistas Sociais organizados por ele, nos quais trata em profundidade, no caso dos revolucionários alemães da relação de sua teoria com a história e com a luta de classes; no caso de Lenin sobre o caráter político de sua teoria. Além disso, ele prefaciou dois escritos do revolucionário russo: *Que fazer? Problemas candentes do nosso movimento e O Estado e a revolução*, em que procura destacar a atualidade destas obras para a realidade da luta de classes brasileira e latino-americana. Estes textos estão disponíveis em: Fernandes, F. *Marx, Engels, Lenin*: a história em processo. São Paulo: Expressão Popular, 2012. Lenin, V. I. *Que fazer? Problemas candentes do nosso movimento*. São Paulo: Expressão Popular, 2010. Lenin, V. I. *O Estado e a revolução*. São Paulo: Expressão Popular, 2006.

Stalin entre outros, que jamais foram considerados cientistas sociais. Para Martinez (2006, p. 14):

> [...] Mais do que revelar a interação entre teoria e prática, aqueles volumes da coleção destacam a exequibilidade e a viabilidade de determinado papel dos intelectuais e dos dirigentes políticos, em diferentes contextos nacionais [...] O realce é para a combinação da 'fermentação teórica' criativa e do ativismo político que os intelectuais encontram e podem alimentar quando inseridos em enfrentamentos sociais e políticos das classes trabalhadoras.

Parece-nos que Florestan tem como objetivo o de enriquecer o horizonte cultural brasileiro no sentido de construir um caldo de cultura mais amplo e democrático, lastreado na tradição sociológica clássica – como Durkheim, Weber, Pareto, Wright Mills, Simmel entre outros – e também um caldo de cultura revolucionário baseado na tradição da luta política pela transformação da sociedade e vinculado às ciências sociais na medida em que interpretam as contradições de suas realidades nacionais na totalidade capitalista, com vistas a transformá-las.

Nos anos 1980, ele assume também o papel de publicista,[15] inspirado na prática desenvolvida por Lenin muitos anos antes na Rússia. Ele escreve com regularidade para a grande imprensa até o fim da vida, muitos destes textos depois seriam coligidos e dariam origem a vários livros entre os quais podemos mencionar *Que tipo de República?*, *A contestação necessária, Em busca do socialismo.* Segundo Heloísa Fernandes (2009), esse foi o espaço que ele

---

[15] Florestan descreve da seguinte maneira o papel de Lenin como publicista: "Entre seus vários papéis, o que mais o seduzia era o de *publicista*. Lenin tinha plena consciência de que era um intelectual e de que sua preeminência política procedia de sua produção teórica e prática como 'publicista'". (Fernandes, 2012, p. 229). Paulo Silveira trata dessa faceta de Florestan em "Um publicista revolucionário". *In*: D'Incao, Maria Angela. (org.) *O saber militante*: ensaios sobre Florestan Fernandes. São Paulo/Rio de Janeiro: Unesp/Paz e Terra, 1987, p. 287-291.

encontrou para enfrentar a já agonizante ditadura e para expor sua interpretação do Brasil para públicos mais amplos, diz Florestan:

> No fundo, cada artigo surgia como se eu estivesse escrevendo cartas aos leitores, largando a pele de sociólogo em troca do papel de publicista, agarrado com tenacidade às causas das classes oprimidas, à ótica socialista da luta de classes e à difusão da desobediência civil como patamar inicial de uma revolução democrática de cunho proletário e popular. (Fernandes, 2007, p. 23, *apud* Fernandes, 2009, p. 41)

Ele colocou em prática essa proposta de desobediência civil de diversas maneiras, desde cursos para o movimento estudantil universitário até sua atuação como parlamentar em dois mandatos: primeiro como deputado constituinte, depois como deputado federal. A defesa da educação pública bem como a questão racial são dois temas centrais de Florestan nesse espaço, sempre de um ponto de vista socialista revolucionário, como ele gostava de dizer.

Rotação de perspectiva

Ao procurar elaborar uma resposta intelectual para o golpe de 1964, Florestan procura "iluminar o processamento da contrarrevolução (sua natureza, seus ritmos, sua funcionalidade e sua mesma viabilidade) [...] [que] redimensiona globalmente a orientação do seu pensamento" (Netto, 2004, p. 208). Seguindo coerente com o seu estilo de reflexão, tal como identificado por Ianni (2004), é o próprio objeto a ser analisado, no caso a contrarrevolução burguesa, que traz a necessidade de calibrar o seu instrumental teórico. Colocando-se a tarefa de analisar os acontecimentos "a quente", ele opera uma mudança em seu pensamento. Assim, o eixo da reflexão de Florestan passa a ser dirigido e organizado pela teoria social desenvolvida por Karl Marx e Friedrich Engels, que embora não lhe fosse estranha convivia sem diferenciação com outras matrizes teóricas. A partir daqui Marx passa a ser seu modelo analítico-explicativo e a crítica da Economia Política comparece como fundamental para desvendar a estrutura e a dinâmica do capitalismo dependente e da contrarrevolução burguesa. Ademais, a compreensão da processualidade histórica tomada como totalidade, ou da história em processo, lhe permitirá compreender as relações e contradições que se desenvolvem ao longo da história da formação social brasileira (Netto, 2004). Deixa-se de lado, aqui, o "ecletismo bem temperado" do sociólogo e as construções teóricas elaboradas por outras correntes teóricas são incorporadas em sua análise sempre a partir dessa lente, dessa ótica comunista, como ele mesmo gostava de chamar.

A teoria, aqui, para Florestan é pensada nos mesmos termos de Marx, que consiste na "reprodução ideal do movimento real do objeto pelo sujeito que pesquisa" (Netto, 2011, p. 21) e nesse sentido, "a recuperação categorial marxista não resulta de um exercício intelectivo: ele se opera no tratamento concreto do material histórico" (Netto, 2004, p. 213); ou seja, é o próprio movimento da realidade e o seu compromisso não só com a compreensão dela, mas sobretudo com a sua transformação, que o levam a tornar a teoria de Marx o eixo organizador do seu pensamento.[16] Expressa-se aqui, mais uma vez, a especificidade de Florestan não apenas como intelectual, mas como um intelectual comprometido com "os de baixo" e a partir daqui, empenhado diretamente em contribuir na construção da consciência de classe revolucionária.

16 Florestan analisa o legado de Marx e Engels, que para nós em boa medida pode ser estendido a ele também da seguinte maneira: "Eles levaram às últimas consequências, resolvendo a equação do que deve ser a investigação científica quando esta rompe com os controles conservadores externos ou internos ao pensamento científico propriamente dito. Por isso, eles legaram às ciências sociais um modelo de explicação estritamente objetivo e intrinsecamente revolucionário (revolucionário no duplo sentido: das consequências da ciência independente e da imersão na transformação proletária da sociedade burguesa)" (Fernandes, 2012, p. 20).

A partir da análise da (contra)revolução burguesa em seus diversos aspectos, Florestan desvela as relações das classes sociais no Brasil ao longo da história, principalmente, a manutenção do padrão de dominação que se mantém desde a colônia, com as adaptações e "modernizações" necessárias para que ele não se rompa; a estrutura e a dinâmica da consolidação capitalista, de forma dependente, que demonstra as especificidades da formação social brasileira e da maneira de agir de suas classes e lhe permite caracterizar a burguesia brasileira como submissa às burguesias dos centros imperialistas, intolerante com os de baixo. São essas contradições próprias ao capitalismo brasileiro que lhe possibilitam vislumbrar a possibilidade e necessidade histórica da revolução proletária como resposta das classes sociais subalternas à autocracia burguesa. A revolução não é apenas uma petição de princípio ou uma mera referência teórica, ela ganha corpo, na teoria de Brasil de Florestan, a partir da análise da realidade, do processo "a quente".

A forma mais acabada disso é *A revolução burguesa no Brasil: ensaio de interpretação sociológica*. Já tangenciamos em linhas bem gerais e amplas o tema tal como tratado por Florestan nessa obra e gostaríamos de destacar a articulação do capitalismo dependente à consolidação da autocracia burguesa. Foge aos propósitos deste texto uma discussão detida acerca das categorias elaboradas por Florestan; nesse sentido, a síntese de Miriam Limoeiro Cardoso é bastante precisa ao tratar desta relação:

> [...] se a expropriação do trabalho é o fundamento do capitalismo enquanto modo de produção, a democracia burguesa também é essencial para o funcionamento do modo de produção capitalista e o controle das suas crises. Na especificidade dependente do capitalismo, porém, o seu fundamento é drasticamente exagerado, convertendo-se em sobre-expropriação, ao que corresponde a também drástica redução da democracia que o acompanha, que se restringe ao ponto de uma democracia de iguais.

> Deste modo, o capitalismo dependente se concretiza através de sobre-expropriação e de autocracia, caracterizando o que Florestan Fernandes denomina capitalismo selvagem. Conjuga crescimento econômico dependente com miséria e exclusão despóticas [...]. (Cardoso, s/d, p. 5)

A especificidade do desenvolvimento do capitalismo no Brasil em sua forma dependente remonta à dinâmica de dominação de classes fundada no escravismo, perpetuada pelas oligarquias agrárias pós-abolição que, por sua vez, se coligarão com os setores burgueses que surgem no século XX. São vários os elementos e matizes que compõem esse processo histórico, entre eles podemos destacar os conflitos e combinações entre arcaico e moderno ou o horizonte cultural oligárquico e o *ethos burguês* que vão se intricando na composição do caráter dessa burguesia brasileira. É marcante, nesse sentido, o comportamento sociopático com relação a mudanças, do que decorre, não sem mediações é claro, a incapacidade de admitirem ou aturarem reformas próprias da revolução burguesa clássica ou "revoluções dentro da ordem", constituindo assim um processo de "revoluções interrompidas". Ou seja, a especificidade do capitalismo brasileiro é a sua consolidação por meio do Estado numa perspectiva autocrática independentemente da reforma agrária, da reforma urbana, da democracia. Nesse sentido, o capitalismo brasileiro se dá em "circuito fechado" (Florestan, 2010) de subordinação às burguesias centrais e de sobre-expropriação e esmagamento das classes trabalhadoras internas. Assim, não há, na perspectiva de Florestan, tarefas burguesas em atraso, as chamadas revoluções dentro da ordem só podem ser concretizadas pelas classes trabalhadoras organizadas no processo da revolução proletária em avanço (Fernandes, 2018), pois não há espaço para um alargamento da ordem burguesa.

Boa parte dessas formulações estão presentes na terceira parte d'*A revolução burguesa no Brasil* e nas produções posteriores de

Florestan. Mencionamos anteriormente que essa obra começou a ser redigida em 1966, quando ele compõe as duas primeiras partes, e foi finalizada em 1974, com a última parte escrita a partir de 1973, depois da experiência do exílio.

É nesse período que ele se dedica a "estudar a revolução socialista na Rússia, China e Cuba" (Fernandes, 2009, p. 39) o que o ajudou a concluir pela necessidade da revolução proletária no Brasil e na América Latina. Ele volta do Canadá, em 1972, e fica isolado em sua casa, em sua "gaiola de ouro" devido ao clima de repressão por parte da ditadura (Fernandes, 2009). De volta do exílio, ele se dedica a estudar toda a obra de Lenin, que será central para a sua vida intelectual dali para diante, não só na construção da terceira parte d'*A revolução burguesa no Brasil,* por exemplo, na já mencionada categoria da autocracia, utilizada pelo revolucionário russo para caracterizar o tsarismo e também pela teoria do imperialismo.

Florestan passa a pensar Marx sobretudo como "teórico da revolução [...] A recuperação do referencial marxiano e marxista é inteiramente saturada pela recuperação da categoria de revolução: toda a articulação teórica de Florestan está cristalizada pela absoluta centralidade conferida à revolução proletária" (Netto, 2004, p. 217-218). Nessa perspectiva, é a reflexão política de Lenin que passa a dirigir a produção teórica do último Florestan. Sua principal preocupação é a "da constituição da consciência de classe revolucionária, da construção da vanguarda (partido) e da galvanização, por ela, da massa proletária. Numa palavra, são os problemas concernentes à constituição do sujeito revolucionário proletário" (Netto, 2004, p. 218). A tarefa de publicista por ele assumida desempenhará um importante papel na batalha de ideias a partir dos anos 1980.

Em um ensaio sobre Lenin, Florestan destaca que a perspectiva revolucionária e a vinculação com um movimento real contra a ordem estabelecida eram fundamentais para conseguir captar o movimento do real, diz ele:

> Em Lenin temos, portanto, uma combinação em profundidade da ciência social com o movimento socialista revolucionário. Isso não produz uma variante pura e simples da 'ciência política'. O movimento socialista livrava Lenin do condicionamento institucional que bloqueia a pesquisa científica e o pensamento científico no mundo acadêmico e universitário. A 'ciência burguesa' não pode ir além da ordem existente (e, em alguns casos isolados, das revoluções dentro da ordem) em virtude desse bloqueio. Contudo, o tipo de análise política que o movimento socialista impunha era uma expressão direta de sua própria orientação revolucionária [...] Apoderando-se da ciência, o movimento socialista colima a transformação revolucionária da sociedade burguesa (e não o crescimento puro e simples do 'edifício da ciência'. (Fernandes, 2012, p. 253)

Para nós, essa é também a perspectiva que Florestan assume a partir do momento em que orienta sua atividade intelectual para a constituição da consciência de classe. Sua produção de conhecimento é voltada para a construção de força social revolucionária, isto é, a sua teoria tem como objetivo a revolução brasileira. Evidentemente, Florestan sabia que o sucesso ou não disso estava relacionado à correlação entre as forças sociais em confronto, da luta de classes (Fernandes, 2012), pois para ele, retomando Marx, "o critério de verificação da verdade, na pesquisa histórica, estaria na ação" (Fernandes, 2012, p. 23). Nesse sentido, ele afirma:

> [...] Para atingir seus alvos, o conhecimento político produzido precisa ser aceito, reconhecido como verdadeiro e absorvido pelas massas, para em seguida manifestar-se através do seu comportamento coletivo [...] A massa não aparece apenas como objeto e consumidora presumível: ela se define como único agente que pode decidir, em termos finais, se haverá a vitória de uma revolução (ou de uma contrarrevolução). Temos aí todo um rol de requisitos que situam a natureza do conhecimento político, sua forma, propagação e meios de verificação numa relação direta com a prática política

> propriamente dita (e não com os requisitos do conhecimento científico formal). (Fernandes, 2012, p. 254-255)

Ainda nesse bojo, é necessário agregar o papel da organização da vanguarda da classe trabalhadora em partido com a capacidade de dirigir e organizar todo o povo em direção ao socialismo. Citando o próprio Lenin, ele recorda:

> [...] Educando o partido operário, o marxismo educa uma vanguarda do proletariado capaz de tomar o poder e de *conduzir todo o povo* ao socialismo, de dirigir e organizar um regime novo, de ser o educador, o guia e o líder de todos os trabalhadores e explorados pela organização de sua vida social, sem a burguesia e contra a burguesia. (Lenin, *apud* Fernandes, 2012, p. 260)

Florestan tinha consciência do seu lugar de intelectual e sabia, relembrando Marx, que as ideias se transformam em arma de combate quando as massas se apoderam delas, que o "socialismo revolucionário não gera milagres". É nessa perspectiva que ele compreende sua tarefa teórico-prática: "Trata-se de converter a teoria em força cultural e política (ou em 'força real'), fazendo-se com que ela opere a 'partir de dentro' e 'através' de ações concretas de grupos, classes sociais ou conglomerados de classes" (Fernandes, 1980a). Seu empenho é todo dedicado à "[...] conquista da maturidade política pelas classes trabalhadoras" à "socialização socialista dos quadros, bases e das massas" (Fernandes *apud* Netto, 2004, p. 221).

> O pedagogo socialista não abre mão da condição intelectual (teórica) – esta é ainda mais exigida pela prova da educação política coletiva; mas se redefine enquanto só se realiza na medida em que o pedagogo é também receptor (e coesionador) da experiência coletiva a que se reporta. A pedagogia socialista não funda a consciência revolucionária (desejá-lo seria pretender a substituição da vanguarda, do partido); contudo, desenvolve-a, atualiza-a, potencia-a no seu processamento (e, pois, é parte integrante da ação da vanguarda). (Netto, 2004, p. 222)

O legado de Florestan vai além da sua inestimável contribuição teórica que, como vimos, é imprescindível para entender o Brasil e fundamental para a revolução brasileira. Ele faz-se presente também na coerência de classe deste homem, cuja trajetória poderia bem servir de modelo à meritocracia, como um exemplo do *self made man*, que tendo origens muito pobres conseguiu alcançar o topo da carreira universitária como professor catedrático; no entanto, nunca abandonou a perspectiva dos de baixo. Em uma das suas últimas entrevistas afirma que a coisa mais difícil que fez "foi permanecer fiel à minha classe de origem" (Fernandes, 1997, p. 240).

Mas seu legado faz-se presente, principalmente, no lutador do povo que nos deixa a lição a ser seguida por todo aquele que, assim como ele, está empenhado em destruir a ordem burguesa e inaugurar uma sociedade não mais fundada na exploração do ser humano pelo ser humano, mas uma em que o "livre desenvolvimento de cada um é o pressuposto do livre desenvolvimento de todos" (Marx e Engels, 2008, p. 46).

Tal como Florestan, devemos levar a cabo as três tarefas centrais do militante, elencadas por ele e que devem soar constantemente em nossos ouvidos e estar presente na nossa prática: "Não se deixar cooptar, não se deixar esmagar e trazer conquistas para o povo".

Referências

CANDIDO, Antonio. Amizade com Florestan. *In*: D'INCAO. Maria Angela. *O saber militante*: ensaios sobre Florestan Fernandes. São Paulo/Rio de Janeiro: Unesp/Paz e Terra, 1987. p. 31-39.

CANDIDO, Antonio. *Florestan Fernandes*. São Paulo: Editora Fundação Perseu Abramo, 2001.

CARDOSO, Miriam Limoeiro. Capitalismo dependente, autocracia burguesa e revolução social em Florestan Fernandes. *Instituto de Estudos Avançados da Universidade de São Paulo*, s/d. Disponível em:

http://200.144.254.127:8080/textos/limoeirocardosoflorestan1.pdf. Acesso em: 16 jun. 2021.

CERQUEIRA, Laurez. *Florestan Fernandes*: vida e obra. São Paulo: Expressão Popular, 2005.

COHN, Gabriel. O ecletismo bem temperado. *In:* D'INCAO. Maria Angela. *O saber militante*: ensaios sobre Florestan Fernandes. São Paulo/Rio de Janeiro: Unesp/Paz e Terra, 1987. p. 48-53.

COUTINHO, Carlos Nelson. Marxismo e imagem do Brasil em Florestan Fernandes. *In*: *Cultura e sociedade no Brasil:* ensaios sobre ideias e formas. São Paulo: Expressão Popular, 2011. p. 221-240.

D'INCAO. Maria Angela. *O saber militante*: ensaios sobre Florestan Fernandes. São Paulo/Rio de Janeiro: Unesp/Paz e Terra, 1987.

ESCOLA NACIONAL FLORESTAN FERNANDES. *Cadernos de estudos ENFF*: O legado de Florestan Fernandes, n. 4. São Paulo: ENFF, 2009.

FERNANDES, Florestan. *A revolução burguesa no Brasil*: ensaio de interpretação sociológica. São Paulo: Globo, 2006.

FERNANDES, Florestan. Ciências Sociais: na ótica do intelectual militante. *Estud. av. [Depoimentos]*, São Paulo, v. 8, n. 22, p. 123-138, dez. 1994. Disponível em: http://www.scielo.br/scielo.php?script=sci_arttext&pid=S0103-40141994000300011&lng=en&nrm=iso. Acesso em: 16 jun. 2021.

FERNANDES, Florestan. A pessoa e o político. *In*: *Nova Escrita*: ensaio, ano IV, n. 8. São Paulo: Ensaio, 1980.

FERNANDES, Florestan. *A natureza sociológica da sociologia*. São Paulo: Ática, 1980a.

FERNANDES, Florestan. Entrevista Paulo de Tarso Venceslau. *In*: *Rememória:* entrevistas sobre o Brasil do século XX. São Paulo: Editora da Fundação Perseu Abramo, 1997.

FERNANDES, Florestan. *Marx, Engels, Lenin*: a história em processo. São Paulo: Expressão Popular, 2012.

FERNANDES, Florestan. *Circuito fechado:* quatro ensaios sobre o "poder institucional". São Paulo: Globo, 2010.

FERNANDES, Florestan. *A contestação necessária: retratos intelectuais de inconformistas e revolucionários*. São Paulo: Expressão Popular, 2015.

FERNANDES, Florestan. *O que é revolução*. São Paulo: Expressão Popular, 2018.

FERNANDES, Florestan. *Capitalismo dependente e classes sociais na América Latina*. São Paulo: Global, 2009.

FERNANDES, Heloisa. Florestan Fernandes, um sociólogo socialista. *In*: *Cadernos de estudos da ENFF n.4*: O legado de Florestan Fernandes. São Paulo: Escola Nacional Florestan Fernandes, 2009. p. 29-54.

IANNI, Octavio. *Florestan Fernandes*: sociologia crítica e militante. São Paulo: Expressão Popular, 2004.

MARTINEZ, Paulo Henrique. História política do Brasil e análise de classes. *In*: FERNANDES, Florestan, *Pensamento e ação*: o PT e os rumos do socialismo. São Paulo: Globo, 2006a.

MARX, Karl; ENGELS, Friedrich. *Manifesto do Partido Comunista*. São Paulo: Expressão Popular, 2008.

MARX, Karl e ENGELS, Friedrich. *A ideologia alemã*. São Paulo, Expressão Popular, 2009.

NETTO, José Paulo. Florestan Fernandes: uma recuperação marxista da categoria revolução. *In*: NETTO, José Paulo. *Marxismo impenitente*. São Paulo: Cortez, 2004.

NETTO, José Paulo. *Introdução ao estudo do método de Marx*. São Paulo: Expressão Popular, 2011.

PRADO JR., Caio. *História econômica do Brasil*. São Paulo: Brasiliense, 2011.

SACCHETTA, Vladimir. De Vicente a Florestan. *In*: IANNI, Octavio. *Florestan Fernandes*: sociologia crítica e militante. São Paulo: Expressão Popular, 2004.

SEREZA, Haroldo Ceravolo. *Florestan:* a inteligência militante. São Paulo: Boitempo, 2005.

FLORESTAN FERNANDES E A SOCIEDADE DE CLASSES POR UMA PERSPECTIVA RACIALIZADA

Daniele Cordeiro Motta[1]

Introdução

Florestan Fernandes é considerado um dos grandes nomes da sociologia brasileira. Ao longo de sua vida, escreveu sobre diversos temas. Nesse texto, destacamos o debate acerca da questão racial, refletindo sobre as mudanças e permanências que a transição da ordem senhorial e escravocrata para a ordem capitalista acarretou para a formação do regime de classes, uma vez que leitura que Florestan faz acerca desse processo é fundamental para a compreensão da manutenção da raça como forma de classificação e estratificação. Nosso objetivo é entender a transição da mão de obra escravizada para a mão de obra "livre" e assalariada segundo o pensamento de Florestan Fernandes, a partir da seguinte pergunta: quais marcas o sistema escravocrata deixou para a sociedade de classes?

Esse artigo começará com a contextualização do debate racial, especificamente sobre a análise do autor sobre a integração do negro na sociedade de classes, que rompeu com a

1 Socióloga, doutora em Ciências Sociais pela Universidade Estadual de Campinas (Unicamp), militante do grupo Identidade – grupo de luta pela diversidade sexual de Campinas (SP).

visão da democracia racial. Em seguida, traremos a leitura do autor sobre a transição para o trabalho assalariado, mostrando como os aspectos raciais interferiram na sociedade de classes. A problemática racial marcou a reflexão sociológica de Florestan Fernandes; por isso, apresentar sua leitura sobre a transformação capitalista a partir da herança escravocrata é parte fundamental do entendimento de sua obra.

O autor, conforme percebe o andamento da revolução burguesa no Brasil, sobretudo quando é instaurada a ditadura civil-militar no país (1964), vê frustradas suas esperanças na possibilidade de um desenvolvimento capitalista democrático e nacional. É a partir da intensa relação com o contexto que Florestan elabora suas concepções e entende que existe, na sociedade brasileira, uma dinâmica de desenvolvimento que não vai romper com os aspectos do passado. É nessa interação entre texto e contexto que precisamos entender o pensamento do Florestan sobre a relação entre raça e classe.

No momento em que ele escreveu a *Integração do negro na sociedade de classes*, apontou para os diferentes obstáculos enfrentados pelos negros na sociedade brasileira. Dessa forma, indicou a necessidade de políticas públicas que concorressem para a correção de tais obstáculos. O autor parecia acreditar que, a partir da criação de políticas específicas, fosse possível alterar a condição de marginalidade de amplos setores da população negra. No entanto, anos depois, ao fazer a sua análise da revolução burguesa no Brasil (em 1975), e perceber o movimento histórico do capitalismo brasileiro, essa crença foi superada. Isso porque, ao perceber a revolução burguesa como uma contrarrevolução preventiva, Florestan coloca a segregação social e racial como algo que essa modalidade de capitalismo prescindia, e não vislumbra mais a possibilidade de superação pela via reformista. Por isso, a problemática da questão racial é condição para pensarmos as possibilidades da revolução brasileira.

A democracia racial como um mito

A questão racial surgiu como uma problemática de estudos para Florestan a partir de um convite feito por Roger Bastide para participar de uma pesquisa da Organização das Nações Unidas para a Educação, a Ciência e a Cultura (Unesco) sobre preconceito racial no Brasil.[2] Essa investigação se iniciou nos anos 1950, marcou a perspectiva de Florestan sobre a interpretação do desenvolvimento do capitalismo no Brasil e, consequentemente, da sociedade de classes, que passaria a ser pensada pelo autor a partir da herança deixada pela escravidão negra. Com base na coleta de dados feita para tal pesquisa que Florestan elaborou a sua principal obra sobre a questão: A integração do negro na sociedade de classes, tese defendida no ano de 1964, e publicada em 1965.

A integração do negro na sociedade de classes representou um marco na sociologia brasileira, pois avançou no pensamento sociológico sobre a questão racial, rompendo com a reflexão sociológica precedente (Bastos, 2002). Sua concepção alterou o diagnóstico da situação social da população negra, hegemônico até aquele momento.

Antes da investigação e das teses elaborados por Florestan, havia a predominância da leitura de Gilberto Freyre sobre o debate racial no Brasil. Partindo de suas análises das relações íntimas que ocorriam na esfera da família patriarcal, procurou entender os elementos formadores da sociedade brasileira e defendia haver uma interação harmoniosa entre as diferentes "raças" no Brasil. Para ele, o "negro", tanto quanto o "branco", foi colonizador do país.

---

2 Diferentes intelectuais fizeram essa investigação em diversos estados do Brasil. Roger Bastide foi o responsável pela pesquisa em São Paulo e convidou Florestan Fernandes para integrá-la. O resultado da pesquisa saiu na publicação de Roger Bastide e Florestan Fernandes – *Negros e brancos em São Paulo* – que teve uma edição prévia na Revista Anhembi, 1953 e foi publicado em 1955 pela Editora Anhembi.

Segundo Freyre, o fato das mudanças sociais no Brasil ocorrerem sem uma ruptura com as estruturas anteriores seria um indicativo de uma convivência harmônica dos diferentes atores sociais, o que caracterizaria a democracia étnica[3] (Motta, 2012).

A leitura de Florestan se diferencia da reflexão de Gilberto Freyre pela perspectiva analítica, uma vez que deslocou o debate sobre o "negro" do campo da cultura para o campo da organização social (Bastos, 1991). Analisada sob esse prisma, Florestan relacionou a questão racial com a nacional e, mesmo percebendo as especificidades da questão racial, não a tratou de forma autônoma. Segundo Florestan, é

> na atuação dos seres humanos – e não na cultura – [...] que residem, pois, os fatores explicativos dos fenômenos sociais. [...] As diferenças culturais são representativas das condições de existência social em sociedade de classes; mas, é a organização social destas que determina a função das diferenças culturais. (Fernandes, 1971, p. 82)

Essa nova perspectiva analítica marcou o debate sobre o negro no Brasil, e apontou para um novo diagnóstico da situação social, revelando o "mito da democracia racial" (Fernandes, 2008a [1965]).[4] A tese do "mito da democracia racial" foi difundida não só por Florestan, mas por seus orientandos,[5] rompendo com as teses que sustentavam haver um relacionamento democrático entre

---

3 Para uma análise completa sobre a obra de Gilberto Freyre, cf. Bastos, 2006.

4 A ideia da democracia racial foi usada pela primeira vez na década de 1940 por Arthur Ramos. Nesse mesmo período, Roger Bastide também fazia uso da expressão. A ideia presente da democracia racial indicava que no Brasil não havia preconceito e discriminação por conta da cor, ou seja, que o valor e o mérito pessoal não estariam subordinados ao grupo racial a que pertencia. A gênese da ideia de que o padrão de relacionamento racial no Brasil era democrático é sustentada pela obra de Gilberto Freyre (Motta, 2012, p. 18).

5 Octavio Ianni: *As metamorfoses do escravo* (1962), *Raças e classes sociais no Brasil* (1966); e Fernando Henrique Cardoso: *Capitalismo e escravidão no Brasil meridional* (1962). Juntos, Ianni e Cardoso ainda escreveram *Cor e mobilidade social em Florianópolis* (1960).

as diferentes etnias, negando a existência do preconceito racial. Segundo Bastos,

> a crítica dirige-se diretamente à obra de Gilberto Freyre. Vários estudiosos desse autor apontam para o fato da expressão não figurar em seus livros, constatando, assim, uma 'atribuição' de Florestan que não corresponderia à posição daquele autor. Na verdade, aparece na obra de Gilberto inúmeras vezes a expressão 'democracia étnica' associada à ideia de democracia social.
> O fato de Florestan retomar o termo 'racial' substituindo 'étnico' tem embutida uma crítica a uma sociologia aparentemente esvaziada de conteúdo político. Absorvendo a argumentação dos movimentos negros que retomam politicamente a expressão 'raça' como forma de conscientização sobre a situação social vivida pelos seus membros. (Bastos, 2002, p. 193)

É importante situar que, ainda que o resultado alcançado pelo autor sobre o mito da democracia racial sirva para pensarmos as relações raciais no Brasil como um todo, o seu lugar de análise foi a cidade de São Paulo. Durante a pesquisa realizada na década de 1950, fez entrevistas com a população negra e militantes dos movimentos negros da cidade, que foram os responsáveis para apontar para Florestan que a democracia racial não existia.

A denúncia da democracia racial como um mito alterou a direção da análise social e dos caminhos políticos para o enfrentamento da resolução da desigualdade racial no Brasil. Sua pesquisa sobre a população negra foi importante para suas análises posteriores sobre o capitalismo, pois foi refletindo sobre as possibilidades e dificuldades de integração da população negra nas instituições sociais modernas que a problemática racial foi tratada como parte essencial da questão democrática, do próprio desenvolvimento capitalista.

Florestan (2008a, 2008b) entende a democracia racial como uma técnica de dominação política, que tem o intuito de: 1) manter intocável a situação das raças e classes dominantes; 2) jogar para a população negra os problemas de cunho social, dissimulando a questão (que é um problema estrutural da sociedade) como uma incapacidade ou uma irresponsabilidade individual, o motivo dos dramas sociais dos negros; 3) isentar a população branca de sua responsabilidade com a situação social;[6] 4) criar uma falsa consciência da realidade racial brasileira, que tem consequências até os dias de hoje. Entendemos que é impossível olhar para a análise de Florestan sobre o processo de desenvolvimento do capitalismo brasileiro sem articulá-la com a perspectiva racial, já que "raça é uma formação social que não pode ser negligenciada na estratégia da luta de classes" (Fernandes, 2017, p. 86).

A escravidão como marca da sociedade de classes

Para Florestan Fernandes, o Brasil se desenvolve sem romper totalmente com as estruturas do passado, e essa reflexão ganha força com o olhar para a situação social da população negra. O autor desenvolve uma leitura sobre o capitalismo brasileiro (entendendo-o como dependente) a partir de uma dupla articulação, combinando dois pilares de sustentação: 1) a relação com o capital externo e o desenvolvimento de uma economia que não rompe com a exploração de fora para dentro e caracteriza a dependência do Brasil; 2) a desigualdade interna, os problemas associados à mescla de elementos "arcaicos" e "modernos" na estruturação da sociedade brasileira, que é fundamental para a manutenção do cálculo capitalista dependente. A reflexão sobre a herança escravista na

---

6 Hoje já existem estudos que tratam dessa questão, chamando a identidade racial branca de branquitude. Segundo Schucmam (2012, p. 23), "a branquitude é entendida como uma posição em que sujeitos que ocupam esta posição foram sistematicamente privilegiados no que diz respeito ao acesso a recursos materiais e simbólicos, gerados inicialmente pelo colonialismo e pelo imperialismo, e que se mantêm e são preservados na contemporaneidade. Portanto, para se entender a branquitude é importante entender de que forma se constroem as estruturas de poder concretas em que as desigualdades raciais se ancoram".

análise da sociedade de classes é um dos elementos que explicam por que o desenvolvimento capitalista brasileiro perpetuou com as relações "tradicionais", que se explicitam pelo padrão de relação racial. Para o autor, o processo de transformação urbano-industrial no Brasil ocorreu a partir do impulso do crescimento econômico europeu, com a transferência de suas práticas e instituições de forma pronta e acabada, sem haver um processo de adaptação da população brasileira (sobretudo da população negra ex-escravizada) a tais práticas; não houve uma construção moral e social anterior à chegada das relações e práticas capitalistas/competitivas.

> Em consequência, a ordem social competitiva não desponta como a expressão do equilíbrio instável de diferentes camadas sociais e políticas como 'fenômeno legal'. Todavia não aceita como 'fenômeno social' e, muito menos, como 'fenômeno político'. Os que são excluídos do privilegiamento econômico, sociocultural e político também são excluídos do 'valimento social' e do 'valimento político'. Os excluídos são necessários para a existência do estilo de 'dominação burguesa', que se monta dessa maneira. (Fernandes, 1975, p. 92)

O processo de formação do regime de classes e do mercado de trabalho no Brasil deve ser entendido junto ao processo de integração dos ex-escravizados durante a ascensão do regime capitalista. Florestan articula sua reflexão tendo como base a mudança na organização social do trabalho, e destaca que, para entender a formação da sociedade de classes, é necessário olhar para a teoria da acumulação capitalista (ancorada na colonização e escravidão), a teoria da mercantilização do trabalho e as contradições entre as forças produtivas e as formas de organização da produção (Fernandes, 2008c). Nesse texto, nosso foco é acompanhar a elaboração da leitura sobre a mercantilização do trabalho, uma vez que entendemos que é um dos pontos centrais para a percepção da relação entre raça e classe, ou seja, a transição do trabalho escravizado para o trabalho assalariado.

Um primeiro ponto importante para situar a leitura é sobre a abolição, que marcou o momento da transformação na organização social do trabalho, mas não eliminou a estrutura social da sociedade escravocrata e senhorial, mas sua ordem jurídica; e perpetuou com os privilégios e a concentração de poder nas mãos dos setores dominantes da "raça branca".

Com a emergência do trabalho livre, as relações sociais passaram a ser regidas pelo *ethos* da competição, que conduziria a procura de trabalho. Para o autor, houve a exclusão sofrida por negros e negras no mercado de trabalho em formação, analisando essa questão a partir da ausência de socialização da população negra para as condições urbano-industriais em ascensão. A ausência de socialização é elemento central para pensarmos as dificuldades de integração da população negra e a formação de uma classe de trabalhadores(as) assalariados(as), que deveriam ser disciplinados(as) para essa nova forma de organização do trabalho. Qualquer que seja a forma de organização social, a população necessita de educação para se adequar ao modelo de sociedade vigente, às suas normas, valores, códigos e instituições sociais. Para a integração em uma determinada sociedade, é necessária a socialização de acordo com normas e padrões sociais e culturais estabelecidos. O importante é entender que a população negra, quando os valores e a organização da sociedade brasileira foram transformados, não teve as oportunidades necessárias para a sua integração social no "mundo dos brancos".[7]

Ao analisar a competição no mercado de trabalho, o autor ainda destacou uma diferença entre os possíveis vendedores da força de trabalho no Brasil: os negros, ex-escravizados, e os imigrantes, já que, após a abolição, houve também um incremento

[7] A integração do negro é vista a partir das perspectivas de inserção na ordem capitalista pensando a inserção no mundo branco, ocidental, cristão e capitalista.

nos números da imigração. Se, por um lado, a população negra não teve nenhum amparo oficial, por outro, o imigrante estrangeiro absorveu as atenções e os recursos, e a entrada maciça de imigrantes foi uma política sustentada pelo Estado brasileiro.[8] Como não houve um processo de ressocialização da população negra para que se inserissem no mercado de trabalho, não foram criadas as condições sociais, econômicas, políticas, culturais e mesmo psicológicas de integração.

Para que possamos apreender esse processo de transformação (fundamental para a compreensão histórica das classes), é importante analisarmos também os critérios de avaliação e classificação social apoiados na ideia da "inferioridade da 'raça' negra". Do ponto de vista dos setores subalternos, principalmente se a referência for a população negra, ex-agente do trabalho escravizado, a transformação na organização social do trabalho revelou uma mudança apenas de caráter formal, pois "a universalização do trabalho livre foi separada das reparações aos ex-agentes do trabalho servil e do destino que cumpria dar à sua força de trabalho" (Fernandes, 2008a, p. 56).

Esse entendimento é crucial para a análise do desenvolvimento do capitalismo no Brasil, já que não permitirá a competição em igualdades de condições.

> Dessa forma, a dificuldade de integração dos ex-escravizados nas relações sociais capitalistas será um elemento essencial para o entendimento da sociedade de classes que se constituiu no Brasil e a perpetuação das condições desiguais na organização social.

---

8 O estímulo oficial à imigração é importante para revelar a dificuldade que o ex-escravizado encontrou para a integração à nova lógica de trabalho. Segundo Florestan, "embora o estrangeiro não tenha literalmente, 'tomado o lugar do negro', este não suportou as condições de competição com o imigrante, criadas pelo trabalho livre e pela expansão da economia capitalista" (Fernandes, 2008a, p. 155). É importante destacar que a entrada maciça de imigrantes brancos também está associada à ideologia do branqueamento da sociedade brasileira.

> É a partir da questão do negro, da constatação de sua integração limitada ou precária nas 'novas' estruturas que se desenvolviam que Florestan percebe a desigualdade. (Motta, 2012, p. 60)

O processo de transformação de uma sociedade com o trabalho escravizado para uma sociedade marcada pelo trabalho assalariado foi, portanto, um processo de exclusão da população negra ex-escravizada, que vivenciou as mudanças a partir da pauperização, do racismo, da falta de acesso à moradia, à educação, à saúde e, muitas vezes, ao trabalho assalariado. Florestan apontará para a tendência de a população negra ocupar trabalhos marginais ou acessórios do sistema de produção capitalista.[9]

É interessante perceber que a dificuldade de competição apontada por Florestan Fernandes aparece tanto para as classes dominantes quanto para as classes populares. Para ele, a burguesia brasileira não criou condições para competir com as burguesias dos países centrais, que têm níveis e técnicas de produção mais avançados. Com relação às classes populares, a dificuldade de competição é vista como um obstáculo para a participação e classificação no regime de classes (vivenciadas principalmente pela população negra). Por isso, Florestan argumenta que

9 Em seu estudo *A integração do negro na sociedade de classes*, Florestan destacou a importância das mulheres negras que cumpriram um papel fundamental no sustento da família, pois encontraram mais facilidade de empregar-se nas cidades devido à sua integração à rede de serviços urbanos domésticos. A mulher negra adquiriu um papel central na manutenção da família, sendo a fonte de renda principal da população negra. Não é a nossa intenção, nesse texto, nos debruçarmos sobre a questão de gênero, mas é importante destacar que a leitura de Florestan pode servir como base para a reflexão da questão de gênero e do patriarcado como uma das estruturas que sustentam a sociedade capitalista dependente e brutalmente desigual. Lélia Gonzalez (2016) valoriza o papel que as negras ocuparam durante a escravidão e coloca seu protagonismo na formação da estrutura psíquica das crianças, uma vez que educou e criou filhos de seus senhores (e, posteriormente, de seus patrões), sendo importante, inclusive, para a disseminação de histórias populares, contribuindo diretamente para a disseminação de sua cultura negra.

> O padrão de equilíbrio da sociedade de classes impõe que o grau de concentração racial da renda, do prestígio social e do poder seja regulado pela capacidade de competição espontânea dos estoques raciais em presença. Embora as próprias condições de formação e de funcionamento da sociedade de classes introduzam vantagens que acabam beneficiando, unilateralmente, um dos estoques raciais e de maneira que dificilmente possa ser corrigida pelo simples automatismo da competição espontânea. (Fernandes, 2008a, p. 542)

Florestan nos dá elementos para compreendermos como a desigualdade racial atuou na origem do processo capitalista, interferindo diretamente nos homens e mulheres em busca de trabalho. Na emergência de uma sociedade baseada na competição entre as pessoas para sua inserção no mercado de trabalho, consolidava-se uma desigualdade estrutural que não permitiu à população negra, ex-escravizada, competir em igualdade de condições com a população branca. Por isso que Florestan afirma que

> A competição surge como um circuito social estreito e confinado, que se aplica e regula as relações dos que se consideravam 'iguais', que se tratavam como *Povo,* mas excluíam os diferentes estratos do povo propriamente dito da 'sociedade civil' e dos processos histórico-sociais. (Fernandes, 1975, p. 92)

Um ponto que chama atenção para pensarmos os processos de mercantilização da força de trabalho a partir da relação entre raça e classe é a reflexão acerca dos salários e da reprodução do trabalhador(a). Marx diz que

> A soma dos meios de subsistência deve, pois, ser suficiente para manter o indivíduo trabalhador em seu estado de vida normal. As próprias necessidades naturais, como alimentação, roupa, aquecimento, moradia etc., são diferentes de acordo com o clima e outras peculiaridades naturais de um país. Por outro lado, o âmbito das assim chamadas necessidades básicas, assim como o modo de sua satisfação, é ele mesmo um produto histórico e depende, por isso, grandemente do nível cultural de um país, entre outras coisas também essencialmente sob que condições, e, portanto, com que

> hábitos e aspirações de vida, se constituiu a classe dos trabalhadores livres. Em antítese a outras mercadorias, a determinação do valor da força de trabalho contém, por conseguinte, um elemento histórico e moral. (Marx, 1985, p. 14)

Além da reprodução física do trabalhador, o cálculo do valor da força de trabalho é, em cada país, determinado por um nível de vida tradicional. Os séculos de escravidão foram suficientes para que se criasse um padrão de vida instável, naturalizando a baixa remuneração e níveis de sobrevivência tradicionalmente precários. Do ponto de vista dos setores dominantes, esse padrão de pobreza e de desigualdade é importante para que, rebaixando o nível de vida do trabalhador brasileiro, possam aumentar seus excedentes econômicos. Essa noção também corrobora a ideia defendida pelas intelectuais feministas de que é preciso fazer uma leitura do capitalismo que considere a produção e a reprodução como elementos essenciais da organização do trabalho, das relações sociais e da distribuição do poder (Hirata e Kergoat, 1994; 2007; Kergoat, 2009).

O desenvolvimento capitalista no Brasil foi propício para a revitalização de comportamentos tradicionais, pois mesmo com a emergência de um regime de classes não houve uma ruptura com as hierarquias e estruturas sociais do passado colonial e escravista. Isso significa que, ainda que o trabalho fosse livre, a "raça" ainda era usada como um fator de classificação social. Por isso, Florestan coloca a questão da seguinte forma:

> A hipótese que se delineia não é a de uma gradual autocorreção do regime de classes (tal como ele está estruturado). Mas, a de uma persistência e de um agravamento contínuos da presente ordenação em classes sociais, cujas 'debilidades' e 'deficiências estrutural-funcionais' foram institucionalizadas e são na realidade funcionais. Se elas desaparecessem (ou fossem corrigidas), com elas desapareceria essa modalidade duplamente rapinante de capitalismo. (Fernandes, 1975, p. 40)

A ausência de socialização e a impossibilidade de competir com o imigrante branco europeu que chegava ao país atuaram para que a população negra se inserisse no regime de classes de forma residual, ocupando as camadas sociais "pobres" e "dependentes". Por isso, para o autor, existe no Brasil um *paralelismo entre raça e classe*, e o mais importante é entender "como as transformações sociais da expansão do capitalismo ajustaram o paralelismo às condições de organização, funcionamento e evolução do regime de classes" (Fernandes, 2010, p. 120). A transição para o capitalismo e a formação da sociedade de classes no Brasil se consolidou perpetuando com as relações sociais baseadas em privilégios, em que o código racial manteve homens e mulheres em posições de hierarquia e poder. Segundo o autor,

> Os brancos desfrutam de uma hegemonia completa e total, como se a ordem social vigente fosse, literalmente, uma combinação híbrida do regime de castas e do regime de classes. No que diz respeito à integração do branco ao sistema de relações sociais, só o último regime possui vigência plena. Quando se trata do negro ou do mulato, porém, os dois regimes se combinam de forma variáveis, sempre fazendo com que influências arcaicas operem livremente, revitalizando de modo extenso e profundo uma ordem racial que já deveria ser uma relíquia histórica. (Fernandes, 2007, p. 117)

Por isso Florestan argumenta que "classe" e "raça" se misturam de maneira tão intricada (Fernandes, 2008b). Isso é um indicativo da persistência "do passado no presente", característico da continuidade de elementos "arcaicos" na sociedade brasileira. Para ele,

> [...] seria lamentável se ignorássemos como as determinações de raças se inseriram e afetaram as determinações de classe. [...] O que desapareceu historicamente – o 'mundo colonial' – subsiste institucional e funcionalmente, ainda que de forma variável e desigual, conforme os níveis de desorganização da vida humana que se considerem. Ele vive, pois, em quase tudo que é essencial para o capitalismo dependente: na posse da terra, na organização da

> agricultura, na autocracia dos poderosos, na espoliação sistemática e marginalização dos pobres, no particularismo e no farisaísmo das elites, na apatia ou na confusão das massas oprimidas e, principalmente, nos padrões de relações étnicas e raciais. (Fernandes, 2007, p. 289)

A formação da sociedade no Brasil, estratificada a partir das classes sociais, foi vinculada a um critério de classificação baseado na raça, que interferiu nas posições ocupadas pelas pessoas no mercado de trabalho e nos espaços de poder. Isso quer dizer que a população negra teve o pior ponto de partida na sociedade de classes, e é por esse motivo que Florestan, ao final do seu texto, sugere a formulação de políticas para a correção dessa desigualdade fundante.

Ainda que não seja o objetivo desse texto apresentar os processos de inclusão da população negra na sociedade capitalista, é importante situar que, ao longo da história e do desenvolvimento do capitalismo no Brasil, vivenciamos momentos maiores de integração da população negra ao mercado de trabalho, e Florestan, em seu livro de 1964, já apontava a existência desses processos. Duas questões são fundamentais para que possamos entendê-lo. Primeiro, o papel central que os movimentos negros tiveram para tal integração e, segundo, a necessidade de ampliação de mão de obra que os momentos de crescimento econômico proporcionam.

A organização da população negra foi fundamental para os processos de integração na sociedade de classes, pois com essa organização percebeu-se a necessidade de recriar a imagem do "negro" a partir dele mesmo, de modo a romper com os estereótipos e negatividades associados à população negra. Constata-se que é preciso se afirmar como classe e como raça. A experiência ao longo dos processos sociais de integração pelo qual passava a população negra a fez perceber que, mesmo quando conseguiam ascender socialmente e se integrar no mercado de trabalho, ainda tinha que encarar o racismo. Florestan explica da seguinte forma:

> O 'negro que sobe', por sua vez, possui interesses que o levam a reduzir as diferenças diante do 'branco' às implicações da posição social. Contudo, ele enfrenta dificuldades em 'sair da própria pele'. Ao forçar a participação das 'prerrogativas de direito', inerentes à sua posição social, descobre que esta não é tudo e que a cor se impõe como um fantasma real. (Fernandes, 2008b, p. 331)

A tese central de Florestan é a de que a desigualdade, já inerente a qualquer sociedade estratificada em classes sociais, foi reforçada e reformulada pela desigualdade racial. "A persistência dos dois elementos [o preconceito e a discriminação racial] após a desintegração da escravidão explica-se pelo fato de não haver o sistema de classes destruído todas as estruturas do *ancien regime*, principalmente as estruturas das relações de raça" (Fernandes, 1972, p. 91).

Olhar para a elaboração de Florestan acerca do processo de transformação capitalista nos ajuda a compreender a perpetuação do racismo, entendendo as bases históricas, sociais e culturais que o estruturam na sociedade brasileira.

Para Florestan, essa desigualdade de condições de competição interferiu na formação das classes e dos grupos sociais, pois mesmo com o desenvolvimento do trabalho assalariado permaneceram formas de superexploração da força de trabalho nas áreas mais "atrasadas" do país. Isso "envolve, portanto, a combinação do trabalho assalariado com compensações pré-capitalistas" (Fernandes, 1975, p. 62).

Ao formular sobre a relação de trabalhos capitalistas e pré capitalistas, Florestan entende o primeiro como a relação de trabalho assalariada, inserida no mercado de trabalho e institucionalizada pela legislação trabalhista. Já as relações pré-capitalistas seriam todas as outras formas de trabalho não institucionalizadas, e expostas a maiores graus de exploração, sem compensações e garantias de direitos trabalhistas. Do ponto de vista das relações de trabalho no mundo contemporâneo, não faz mais sentido falarmos em relações pré-capitalistas. No entanto, assistimos nas últimas décadas ao desenvolvimento do capitalismo junto com outras formas de relações de trabalho, que flexibilizam cada vez mais a regulamentação trabalhista. Isso, ao contrário do que pensava Florestan, não foi algo específico das formações sociais subdesenvolvidas, de capitalismo dependente, pois em diversos lugares do mundo (inclusive nos países considerados de primeiro mundo), a organização do trabalho passa por relações mais precárias, terceirizadas, informais, autônomas, uberizadas, que se tornam cada vez mais comuns na ânsia do capital em converter taxas de lucro ainda maiores. Dessa forma, a contribuição de Florestan é útil para analisarmos a transição e refletirmos quem são os agentes de trabalho que se situam nas situações de maior exploração do trabalho. No momento em que Florestan escrevia seu texto, anteriormente citado, era possível relacionar a população negra. Será que hoje é diferente?

Considerações finais

Com o decorrer do desenvolvimento capitalista, houve a inserção de parte da população negra no mercado de trabalho formal, sobretudo durante os períodos de maior expansão capitalista no Brasil – nas décadas de 1930, 1940 e 1950. O que não houve, entretanto, foi uma alteração substantiva no padrão de desigualdade racial. A população negra ocupava as posições marginais, se inseriam nas atividades de base da produção, faziam "bicos", os trabalhos manuais mais pesados, desqualificados, mal remunerados e sem garantias (Fernandes, 2008a, 2008b, 2010).

Os estudos acerca da questão racial nas décadas de 1980 e 1990, posteriores, portanto, às principais publicações de Florestan sobre a problemática, reafirmaram a partir das análises dos dados estatísticos a "raça" como um critério classificatório de fundamental importância para entender as desigualdades da sociedade brasileira (Hasenbalg e Silva, 1999; Hasenbalg, 1995). Esses estudos mostraram que na da década de 1980, a população negra ainda ocupava os setores mais mal remunerados. Hasenbalg (1992), analisando os dados da Pesquisa Nacional por Amostra de Domicílio (PNAD) de 1987, destacou a tendência da população negra de se ocupar nos empregos informais, mostrando que apenas 38,2% tinha carteira de trabalho assinada, enquanto que na população branca essa posição formal alcançava 57,3%. Essas pesquisas demonstraram a persistência da desigualdade racial no Brasil, sustentando que a população negra está exposta às desvantagens cumulativas, transmitidas de geração para geração (Hasenbalg, 1995).

Segundo dados do Instituto Brasileiro de Geografia e Estatística (IBGE, 2019), em 2018 a população negra contabilizava em torno de dois terços dos desocupados (64,2%) e dos subutilizados (66,1%) na força de trabalho e, entre os trabalhadores informais, 34,6% eram brancos, enquanto que para a população negra o percentual foi de 47,3%.

As análises dos dados corroboram a tese de Florestan, quando afirmam que a articulação entre o padrão de relação racial e as oportunidades de trabalho mostram que as formas precárias de trabalhos, em que falta acesso à proteção social, limita direitos trabalhistas básicos, como a remuneração pelo salário-mínimo e a aposentadoria (IBGE, 2019), ainda está diretamente relacionada à população negra. Esses números se repetem ao longo da história do Brasil.

Os estudos sobre as relações raciais no Brasil demonstraram a segregação racial no mercado de trabalho,[10] confirmando seus

[10] Estamos focando a questão do trabalho nesse texto, mas a desigualdade racial pode ser observada com base na moradia, no acesso à educação, nos números da violência policial etc.

critérios de classificação racial que atua na manutenção de negros e negras em cargos de menor remuneração e reconhecimento. Os dados do IBGE (2019) apontam que, em 2018, "o rendimento médio mensal das pessoas ocupadas brancas (R$ 2.796,00) foi 73,9% superior ao das pretas ou pardas (R$ 1.608,00). Tal diferença relativa corresponde a um padrão que se repete ano a ano na série histórica disponível" (IBGE, 2019, p. 3).

Ainda que, na ciência, o racismo tenha deixado de ser aceito e na teoria social a democracia racial já tenha sido revelada como um mito, o racismo ainda atua "enquanto ideologia social, na poderosa 'teoria do senso comum', aquela que age perversamente no silêncio e na conivência do dia a dia. A escravidão nos legou uma sociedade autoritária, a qual tratamos de reproduzir em termos modernos" (Schwarcz, 2019, p. 35). O racismo é uma consequência desse histórico padrão de relação e atua na manutenção dos privilégios de raça e classe, na reprodução da desigualdade racial, da concentração racial da riqueza, da cultura e do poder, da submissão do negro, como "raça", à exploração econômica, à exclusão dos melhores empregos e melhores salários.

Essa persistência do padrão de relações raciais é uma das formas que Florestan entende que o passado se projeta no presente. Isso não quer dizer que devemos olhar para a nossa história de forma mecânica e determinista, como já nos alertou Schwarcz e Starling (2018, p. 506-507), "a história não é conta de somar":

> O fato é que muitas características do passado insistem em continuar presentes, retornam e não desaparecem por efeito de decreto ou boa vontade. A miséria se mantém assolando importante parcela da população, e, a despeito dos tantos progressos realizados, continuamos apresentando índices que nos colocam entre os países campeões no quesito desigualdade social. Em muitos lugares, mulheres ganham menos, trabalhando nas mesmas funções que seus colegas do sexo masculino [...]. Se os novos arranjos familiares, de diversidade sexual e de gênero são cada vez mais abertamente

> defendidos, ainda somos vítimas, em todo o país, de distintas formas de fobia, práticas sexistas e abusos que geram muitos atos violentos, cuja base é a intolerância à diferença. Negros, morenos e pardos – seja lá o nome que quiser dar – apesar da aplicação de novas políticas de ação afirmativa, ainda conhecem a realidade da discriminação racial expressa nos índices diversos no trabalho e na educação, nas taxas de mortalidade, de criminalização na justiça, e até mesmo no lazer. As chances continuam desiguais, além das manifestações cotidianas de racismo expressas em locais públicos e nos mais privados.

O estudo de Florestan nos ajuda a compreender, a partir da formação social, a perpetuação dessas relações desiguais, e olhar para a dinâmica de diferenciação social baseada na racialização e no racismo, a partir das relações de exploração/opressão, das hierarquias sociais culturalmente construídas, nos auxilia a compreender a relação entre diversidade e desigualdade, pensando sua articulação com as classes sociais e os processos de luta de classes (que precisam envolver também a luta antirracista). Olhar para a diversidade étnica e racial da população brasileira sem perceber a desigualdade existente nessas relações seria esquecer a história social do Brasil. A questão racial é um dos pilares para a compreendermos a construção das desigualdades estruturais no Brasil, que se reproduzem de modo duradouro (Guimarães, 2012, p. 40). Isso significa dizer que o racismo é estrutural e, segundo Silvio Almeida, "o racismo, como processo histórico e político, cria as condições sociais para que, direta ou indiretamente, grupos racialmente identificados sejam discriminados de forma sistemática" (Almeida, 2018, p. 39).

Ao longo do texto, a intenção foi chamar a atenção para o fato relevante de que as análises da formação da classe trabalhadora e dos mecanismos de exploração de classe ganham outra dimensão analítica se analisados à luz da herança da escravidão. Para Florestan,

> o dilema social representado pelo negro liga-se à violência dos que cultivaram a repetição do passado no presente. E exige uma contra-violência que remova a concentração racial da riqueza, da cultura e do poder. Esse dilema liga entre si luta de classes e luta de raças (uma não esgota a outra e, tão pouco, uma não se esgota na outra). Ao se classificar socialmente, o negro adquire uma situação de classe proletária. No entanto, continua a ser negro e a sofrer discriminações e violências. Afirmar-se somente pela raça pressupõe uma utopia. A resistência negra nas décadas de 1930, 1940 e parte de 1950 suscitou o reacionarismo das classes dominantes, que logo denunciaram o 'racismo negro'! Além disso, mesmo onde negros e brancos conviviam fraternalmente, nem por isso os brancos sentiram-se obrigados a dar solidariedade ativa aos porta-vozes e às manifestações da rebelião negra. (Fernandes, 2017, p. 84)

Essa citação de Florestan, escrita em 1988, é emblemática porque reflete um dilema parecido pelo qual passamos atualmente, em que o pensamento conservador, em resposta aos novos avanços conquistados pelo movimento negro, retoma a ideia do "racismo reverso", do "somos todos humanos", "não existe racismo, isso está na sua cabeça". O mito da democracia racial está sendo desvelado. No entanto, continua pairando por aí, para impedir o avanço da conscientização racial, desde o privilégio da branquitude até as desigualdades da população negra. Assistimos nos últimos anos uma efervescência em torno dos direitos à diferença, em que os movimentos sociais (feminista, LGBT, negro) exigiram na agenda política uma nova leitura das diferenças, que demandou o direito à diferença na igualdade, questionando uma nova orientação para a leitura das desigualdades sociais. A atuação do movimento negro no Brasil nas últimas décadas vem ajudando a explicitar as práticas racistas, revelando o privilégio racial da branquitude e pressionando para a formulação de políticas públicas capazes de promover a igualdade racial.

O debate sociológico sobre as desigualdades avançou para a formulação de teorias que passaram a analisar as questões anteriormente tratadas como específicas de forma a articular as relações, revelando a relação estreita entre a diversidade brasileira e a desigualdade. Segundo Lima (2010),

> a discussão sobre desigualdades em geral e desigualdades entre grupos, em particular, está em consonância com uma ampla literatura internacional que enfatiza cada vez mais os atributos adscritos dos indivíduos (sexo e 'raça') como mecanismos produtores de desigualdades em diferentes contextos. Por outro lado, é imprescindível abordar a especificidade das relações raciais e da estrutura das desigualdades brasileiras. (Lima, 2010, p. 94)

É justamente sobre esse último ponto que a obra de Florestan ainda é uma grande referência, e auxilia a compreender por que a luta de classes contra o capitalismo dependente precisa estar aliada à luta antirracista [e feminista].

Referências

ALMEIDA, Silvio. *O que é racismo estrutural?* Belo Horizonte (MG): Letramento, 2018.

BASTOS, Elide Rugai. As criaturas de prometeu: Gilberto Freyre e a formação da sociedade brasileira. São Paulo: Global editora, 2006.

BASTOS, Elide Rugai. A questão social e a sociologia paulista. *In*: *Revista São Paulo em perspectiva*; v. 5, n.1, p. 31-39, jan./mar. 1991.

BASTOS, Elide Rugai. Pensamento Social da Escola Sociológica Paulista. *In*: MICELI, Sérgio. (org.) *O que ler na ciência social brasileira 1970-2002*. v. IV. São Paulo: ANPOCS: Ed. Sumaré; Brasília, DF: Capes, 2002. p. 183-230.

FERNANDES, Florestan. *Sociedade de classes e subdesenvolvimento*. 5. ed. rev. São Paulo: Global, 2008c. [1ª edição de 1968].

FERNANDES, Florestan. *A integração do negro na sociedade de classes*: o legado da "raça branca". v. I. 5. ed. São Paulo: Globo, 2008a. [1. ed. 1965]

FERNANDES, Florestan. *A integração do negro na sociedade de classes*: no limiar da nova era, Vol. II Ed. São Paulo: Globo, 2008b. [1. ed. 1965].

FERNANDES, Florestan.. A revolução burguesa no Brasil: ensaio de interpretação sociológica. Florestan Fernandes. 5ª Ed. São Paulo: Globo, 2006. [1ª edição: 1975].

FERNANDES, Florestan. *Capitalismo dependente e classes sociais na América Latina*. 2. ed. Rio de Janeiro: Zahar editores, 1975. [1. ed. 1972].

FERNANDES, Florestan. *Circuito fechado*: quatro ensaios sobre o "poder institucional". São Paulo: Globo, 2010. [1. ed. 1976]

FERNANDES, Florestan. *Ensaios de sociologia geral e aplicada*. 2. ed. São Paulo: Livraria Pioneira editora, 1971. [1. ed. 1960].

FERNANDES, Florestan. A Sociologia numa era de revolução social. Companhia editora nacional. São Paulo: 1963.

FERNANDES, Florestan. *O negro no mundo dos brancos*. 2. ed. São Paulo: Global, 2007. [1. ed. 1972]

FERNANDES, Florestan. Luta de raças e de classes. *In*: FERNANDES, Florestan. *O significado do protesto negro*. São Paulo: Expressão Popular/Editora da Fundação Perseu Abramo, 2017. [1988].

FREYRE, Gilberto. Casa-Grande e Senzala: formação da família brasileira sob o regime da economia patriarcal. São Paulo: 49ª edição, 2004.

GONZALEZ, Lélia. A mulher negra na sociedade brasileira: uma abordagem político-econômica. *In*: RODRIGUES, Carla; BORGES, Luciana; RAMOS, Tania Regina Oliveira (org.). Problemas de gênero. Rio de Janeiro: Funarte, 2016.

GUIMARÃES, Antonio Sergio Alfredo. Desigualdade e diversidade: os sentidos contrários da ação. *In*: BOTELHO, André; SCHWARCZ, Lilia Moritz. (orgs.) *Cidadania, um projeto em construção: minorias, justiça e direitos*. 1· ed. São Paulo: Claro Enigma, 2012.

HASENBALG, Carlos. O negro na indústria: proletarização tardia e desigual. *In*: VALLE SILVA, N.; HASENBALG, C. A. *Relações raciais no Brasil contemporâneo*. Rio de Janeiro: Rio Fundo Ed., 1992.

HASENBALG, Carlos. Entre o mito e os fatos: Racismo e relações raciais no Brasil. *Dados – Revista de Ciências Sociais*, Rio de Janeiro, v. 38, n. 2, p. 355 a 374, 1995.

HASENBALG, Carlos; SILVA, Nelson do Valle. Nota sobre desigualdade racial e política no Brasil. *In*: HASENBALG, Carlos; SILVA, Nelson do Valle; LIMA, Marcia (org.). *Cor e estratificação social*. Rio de Janeiro: Contra Capa Livraria, 1999.

HIRATA, Helena e KERGOAT, Danièle. Novas configurações da divisão sexual do trabalho. *In*: Cadernos de pesquisa, v. 37, n. 132, p. 595-609, set./dez. 2007.

HIRATA, Helena e KERGOAT, Danièle. A classe operária tem dois sexos. *Revista de Estudos Feministas*, v. 2, n. 3, p. 93-100, 1994.

INSTITUTO BRASILEIRO DE GEOGRAFIA E ESTATÍSTICA (IBGE). *Desigualdades Sociais por Cor ou Raça no Brasil*, 2019. Disponível em: https://biblioteca.ibge.gov.br/visualizacao/livros/liv101681_informativo.pdf. Acesso em: 5 dez. 2020.

KERGOAT, Danièle. Divisão sexual do trabalho e relações sociais de sexo. *In*: Dicionário crítico do feminismo. HIRATA, H. *et al* (org.). São Paulo: Editora Unesp, 2009.

LIMA, Marcia. Desigualdades raciais e políticas públicas: ações afirmativas no governo Lula. *Novos estudos Cebrap*, n. 87, São Paulo, jul. 2010.

MARX, Karl. *Salário, preço e lucro*. 2. ed. São Paulo: Nova Cultural, 1986. *Coleção Os Economistas*.

MOTTA, Daniele Cordeiro. *Desvendando mitos*: a relação entre "raça" e classe na obra de Florestan Fernandes. Dissertação de Mestrado, Universidade Estadual de Campinas, Instituto de Filosofia e Ciências Humanas, Campinas, 2012.

SCHWARCZ, Lilia. *Sobre o autoritarismo brasileiro*. São Paulo, Companhia das Letras, 2019.

SCHWARCZ, Lilia; E STARLING, Heloisa M. *Brasil*: Uma biografia. São Paulo: Companhia das Letras, 2018.

SCHUCMAM, Lia Varner. *Entre o "encardido", o "branco" e o "branquíssimo"*: Raça, hierarquia e poder na construção da branquitude paulistana Tese de Doutorado, Instituto de Psicologia, Universidade de São Paulo (USP), São Paulo, 2012.

SOBRE A SOCIOLOGIA CRÍTICA E MILITANTE DE FLORESTAN FERNANDES[1]

Miriam Limoeiro Cardoso[2]

Minha saudação a todos e a todas.

Sou, há muito tempo, uma estudiosa da sociologia de Florestan Fernandes.

Florestan Fernandes é um dos mais importantes e conceituados cientistas sociais do nosso tempo. Não somente em termos de Brasil e de América Latina, porque sua obra traz contribuições teóricas e metodológicas originais que são significativas para a sociologia como tal.

É para mim uma alegria partilhar com vocês um pouco da leitura que faço de Florestan e de algumas reflexões que essa leitura suscita em mim.

---

1 Texto da aula transmitida *on-line* em 20 de agosto de 2020 no Curso de Formação sobre Florestan Fernandes, promovido pelo Grupo de Estudo Florestan Fernandes, da Escola Nacional Florestan Fernandes, do MST, com apoio da Editora Expressão Popular.

2 Miriam Limoeiro Cardoso é socióloga, Doutora em Sociologia (USP, 1972). É Professora (aposentada) da Universidade Federal do Rio de Janeiro e da Universidade Federal Fluminense. É pesquisadora nas áreas de teoria sociológica, metodologia científica e ideologia. Resultados parciais de suas pesquisas sobre a *Sociologia de Florestan Fernandes* se encontram ainda dispersos em capítulos de livros, artigos em periódicos e textos publicados por instituições universitárias. Principais publicações: *Ideologia do desenvolvimento - Brasil: JK – JQ*. Prefácio de Florestan Fernandes. Rio de Janeiro, Ed. Paz e Terra, 1978 (2 ed.); *La ideología dominante – Brasil/América Latina*. México, Siglo XXI Ed., 1975; *La construcción de conocimientos. Cuestiones de teoría y método*. México, Ed. Era, 1977

Agradeço ao Grupo de Estudo Florestan Fernandes, da Escola Nacional Florestan Fernandes, do MST, e à Editora Expressão Popular o convite para esta aula.

Considero importante participar deste curso de formação sobre Florestan Fernandes promovido por estas entidades, que constituem lugar mais do que adequado para estudar com atenção e cuidado a obra magnífica que Florestan nos deixou, trazendo, desse modo, seu pensamento para bem perto de nós, e podendo assim verificar que se trata de uma obra viva, com a qual temos sempre muito a aprender para entender melhor e conseguir explicar a nossa sociedade.

Focalizar a sociologia crítica e militante que Florestan buscava produzir é um tema especial neste percurso. Ela nos fornece elementos teóricos, metodológicos e políticos capazes de conduzir com mais clareza a pesquisa que pretenda alcançar os determinantes fundamentais da organização da sociedade, inclusive das conjunturas que apenas na aparência mais imediata são nebulosas e confusas.

Permitam-me uma observação preliminar, à margem.

Pena que não estejamos todos efetivamente juntos num mesmo espaço físico de uma sala de aula. Porque nada substitui adequadamente a dinâmica que se estabelece numa sala de aula num curso de formação.

Além disso, uma transmissão como esta tende a criar uma ficção: a DE que uma justaposição de singularidades, isoladas, equivaleria a um grupamento social dinamicamente articulado. Pura ficção.

No entanto, considerando as precauções que esta pandemia impõe, o recurso digital de comunicação remota por videoconferência é muito bem-vindo. E, claro, devemos saber aproveitá-lo. Desde que não descuidemos das ilusões que seu uso continuado tende a criar e a disseminar.

Florestan Fernandes – intelectual militante

Identificando-se como sociólogo, Florestan diz: "[...] a minha atividade sociológica como eu a entendo e pratico: um meio de relação crítica com a sociedade brasileira e de confronto com os dilemas históricos de nossa época" (Fernandes, 1977, p. 1).

I

Usualmente, militância designa um engajamento ideológico ou político de um cidadão em defesa de uma causa ou de uma ideia, apoiando ou participando ativamente dos movimentos que lutam por essas causas ou ideias. Florestan é certamente um militante neste sentido.

Aos 17 anos, decide retomar os estudos (interrompidos no terceiro ano escolar do curso primário) e ingressa em um curso de madureza (supletivo). Naquele momento, Getúlio Vargas implantava no Brasil o "Estado Novo" (a ditadura Vargas). Os estudantes resistem, se mobilizam e se organizam contra a ditadura. Florestan participa da luta contra a ditadura Vargas e se vincula a um pequeno grupo, trotskista, o Partido Socialista Revolucionário (PSR), do qual uma das lideranças principais, o jornalista Hermínio Sacchetta, se torna importantíssimo na vida pessoal e política de Florestan. Segundo afirma o próprio Florestan, ele participou ativamente dos quadros desse grupo durante "mais ou menos quatro anos" (Fernandes, 1980, p. 172), os quais, porém, foram decisivos para torná-lo um militante pelo socialismo.

Uma causa que sempre abraçou e pela qual sempre lutou firmemente foi a educação e a escola pública. Sempre apoiou e participou ativamente de todas as lutas em defesa da qualidade e da democratização do sistema escolar brasileiro público e gratuito.

Ao mesmo tempo, se manteve permanentemente atento, crítico, solidário e presente às lutas dos excluídos, despossuídos, dominados, oprimidos, explorados, dos trabalhadores dos campos e das cidades. Sempre.

II

O norte que guia o pensamento, as atitudes e as ações de Florestan é a necessidade da transformação profunda, estrutural, da organização da sociedade que exclui, que retira direitos, que domina, oprime e explora o mundo do trabalho e a população em geral.

Florestan toma para si este norte da transformação estrutural da sociedade de uma maneira peculiar. Em suas análises, suas pesquisas e sua vida prática, ele assume a perspectiva dos "de baixo", como ele os chamava. Certamente assume a ótica daqueles que são diretamente explorados, como trabalhadores empregados, mas também, e em especial, a ótica daqueles que são excluídos, humilhados, oprimidos.

Assume, assim, *um ponto de vista de classe*, mantendo-se, porém, permanentemente vigilante para que esse engajamento não prejudique a objetividade necessária ao trabalho científico. Com sua perspectiva engajada, ou militante, amplia sua percepção da exploração, que sob o capitalismo é inerente às relações entre as classes fundamentais, incluindo o ponto de vista dos que são postos à margem até mesmo das relações diretas de exploração e que são tratados pela sociedade como se, como diz Florestan, "não fossem gente" (Fernandes, 1980, p. 145): os excluídos, humilhados, oprimidos.

A veracidade da adoção desta ótica por Florestan pode ser verificada não apenas recorrendo ao que o próprio Florestan diz sobre ela, mas também pela análise da sua obra.

Logo que inicia seu percurso como pesquisador, Florestan escolhe estudar os Tupinambá. De suas pesquisas sobre os Tupinambá resultam dois textos, reconhecidos, nacional e internacionalmente, como da mais alta qualidade metodológica e teórica. O primeiro, *A organização social dos Tupinambá* (Fernandes, 1989), foi sua dissertação de mestrado em Ciências Sociais (Antropologia) na Escola Livre de Sociologia e Política de São Paulo, em 1947, um ano apenas após a conclusão do seu curso de mestrado naquela escola. O segundo, *A função social da guerra na sociedade Tupinambá* (Fernandes, 1970), foi sua Tese de Doutoramento em Ciências Sociais (Sociologia), na Faculdade de Filosofia, Letras e Ciências Humanas da Universidade de São Paulo (USP), em 1951.

Os Tupinambá constituíram a primeira nação autóctone dizimada e destruída pelo colonizador no início da colonização do Brasil. São o primeiro exemplo histórico de destruição total de uma nação indígena local, os primeiros donos da terra no Brasil, habitantes de parte do nosso litoral.

A segunda grande pesquisa a que Florestan se dedica tem seus resultados e conclusões expostos em *A integração do negro na sociedade de classes* (Fernandes, v. I e v. II, 1978). Foi a Tese com a qual Florestan se tornou Professor Titular da Cadeira de Sociologia I da Faculdade de Filosofia, Letras e Ciências Humanas da Universidade de São Paulo, em 1964. É texto também muito importante, que teve, e continua tendo, forte repercussão, inclusive internacional. De acordo com o próprio Florestan, sua preocupação central ali é estudar como o povo emerge na história no Brasil.

Florestan entende que o regime de classes sociais é específico da organização capitalista da economia e da sociedade. Sabe que o trabalho livre é *a* condição para a implantação desse regime de classes. Deste modo, na história do Brasil há um momento desencadeador desse processo que é a abolição da escravatura, a partir da qual o ex-escravo passa a ser tratado na cena histórica como "o negro".

Florestan entende que, para estudar como o povo emerge na história do Brasil, é indispensável colocar o negro como o centro da questão, tomando como tema geral a sua integração na sociedade que então se reorganiza.

Justifica a escolha "do negro" como tema central para alcançar seu objetivo de pesquisa afirmando que o negro e o mulato formam

> o contingente da população nacional que teve o pior ponto de partida para a integração ao regime social que se formou ao longo da desagregação da ordem social escravocrata e senhorial e do desenvolvimento posterior do capitalismo no Brasil. (Fernandes, 1978, p. 9)

Consequentemente, o cerne do estudo passa a ser a "formação, consolidação e expansão do regime de classes sociais no Brasil, do ângulo das relações raciais e, em particular, da absorção do negro e do mulato." (Fernandes, 1978, p. 9).

Nesse estudo, Florestan dedica atenção especial ao caráter da abolição como "uma espoliação extrema e cruel" (Fernandes, 1978, p. 15), na qual o que de fato ocorreu foi a *expulsão* do "negro" do sistema de relações de produção. O ex-escravo foi deixado "livre", responsável pela própria sobrevivência e a dos seus, mas desprovido das mínimas condições para ingressar na nova ordem competitiva.

Os dois primeiros temas das pesquisas de Florestan citados (os Tupinambá e o negro e sua difícil integração na sociedade de classes no Brasil) mostram como, desde o início da sua produção científica Florestan teve como alvo central da sua preocupação o caráter de exploração e de exclusão que atravessam a organização social brasileira, colocando o foco nos seus componentes mais fortemente explorados e excluídos, e procurando assumir na análise a perspectiva deles. Num caso, no início da conquista e da colonização da nova terra descoberta. No outro caso, no início da organização especificamente capitalista da produção econômica e social local, no Brasil pós-abolição da escravidão.

A meu juízo, toda a produção científica posterior de Florestan Fernandes mantém o mesmo tipo de preocupação e a mesma ótica. Penso que, no entanto, ocorre certo deslocamento em direção a uma maior abrangência e profundidade na demarcação do universo da pesquisa. Inicialmente, o foco era dirigido diretamente para os que mais sofrem a exclusão e a exploração, tendo como universo da análise o Brasil. Em seguida, Florestan amplia seu universo e aprofunda suas análises, procurando identificar quais as relações sociais são *determinantes* dos processos de dominação, opressão, exploração e exclusão que são característicos da organização social brasileira através da história.

Algumas observações metodológicas

Antes mesmo de iniciar suas primeiras grandes pesquisas, que em grande parte foram conduzidas por ele de forma autônoma, Florestan estudou detidamente um texto que desde então manteve como referência metodológica maior. Trata-se do que na época era conhecido como a *Contribuição à crítica da Economia Política*, de Karl Marx.

Ainda estudante de mestrado em Ciências Sociais, Florestan não apenas traduziu esse texto, como também escreveu para ele uma alentada introdução (Fernandes, 1995a), na qual revela a compreensão aguda que conseguia ter dos elementos fundamentais de um texto tão conciso e complexo, mesmo àquela altura ainda incipiente da sua formação. Florestan se identificou com aqueles fundamentos metodológicos.

São numerosas, e relativamente complicadas, as questões tratadas naquele texto. Neste momento, porém, vou me ater apenas àquelas que julgo necessárias para poder discutir, pelo menos um pouco, o que penso ser a "militância teórica" de Florestan.

Destaco apenas algumas questões:

1. uma questão básica é a *concepção de realidade social*, de acordo com a qual o social tem *existência real, concreta*, anterior a e independente de qualquer observador que tente apreendê-lo e pensar sobre ele;
2. igualmente importante: a realidade social é *histórica*, no sentido de que a história dos homens é marcada por momentos qualitativamente diferentes, cada um dos quais

constitui uma dada totalidade que, desde que já se encontre estruturada, é regida por uma lógica que é própria dessa totalidade e apenas dela. Esta concepção se contrapõe criticamente às concepções então vigentes de caráter positivista, naturalizante, determinista e evolucionista;

3. importantíssimo, decisivo: a realidade social é constituída por *relações sociais*, dentre as quais algumas são *determinantes* e outras são *determinadas*. Observação crucial: as relações sociais determinantes nunca são aparentes. A realidade social que se apresenta ao olhar de um observador como *realidade concreta* é na verdade *determinada*, ou seja, resultado de um processo de determinação, ou melhor, resulta de múltiplas determinações. Consequentemente, ao tomar uma realidade social que é determinada sem considerar os seus determinantes, aquilo que é determinado, sem os seus determinantes não é uma realidade *concreta*, é uma *abstração* (abstração dos seus determinantes);
4. diante de uma concepção como esta, a grande questão que se coloca é: *como alcançar determinantes (que nunca são aparentes) para que se possa chegar até a realidade social como realidade concreta?* Em outro momento, Florestan dirá: "os fatos sociais não falam por si mesmos. É necessário interrogá-los." (Fernandes, 1980, p. 174). Acrescento: para bem interrogá-los é preciso dispor de algum conhecimento que permita saber interrogá-los.

É, portanto, por meio do pensamento que se pode interrogar os supostos "dados" da realidade social. E este pensamento é sempre informado por algum conhecimento: interroga-se o suposto "dado" com o que já se sabe (ou se supõe que se sabe) sobre ele. Neste sentido preciso, o conhecimento tem papel essencial na possibilidade de alcançar os determinantes sem os quais não se consegue *explicar* uma realidade social determinada.

III

Pois bem, não é em toda e qualquer situação histórica que se torna possível alcançar a formulação desse tipo de *conhecimento* (como conhecimento verdadeiro, capaz de *explicar* a situação).

Florestan entende, e está a meu ver absolutamente certo, que, tendo como objetivo uma transformação mais efetiva, mais profunda e duradoura de uma dada organização da sociedade, o conhecimento das relações sociais determinantes desta organização social é indispensável, é *conhecimento necessário.*

É em busca deste tipo de conhecimento que Florestan se dedica. Acredita que a transformação profunda da sociedade burguesa, sociedade capitalista, *precisa* dispor do conhecimento da dominação burguesa. Florestan se empenha sempre em produzir este conhecimento necessário. Ao fazê-lo, penso que também esta sua produção – que é teórica e metodológica – se, e quando, for capaz de alcançar conhecimento explicativo verdadeiro de uma determinada forma de organização social, pode ser reconhecida como *conhecimento militante.* É uma militância de outro tipo, mas que, embora seja de natureza teórica ou metodológica, se torna fundamental para a eficácia das outras formas mais imediatas, mais diretas e mais práticas de militância. É também neste sentido preciso que entendo que a sociologia de Florestan Fernandes é crítica e militante. Penso que em Florestan Fernandes a militância é completa, conjuga pensamento e ação, teoria e prática.

Em busca dos determinantes para pensar e explicar a organização social do Brasil

Florestan sabe que a explicação de uma sociedade requer que se conheça seus determinantes. Suas pesquisas perseguem este objetivo. Neste sentido, a questão de fundo, que o preocupa constantemente, é saber por que a revolução burguesa não se concretizou no Brasil.

Por que, rompido o laço colonial, a independência política não logrou aprofundar-se em independência de fato?

Recoloca a mesma indagação, com profundidade ainda maior, analisando o momento em que a abolição da escravatura adota finalmente o trabalho livre como padrão nas relações de produção no Brasil. Por que a burguesia local não comandou a organização de uma economia e de uma sociedade efetivamente capitalistas no Brasil, tomando como padrão de capitalismo aquele que se implantou na Europa moderna a partir da hegemonia da Inglaterra?

Diz Florestan: "Na verdade, o capitalismo está aí, presente e estuante. O que se precisa explicar é sua evolução em quadros particulares, que não levam à 'revolução burguesa' clássica nem ao Estado representativo democrático burguês ou à autonomia nacional." É preciso "compreender o capitalismo da periferia e aonde ele conduz. Portanto a pesquisa teórica precisa ser redefinida e reorientada" (Fernandes, 1995b, p. 142).

Chama a sua atenção o que parece ser uma debilidade intrínseca da burguesia local no Brasil, que não se move para assumir localmente a função dirigente de organizar a produção econômica e a vida social, política e cultural em moldes especificamente capitalistas.

Florestan se interroga, portanto, qual a especificidade da sociedade brasileira como parte que sempre foi do mundo capitalista.

Porque, desde o "descobrimento", o que se passou a chamar de Brasil foi parte da expansão do mundo ocidental além-mar, nos primórdios da organização capitalista que começava a se implantar, a partir do desmoronamento da forma anterior de organização da sociedade.

Enquanto perdurou o estatuto colonial, era óbvia a situação de subordinação (mais propriamente pertencimento) da colônia à metrópole. E depois?

O conceito de capitalismo dependente

É no final da década de 1960, mais precisamente em 1967, em texto a que Florestan se refere como sendo um "esquema de referência" (Fernandes, 1968) para a sua análise, que ele encaminha a resolução – teórica, metodológica e política – da questão, solução que se cristaliza no conceito original criado por ele de *capitalismo dependente*. A meu juízo, a construção deste seu conceito constitui uma contribuição teórica importante de Florestan à teoria do desenvolvimento capitalista. Consiste na apreensão concreta do caráter de desenvolvimento desigual que é típico do desenvolvimento capitalista, mas do ponto de vista das regiões que são submetidas (exploradas, dominadas, subalternizadas) nesse processo da expansão capitalista em âmbito mundial.

O que se discute naquele momento – tanto na academia como na mídia e na política em geral – é o chamado subdesenvolvimento, como problema, e o desenvolvimento, como suposta solução. Florestan desloca radicalmente o eixo da problematização: passa a discutir o capitalismo como totalidade histórica em sua expansão e a forma diferencial por meio da qual esta expansão integra, subordinadamente, setores produtivos, Estados-nação e regiões geográficas inteiras. Com a formulação nova de Florestan, o problema passa a ser espantosamente outro.

Passa a ser espantosamente outro em termos do conhecimento científico da questão, mas não em termos ideológicos e políticos no Brasil. Nesses termos, o conhecimento novo produzido por Florestan é em grande parte deixado de lado, desconsiderado. O que permanece dominante – na academia, na mídia e na política – é a problemática do subdesenvolvimento como problema "de atraso" e do desenvolvimento, como solução "de progresso".

Vale a pena lembrar palavras do próprio Florestan:

> Na América Latina, ao que parece, as burguesias perderam a oportunidade histórica de se tornarem agentes da transformação concomitante das formas econômicas, sociais e políticas inerentes ao capitalismo. [...] As burguesias de hoje por vezes imitam os grandes proprietários rurais do século XIX. Apegam-se ao subterfúgio do

> desenvolvimentismo como aqueles apelaram para o liberalismo: para disfarçar uma posição heteronômica e secundária. O desenvolvimentismo encobre, assim, sua submissão a influências externas, que se supõem incontornáveis e imbatíveis. A mesma coisa acontece com o nacionalismo exacerbado. Quando ele reponta, no seio dessas burguesias, quase sempre oculta algo pior que o fracasso histórico e a frustração econômica: envolve uma busca de esteios para deter a torrente histórica e preservar o próprio capitalismo dependente, e segundo valores provincianos. (Fernandes, 1975, p. 87)

A expansão do capitalismo pelo mundo afora integra diferencialmente setores produtivos, Estados-nação, ou mesmo regiões. Florestan identifica esse tipo de integração diferencial subalterna como forma *capitalista dependente* de integração.

Daí porque, para entender e explicar uma sociedade como a brasileira, é necessário pensá-la como parte que ela efetivamente é da totalidade histórica significativa à qual ela pertence, ou seja, como parte capitalista dependente do capitalismo em expansão. E Florestan caracteriza o capitalismo dependente como um capitalismo selvagem. Diz Florestan:

> Um ideal simplista de cientificação levou sociólogos, historiadores e economistas a suporem que as sociedades nacionais são totalmente autônomas e autodeterminadas, que contêm dentro de si mesmas todas as forças de sua expansão e evolução. Esse ideal mecanicista está em crise e não explica nada, em particular quando o objeto da análise é o capitalismo difícil e selvagem da periferia. (Fernandes, 1995b, p. 142)

Isso posto, é preciso perguntar-se como opera esse tipo de dominação externa que caracteriza o capitalismo em sua fase monopolista. Dominação externa sobre Estados-nação e sobre regiões geográficas inteiras.

Pergunta principal neste contexto: que papel cabe às burguesias locais nesse processo? Florestan oferece um eixo analítico preciso para esclarecer este ponto. Afirma ele: "o importante e decisivo não está no passado, remoto ou recente, mas nas forças em confronto histórico, em luta pelo controle do Estado e do alcance da mudança social" (Fernandes, 2006, p. 246).

É preciso, portanto, identificar quais são as forças sociais em confronto que fazem funcionar – diferencialmente e subalternamente – o capitalismo na periferia. Quais são as classes que dão consistência a esse tipo de capitalismo, como essas classes se organizam e cooperam entre si, ou como lutam entre si no cenário histórico do capitalismo dependente.

O conceito de capitalismo dependente não tematiza relações de dependência entre nações, nem entre burguesias hegemônicas e burguesias dependentes. De acordo com Florestan, as burguesias locais são *parceiras* das burguesias internacionais hegemônicas, parceiras menores e subordinadas, mas parceiras. O capital se produz, se acumula e se reproduz pela ação das frações burguesas que ativam os processos de produção e de reprodução do capital. Nesses processos, as frações locais da burguesia desempenham papel fundamental: por um lado, na relação com o trabalho; por outro lado, nas relações com o Estado-nação, que é o lugar da implementação das políticas por meio das quais as opções capitalistas se concretizam.

Portanto, o capitalismo dependente não se refere unicamente à dominação externa. Configura "[...] uma história que se recompõe, simultaneamente, *a partir de dentro* (pela dominação burguesa) e *a partir de fora* (pela dominação imperialista), produzindo, constantemente, novos modelos de desenvolvimento capitalista" (Fernandes, 1977, p. 5, grifos do autor).

Fica claro, no entanto, que é o capital hegemônico internacional que define e comanda os processos de expansão para garantir sua realização, sua acumulação e sua reprodução. É ele o determinante principal dos processos de sua expansão e, portanto, também do processo da integração capitalista dependente de setores, regiões e Estados-nação à sua expansão.

No capitalismo dependente, dominação externa e dominação interna são relações que se conjugam. Afirma Florestan: "a forma periférica e dependente do capitalismo monopolista associa inexorável e inextricavelmente as formas 'nacionais' e 'estrangeiras' do capital financeiro" (Fernandes, 1985, p. 50).

De acordo com Florestan, a dominação externa se faz *por intermédio* da dominação interna. E, importante: a dominação interna não se exerce sobre um setor ou sobre uma fração da própria burguesia local, mas sim sobre o trabalho e a maioria da população. Neste sentido, a enorme importância que a burguesia local tem para o funcionamento do capitalismo dependente conduz à exasperação das relações de classe, constituindo superexploração e superexpropriação capitalistas sobre o trabalho e sobre a massa da população.

No percurso por meio do qual chega a conceituar o capitalismo dependente, Florestan redefine o universo de suas pesquisas (universo que passa a ser o mundo capitalista em expansão) e torna mais preciso o seu objeto de conhecimento (objeto que passa a ser a forma de inserção – dependente e subalterna – do Brasil na expansão capitalista).

Estas redefinições de caráter metodológico são fundamentais para qualquer análise que pretenda entender e explicar o Brasil, alcançando os seus determinantes principais.

Não é possível entender e explicar o Brasil restringindo-se ao âmbito do Brasil.

Para conseguir entender e explicar o que de importante acontece no Brasil é necessário ampliar a abrangência da pesquisa até o nível da expansão mundial do capitalismo, mapeando a circulação internacional do capital hegemônico (com suas articulações com os setores econômicos, financeiros e políticos locais), com atenção especial voltada para as regiões que se assemelhem ao Brasil em termos de potencialidades de investimento e, claro, procurando identificar as novas formas de inserção/integração diferencial do Brasil neste circuito, quer já estejam em curso ou ainda em projeto.

Florestan faleceu há 25 anos, da maneira trágica que conhecemos.

Quanta falta ele tem feito. Como um intelectual do porte de Florestan Fernandes faz falta a qualquer país em qualquer tempo, mais ainda quando a situação é de crise.

Temos sua obra, vigorosa, viva, importante. Saibamos mantê-la viva para nós, estudando-a com cuidado e discutindo-a criticamente, como ele nos ensinou.

Referências

FERNANDES, Fernandes. *A função social da guerra na sociedade Tupinambá*. 2. ed. São Paulo: Livraria Pioneira Editora e Edusp, 1970.

FERNANDES, Fernandes. *Sociedade de classes e subdesenvolvimento*. Trabalho apresentado ao 2º Colóquio Científico Ultramarino das Universidades e Escolas Superiores da Alemanha Ocidental, consagrado aos Problemas das sociedades em desenvolvimento industrial, Universidade de Münster-COSAL, de 6 a 21 de novembro de 1967. Publicado como cap. I de FERNANDES, Florestan. *Sociedade de classes e subdesenvolvimento*. 3. ed. Rio de Janeiro: Zahar, 1975.

FERNANDES, Fernandes. *Circuito fechado*. Quatro ensaios sobre o "poder institucional". 2. ed. São Paulo: Hucitec, 1977.

FERNANDES, Fernandes. *A integração do negro na sociedade de classes*. v. i e v. II. 3. ed. São Paulo: Ática, 1978.

FERNANDES, Fernandes. "Em busca de uma sociologia crítica e militante" [cap. 8]. *In*: FERNANDES, Florestan. *A sociologia no Brasil*. Contribuição para o estudo de sua formação e desenvolvimento. 2. ed. Petrópolis: Vozes, 1980.

FERNANDES, Fernandes. *Nova República?* Rio de Janeiro: Zahar, 1985.

FERNANDES, Fernandes. *A organização social dos Tupinambá*. [1. ed. São Paulo: Instituto Progresso Editorial, 1948.] 2. ed. São Paulo: Hucitec, 1989.

FERNANDES, Fernandes. "Introdução". *In*: FERNANDES, Florestan. *Em busca do socialismo, últimos escritos e outros textos*. São Paulo: Xamã, 1995(a). [*In*: MARX, Karl. *Contribuição à crítica da economia política* (tradução de Florestan Fernandes). [1. ed. São Paulo: Flama, 1946].

FERNANDES, Fernandes. "Capitalismo dependente e imperialismo". *In*: FERNANDES, Florestan. *Em busca do socialismo, últimos escritos e outros textos.* São Paulo: Xamã, 1995(b).

[*Économie et Humanisme*, n. 216, mar.-abr. 1974, sob o título "Les bourgeoisies périphériques au service du capitalisme international".]

FERNANDES, Fernandes. *A revolução burguesa no Brasil.* Ensaio de interpretação sociológica. 5. ed. São Paulo: Globo, 2006.

Sugestão de leituras para estudo e discussão aprofundados sobre os temas tratados na aula

Textos de Florestan Fernandes

– "Sociedade de classes e subdesenvolvimento" [cap. I]. *In*: FERNANDES, Florestan. *Sociedade de classes e subdesenvolvimento.* 3. ed. Rio de Janeiro: Zahar, 1975.

– *A revolução burguesa no Brasil.* Ensaio de interpretação sociológica. 5. ed. São Paulo: Globo, 2006. [Ver especialmente a segunda parte.]

– "Em busca de uma sociologia crítica e militante". [cap. 8] *In*: FERNANDES, Florestan. *A sociologia no Brasil.* Contribuição para o estudo de sua formação e desenvolvimento. 2. ed. Petrópolis: Vozes, 1980.

– "Introdução". MARX, Karl. *Contribuição à crítica da economia política* (tradução de Florestan Fernandes). *In*: FERNANDES, Florestan. *Em busca do socialismo, últimos escritos e outros textos.* São Paulo: Xamã, 1995.

Textos de Miriam Limoeiro Cardoso sobre Florestan Fernandes

– "Sobre A revolução burguesa no Brasil". *In*: D'INCAO, Maria Angela (org.). *O saber militante:* ensaios sobre Florestan Fernandes. Rio de Janeiro: Paz e Terra; São Paulo: Unesp, 1987. p.242-259.

– *Capitalismo dependente, autocracia burguesa e revolução social em Florestan Fernandes.* Instituto de Estudos Avançados / USP (Coleção Documentos – Série História Cultural), n. 6, jul. 1996. Republicado "Capitalismo dependente, autocracia burguesa e revolução social em Florestan Fernandes", *Ideias* (Revista do Instituto de Filosofia e Ciências Humanas, Unicamp), ano 4, n. 1/2, jan./dez. 1997.

– "Sobre a teorização do capitalismo dependente em Florestan Fernandes". *In*: FÁVERO, Osmar (org.). *Democracia e educação em Florestan Fernandes.* Campinas: Autores Associados; Niterói: EDUFF, 2005.

DEMOCRACIA E REVOLUÇÃO EM FLORESTAN FERNANDES: A TÁTICA E A ESTRATÉGIA EM TEMPOS DE CAPITALISMO MONOPOLISTA

Ricardo Scopel Velho[1]

Introdução

No ano do centenário do nascimento de Florestan Fernandes (1920-1995), foram realizados inúmeros atos, eventos e atividades em sua homenagem. A Escola Nacional Florestan Fernandes (ENFF) promoveu um grupo de estudos durante vários meses nos quais se discutiu profundamente as categorias teóricas e a prática política de seu patrono. Esse artigo é parte da reflexão colhida durante esses meses de estudo e debate.

Sabe-se que a contribuição do sociólogo paulista foi caleidoscópica, ou seja, abarcou inúmeros objetos de pesquisa e métodos de análise. Mas todos eles sempre se orientaram por um fio condutor, a crítica social e revolucionária. Desde o início de sua vida proletária, ainda na infância, Florestan já percebeu que, ao adentrar ao mundo do trabalho, sua incorporação ao sistema seria muito difícil. Isso porque a conformação de uma sociedade de classes em países que "sofreram" a transformação capitalista é distinto das sociedades que a criaram. Nasce aí a problemática da desigualdade de épocas históricas que avançam no tempo, mas que se combinam

1 Professor no Instituto Federal Catarinense (IFC); Educador popular do Núcleo de Educação Popular (NEP) 13 de Maio.

na totalidade do modo de produção. Tal questão estará presente em toda a obra de Florestan Fernandes.

Logo após sua desistência da militância político partidária do Partido Socialista Revolucionário (PSR), em meados dos anos 1940, Florestan, já na Universidade de São Paulo (USP), traça um caminho para revirar a história do Brasil partindo dos elementos constituidores da sua dinâmica. Sabe-se que ele estuda os Tupinambá, o folclore, a integração do negro e encontra a sociedade de classes. Quando, em meados dos anos 1960, sua perspectiva científica do papel da sociologia está madura, ele pôde voltar suas atenções à construção de argumentos explicativos sobre a sociedade capitalista chamada de periférica.

Florestan afirma que as sociedades dependentes têm um histórico singular de caminho ao capitalismo e que, portanto, a ordem social plasmada nelas também é distinta. Deriva daí uma necessidade atual, capturar o papel da democracia como forma política durante essas transições entre épocas históricas. Tanto para os teóricos das ciências sociais quanto para os revolucionários do século XXI, essa interpretação da formação sócio-histórica é o que funda as diferentes estratégias políticas para a revolução. Tal problemática está presente nas divergências profundas sobre os caminhos da mudança social no Brasil.

Em um artigo dessa natureza não é possível elencar todas as implicações dessa contenda. Quer-se, aqui, problematizar os fundamentos da explicação florestaniana da sociedade brasileira e sua elaboração estratégica ao socialismo. Para isso, faz-se uso do método crítico do próprio autor. Florestan afirma que: "O conhecimento precisa ser revisto à medida que se mostra incapaz de introduzir, na configuração das instituições estudadas, determinadas modificações" (Fernandes, 1976, p. 419).

Cabe a nós, leitores desse rico pensamento revolucionário, reconstruir as categorias universais as quais explicam o modo de produção e descartar criticamente os conceitos explicativos de épocas históricas superadas pelo desenvolvimento do capitalismo monopolista mundializado.

Precisamos ler criticamente a obra de Florestan Fernandes para poder ir além dele e, assim, captar as atuais determinações do capitalismo e da luta de classes no Brasil.

Capitalismo dependente

Desde suas primeiras obras, o sociólogo paulista busca explicar a passagem do antigo regime colonial para a sociedade de classes. Em determinado momento de sua produção, após o golpe civil-militar de 1964 e, principalmente, após sua aposentadoria compulsória em 1969, ele abre uma guerra sem quartel ao caráter *autocrático* da burguesia brasileira.

Para Fernandes, em sociedades de origem colonial, existe uma transformação capitalista que se diferencia das revoluções burguesas clássicas. Naquelas, a transformação econômica tem seu núcleo irradiador vindo de fora, portanto, são sociedades *heteronômicas*; nessas as forças econômicas provinham de dentro, ou seja, dispunham de um núcleo irradiador interno das relações capitalistas e do conflito de classes, sendo assim sociedades *hegemônicas*.[2]

Com a complexificação do mercado mundial nascido após o processo de industrialização europeu, entre 1650 e 1850, as colônias foram objeto de expansão de relações capitalistas. Fernandes (1975), em seu capítulo sobre os padrões de dominação externa na América Latina, elabora sua compreensão sobre as diferentes formas socioeconômicas assumidas nessas sociedades "hospedeiras" e tipifica tais padrões da seguinte maneira:

---

2 Não há dúvida em afirmar que tal compreensão é derivada da leitura do *Imperialismo, fase superior do capitalismo*, de Vladimir Lenin. Ver José Paulo Netto na apresentação do livro *O Estado e a revolução* (1987).

1. colonialismo: no qual a submissão de sociedades hospedeiras ocorria por mecanismos políticos e jurídicos de dominação. As relações de produção têm no escravo e no servo sua base material. É o tempo da dominação de Estados nacionais como Holanda, Portugal e Espanha;
2. neocolonialismo: a submissão já é econômica, no entanto, ocorre por incorporação do espaço social à metrópole por mecanismos de mercado em processo de troca simples de mercadorias. Ainda se mantém a base material com relações escravistas e servis, mas já com introdução do trabalho assalariado;
3. imperialismo: é uma dominação econômica, política e jurídica, na qual os países imperialistas impõem regras aos países hospedeiros, que, por sua vez, incorporam as relações de produção típicos do modo de produção de capital. Inglaterra, França e Estados Unidos são exemplos desse tipo de dominação econômica. As sociedades que são alvo dessa expansão de capitais são chamadas de dependentes;
4. imperialismo total: a forma mais acabada de dominação capitalista. É nessa que o Estado-nação deixa gradativamente de ser o fundamento organizativo da submissão abrindo caminho para o papel ativo das grandes corporações. Essas passam a criar e recriar as relações de autoridade/dependência em todos os níveis da sociedade.

Note que as formas de dominação externa são uma caracterização de relações capitalistas em movimento, ou seja, que se transfiguram de acordo com a materialidade de cada período histórico. Soma-se a essa caracterização a conceituação sobre a constituição das burguesias em países de transição colonial-neocolonial--dependentes. O autor aponta que, na América Latina, existem variados graus e formas de desenvolvimento capitalista, sendo que alguns países são ainda neocolônias e outros já são dependentes. É importante demarcar que essa conceituação ocorre no início dos anos de 1970.

Assim, o conceito de capitalismo dependente é também de fulcral importância nesse momento da exposição. É a partir dele que Fernandes monta sua explicação da revolução burguesa específica no capitalismo dependente. Para ele, a transformação capitalista não se acoplava por completo à criação de uma ordem social competitiva, perdurando tradições de mandonismo arcaicos em uma nova base econômica mercantil. Ou seja, a antiga sociedade escravista vai deixando de existir devido à universalização do mercado da força de trabalho, todavia, sem deixar de conviver com elementos híbridos sobreviventes daquelas relações coloniais. As interferências externas para que o mercado capitalista se expandisse, exigindo o fim da escravidão, a racionalização do direito; a organização da administração estatal em base mercadológica é sentida pela elite operadora da nova situação econômica mundial. Ao mesmo tempo, esses setores internos arcaicos se aburguesam quando entram em contato com os esquemas de importação e exportação vinculados ao mercado mundial. Para Fernandes, o que interessa é a "combinação de influências internas e externas, que calibrou (e está calibrando) os dinamismos da sociedade de classes em função dos requisitos de padrões dependentes de desenvolvimento capitalista" (Fernandes, 1975, p. 75).

Assim, os influxos externos, ainda no período de transição neocolonial, são recebidos e gerenciados internamente por uma classe burguesa que ressignifica e age de acordo com sua base material de interesses. Tais interesses são de acumulação de capital determinado pelo seu lugar na divisão internacional do trabalho. Note que a forma de surgimento e expansão do mercado na América Latina não jogou uma nova classe ávida por lucros contra uma outra classe que defendesse violentamente seus interesses. Aqui, o que ocorre é uma conciliação pelo alto, uma revolução burguesa não clássica. Há uma sociedade *nascenti* muito peculiar na qual as mudanças na base econômica propiciam uma acomodação entre os setores "de cima".

Em síntese, "As relações de trabalho de origem colonial serviram de suporte ao tipo de acumulação originária de capital que iria alimentar a eclosão do mercado capitalista moderno, a inclusão direta do mercado mundial e o esquema de produção-exportação-importação que ambos pressupunham" (Fernandes, 1975, p. 62). Ademais, ocorre uma rearticulação do conjunto do sistema e o que parece

> arcaico é de fato atualizado, servindo de suporte ao moderno, e pela qual o moderno parece perder esse caráter, revitalizando o seu oposto ou gerando formas socioeconômicas que misturam a acumulação pré-capitalista com a acumulação especificamente capitalista. (Fernandes, 1975, p. 62)

O trecho acima é uma forte indicação da influência do pensamento de Trotsky na formulação de Fernandes. A lógica do desenvolvimento desigual e combinado fica evidente e sem ela não é possível apropriar-se da particularidade das formações sociais latino-americanas. Em contraste a elas, no caso dos EUA, houve uma revolução burguesa com autonomização nacionalizadora que jogou setores arcaicos contra os setores modernos. A guerra de independência cumpriu a função de atualização histórica da transformação capitalista e, ao mesmo tempo, criou uma ordem social competitiva marcada pela especificidade dos resquícios da guerra de secessão, a profunda cicatriz do racismo.

Na América Latina, as transformações foram tolhidas de tal modernidade, que lançou uma burguesia conquistadora na arena da história. No subcontinente o padrão foi a interrupção das mudanças progressistas num estágio anterior à socialização política dos setores marginais e recém incorporados ao mercado. Dessa maneira, negros, indígenas e brancos pobres ficaram à margem de fazer história, podendo apenas sofrê-la. São, assim, um espelhamento da constituição da classe burguesa nesse tipo histórico de desenvolvimento capitalista.

Percebe-se uma linha divisória nessa sucinta descrição; de um lado, os países e classes que têm capacidade de agir com autonomia, no caso os EUA, e, por outro, os países e classes que são heteronômicos ou dependentes. Para Fernandes, isso deve-se ao histórico de constituição social dessas particularidades, as quais se desenvolveram sendo determinados não só pelos seus próprios interesses, mas sim negociando suas posições de poder na condição de economias dependentes. As classes burguesas dessas sociedades são fracas para fora, mas são muito fortes para dentro. De acordo com Fernandes (1975, p. 69), "As 'classes privilegiadas' (isto é, as classes 'altas' e 'médias') sofrem limitações estruturais geradas diretamente pelo padrão dual de acumulação originária de capital e pela consequente modalidade de apropriação repartida do excedente econômico nacional".

Fernandes explica a forma específica de relação de dependência pelo mecanismo de apropriação dual do excedente econômico, uma parte fica com os setores internos da classe dominante e outra parte é drenada para fora pelos mecanismos de dominação externa. Significa dizer que os recursos produzidos por essa sociedade são desperdiçados, do ponto de vista de criação do mercado interno, impossibilitando uma acumulação primitiva capaz de catapultar a burguesia numa ação autonomizadora. Assim, a base material dessas burguesias dependentes é fraca e descontínua, pois não tem capacidade decisória plena. A explicação dualista,[3] que propunha uma aliança entre setores populares e burguesia nacional para limitar o poder imperialista, não levou em consideração a cooptação

---

[3] O principal interlocutor de Florestan sobre esse tema é Celso Furtado.

objetiva a que estava exposta a classe burguesa local. O significado prático do esquema é a inviabilidade de uma aliança com qualquer setor burguês para dar continuidade à revolução.

O entendimento sobre a evolução da transformação capitalista nos países de origem colonial, o obriga a recolocar as questões clássicas sobre a evolução da economia mundial. Fernandes situa a problemática da seguinte forma, "A história não se repetiu porque não havia razão para que ela se repetisse. Tratava-se de uma outra história, a história do capitalismo nos países de origem colonial" (Fernandes, 2015, p. 92).

Percebe-se, assim, que a compreensão de Fernandes a respeito da dependência tem muito mais relação com o histórico da constituição do regime de classes do que com qualquer teoria baseada na relação das trocas desiguais entre diferentes Estados-nação.[4]

Neste momento da exposição, já cabe o questionamento: com a expansão capitalista, dos anos 1970 até hoje, pode-se afirmar que exista ainda o fundamento material para se falar em dependência no sentido que o autor propunha?

Estado e democracia

A teoria social de Fernandes soma ainda, além dessa caracterização do capitalismo dependente, uma arguta teoria do Estado acoplada a ela. Para ele, o Estado é a forma política capaz de aglutinar as diversas "ilhas burguesas" nascidas da transição neocolonial para o capitalismo dependente. Tendo como parâmetro as revoluções alemã e japonesa, as quais utilizaram o Estado como concentrador de poder político que compensava a tardia chegada desses países à competição imperialista, Fernandes afirma que o Estado, no capitalismo dependente, viabiliza a unificação da ação burguesa para enfrentar os conflitos contra os "de baixo".

---

4 As referências de Florestan Fernandes são as elaborações da Cepal.

Daí nasce um padrão de luta de classes muito duro e cruel com a massa trabalhadora. Fernandes (2005) caracteriza essa ação política como sendo uma verdadeira autocracia burguesa, e o Estado como autocrático burguês. Ele serve

> de pião a medidas políticas, militares e policiais, contrarrevolucionárias, que atrelaram o Estado nacional não à clássica democracia burguesa, mas a uma versão tecnocrática da democracia restrita, a qual se poderia qualificar, com precisão terminológica, como uma autocracia burguesa. (Fernandes, 2005, p. 313)

Da reflexão sobre a autocracia e sobre o capitalismo dependente, o pensador brasileiro elabora uma categoria-chave para a luta de classes, a de *contrarrevolução prolongada*. Isso se deve à ação burguesa nascida da composição associada com outras classes dominantes, por um lado, o antigo regime colonial e, de outro, pelas burguesias estrangeiras que exportam capitais. Dessa forma, a burguesia no Brasil não encarna a necessidade das revoluções burguesas clássicas, no caso de efetivar a reforma agrária, a reforma urbana, a reforma democrática, pois essas alterações não são necessárias a uma classe que já está em sua fase reacionária. Não se trata de uma revolução burguesa, mas do seu contrário, uma *contrarrevolução permanente e preventiva*.

Desse argumento histórico e teórico surge uma polêmica na obra de Florestan Fernandes, a questão da democracia. Ao se apresentar a origem do capitalismo dependente, para o autor, é também necessário um conjunto de categorias teóricas para a apreensão da totalidade da formação social brasileira. Tais como autocracia, burguesia dependente, proletariado em formação, padrões de dominação externa etc. Nessa construção teórica, a forma política tem uma importância marcante nas sociedades dependentes. É dessa perspectiva que Fernandes analisa a democracia no Brasil, de um ponto de vista histórico e concreto, ou seja, de como a forma política está repleta de conteúdo econômico, ou melhor dizendo, de relações de produção e forças produtivas materiais de caráter capitalista. Acompanhem a descrição das classes para definir o caráter das relações de produção:

> Assim, para atingir seus fins, a dominação burguesa dissocia a revolução econômica da revolução política, o que faz com que a revolução burguesa fique representando um deslocamento totalitário de poder de classe, que elimina, de fato ou de direito (ou de fato e de direito), o resto da sociedade do espaço político e suprime os ritmos turbulentos da história, proscrevendo o conflito social. (Fernandes, 1995, p. 126)

A inexistência desse espaço político é uma polêmica na formulação estratégica socialista, pois abrir esse espaço parece ser uma tarefa proletária e não mais burguesa. Isso é reafirmado por Florestan em sua célebre obra, *O que é revolução*, de 1981.

A reforma agrária, a reforma urbana, a revolução nacional e a revolução democrática, para Fernandes, seriam tarefas não realizadas pela burguesia, pois numa sociedade de capitalismo dependente isso não mais seria necessário para garantir a associação ao mercado mundial. As assim conhecidas "tarefas em atraso" são a plataforma para as reivindicações de inúmeros agrupamentos políticos de trabalhadores.

Sobre esse tema, Florestan vê um deslocamento entre o aspecto econômico e o aspecto político, o que separava o exercício pleno da democracia das exigências do mercado mundial. De acordo com Fernandes, se referindo às sociedades com uma contrarrevolução prolongada: "Ora, quando a ruptura se dá por via contrarrevolucionária, o polo democracia é, pelo menos enquanto durar tal deslocamento do poder de classe, sufocado em favor do polo desenvolvimento" (Fernandes, 1995, p. 129).

Fica muito nítida a compreensão do autor quanto às "escolhas" políticas da burguesia brasileira. Não se trata de uma "vontade" que guia as decisões, mas sim de um processo de longa duração amalgamada no Estado e com duras consequências para as classes trabalhadoras. A direção do desenvolvimento econômico, na revolução burguesa não clássica no Brasil, tomou os rumos não democráticos devido a uma série de fatores históricos e políticos. Não há automatismos na história. A democracia foi necessária como reivindicação burguesa numa sociedade em que uma ampla aliança era necessária para derrotar antigos grupos dominantes. Na periferia, isso não foi necessário; portanto, a democracia também não. Ao menos até a década de 1980, pois com a abertura e a construção da chamada Nova República, cristalizada na Constituição Federal de 1988, a forma política assume outra característica, como será apontado ao fim desse artigo.

Capitalismo monopolista e a estratégia democrática

Já no final dos anos 1970, quando o sociólogo paulista escreve uma introdução ao livro *Brasil: em compasso de espera: pequenos escritos políticos* (2011), surgem indícios de que a sociedade brasileira pode ser interpretada com outra chave de leitura mais complexa do que a antiga relação de dependência e autocracia. Vivendo em plena transição de regime, Florestan aprofunda sua análise sobre as determinações da luta de classes no país e para isso exige uma recalibragem de suas categorias teóricas. Para surpresa de alguns de seus intérpretes, ele começa fazendo uma crítica duríssima às "forças democráticas" que tensionam a ditadura. Em suas palavras, "o socialismo democrático não constitui um instrumento do proletariado e da revolução socialista. Ele constitui uma nova versão do oportunismo da social-democracia e a última barreira de defesa do sistema capitalista de poder" (Fernandes, 2011, p. 35).

Está claro que o autor começa a reelaborar sua compreensão mais conhecida sobre o papel das lutas democráticas. Ao que tudo indica, a reflexão sobre o papel da formulação estratégica muda de qualidade, notem:

> Penso que uma estratégia socialista de reflexão política e de ação exige duas coisas. Primeiro, uma análise objetiva da situação atual. Essa situação é muito mais perigosa da qual estamos saindo. Nela, as classes trabalhadoras, por seus setores de ponta mais organizados, e a massa popular, pela insatisfação irredutível que já chegou aos ouvidos mais surdos, são bastante fortes para desequilibrar ou desestabilizar o sistema de poder montado em 1964 e aperfeiçoado sob a junta militar e pelo governo Geisel. Não obstante, essas forças de mudança não são bastante fortes para exigir e obter algo mais que uma "abertura democrática", negociada pela ditadura e posta em prática segundo condições ditadas por ela própria. [...] Segundo, uma análise objetiva das perspectivas da revolução nacional e democrática em uma conjuntura de curto prazo. [...] Deve-se manter as classes trabalhadoras atreladas ao carro-chefe da burguesia ou romper com o passado, preconizando-se uma linha de ação política autônoma? As classes trabalhadoras não possuem, no momento, condições objetivas e subjetivas para provocar uma mobilização revolucionária da massa pobre da população contra a ordem existente. (Fernandes, 2011, p. 38)

Nesse trecho, surge a grande questão da estratégia política em Florestan Fernandes, a falta de condições objetivas e subjetivas. Sabendo que era um leitor de Lenin, tais conceitos assumem um papel-chave na construção da análise e da proposição de ações políticas. No entanto, há uma dubiedade na elaboração que abre brechas para os setores com uma leitura mais democrática e menos socialista de sua obra. Todavia, o raciocínio a seguir demonstra uma tensão latente na reflexão do autor:

> Contudo, parece evidente que se acham em suas mãos [das classes trabalhadoras] tanto a intensidade e a rapidez da desagregação do regime vigente quanto ao grau de alargamento democrático da ordem burguesa. Só elas poderão abrir um capítulo novo na evolução política da sociedade brasileira, retirando a revolução nacional e a revolução democrática do limbo a que ambas foram jogadas pela vitória da contrarrevolução. Por aí se infere que, do ponto de vista prático, vem a ser crucial e urgente escolher rumos políticos que não fiquem presos apenas à questão democrática, mas que levem

> em conta, também, as tarefas políticas que as classes trabalhadoras podem conquistar para si e, principalmente, se já não chegou a hora de uma luta política mais profunda pela autonomia do movimento operário através de palavras de ordem especificamente socialistas. (Fernandes, 2011, p. 38)

A indicação da necessidade de cumprir tarefas socialistas se subordina à luta pela abertura de espaço político democrático, o que em tese aconteceria concomitantemente. Entretanto, a materialidade da formação social brasileira e o regime de classes sociais derivado impõe uma dinâmica de *zigue-zague* às organizações políticas. A burguesia faz suas jogadas dentro e fora da ordem e, por meio do Estado, as unifica. Os trabalhadores, por serem proscritos da arena política há décadas, ficam à mercê dos espaços conquistados a custos muito elevados. Florestan reconhece, no final dos anos 1970, que o capitalismo está em outro patamar em relação ao seu passado. Notem:

> O Brasil está, hoje, mais incorporado ao capitalismo monopolista das nações hegemônicas e de sua superpotência que anteriormente. Esse aspecto é importante porque alguns analistas da esquerda alimentam a esperança de rupturas burguesas pelo 'controle democrático' do Estado, por efeito das 'pressões populares'. [...] pode-se *lutar taticamente pela democracia*, mas não por essa razão e com essa ilusão. (Fernandes, 2011 p. 44, grifos do autor)

O patamar de capitalismo monopolista significa uma ação direta das grandes corporações oligopólicas mundiais, as quais subordinam as atitudes dos Estados nacionais e das classes em luta. O significado dessa caracterização é uma menor densidade teórica do conceito de dependência em relação à transformação capitalista, restando analisar as mudanças ocorridas na ordem social. Por esse motivo, Florestan adensa sua defesa de uma luta tática pela democracia, pois sabia ele que no movimento socialista existiam setores os quais tinham-na como um objetivo estratégico. Para tanto, usou novamente de uma caracterização leninista para dialogar criticamente com esses setores organizados da classe trabalhadora. Afirma ele:

> A democracia só é burguesa quando a luta de classes pode ser submetida ao controle direto e indireto da burguesia. O reverso seria esperar do poder burguês tolerância à liquidação das classes dominantes, de sua forma de propriedade, de produção, de sociedade e de Estado. Esse aspecto é crucial porque situa o lago pernicioso das 'ilusões constitucionais'. Elas brecam a luta de classes e a concretização das tarefas políticas das classes trabalhadoras, de uma perspectiva socialista revolucionária, em troca de uma socialização política pluriclassista *democrática* que não tem como ocorrer. Qualquer tentativa de *favorecer a democracia*, pelo fortalecimento relativo do poder burguês, terá um resultado melancólico previsível. (Fernandes, 2011, p. 45, grifos do autor)

Eis agora o núcleo da crítica necessária à tese florestaniana. Pensava ele que seria impossível acontecer uma "socialização política pluriclassista democrática" no país. Florestan, por subjacente à sua intepretação da autocracia burguesa surgida nos anos da ditadura, não considera possível que os setores das classes trabalhadoras pudessem ascender à direção política do Estado no Brasil. O pressuposto de uma impermeabilidade do Estado aos interesses dos trabalhadores fez com que a luta tática pela democracia se tornasse a luta fim, e, dessa maneira, se perdesse no que ele mesmo dizia ser uma "ilusão constitucional". A atual crise do movimento socialista deita raízes sobre a problemática da não existência de condições objetivas e subjetivas, *à la* Lenin. Florestan não viveu para ver as realizações do século XXI, mas já alertava que um equacionamento "democrático" da questão estratégica teria um fim melancólico. Infelizmente, sobre isso, ele estava tragicamente correto.

Resta ainda saber se as reflexões críticas a uma estratégia democrática são cabíveis na atualidade. Sobre isso os textos do pensador paulista a respeito da formulação estratégica podem contribuir para demonstrar os limites objetivos e materiais de seus próprios pressupostos. Ao mesmo tempo, deixa o alerta sobre os desvios reformistas possíveis decorrentes dessa interpretação da democracia como valor universal.

A estratégia de Florestan e seus limites atuais

A nova fase de desenvolvimento do capital em âmbito mundial tem como manifestação o "imperialismo total", o qual altera os mecanismos de cooptação nos conflitos de classe, mas não apaga seus antagonismos. No capitalismo monopolista, a integração de ações políticas e econômicas dão ao capital uma amplitude de intervenção contrarrevolucionária sem precedente na história. Para Fernandes (2011, p. 31), "O enlace entre 'imperialismo' e 'multinacionais' apresenta não o produto final (*sic*) da 'democracia pluralista', mas o Estado capitalista que se torna necessário nesta era conturbada e de desafio da história".

Ainda em 1979, em sua introdução ao livro *Brasil: em compasso de espera*, Florestan afirma que:

> O proletariado precisa acumular forças revolucionárias para provocar e conduzir transformações que, no passado, cabiam inteiramente ou parcialmente às burguesias dos países capitalistas avançados. Na periferia e na época atual as burguesias já não levam até o fim certas potencialidades do mercado, do modo de produção capitalista e do Estado capitalista. [...] O proletariado tem de avançar no sentido de saturar o vazio histórico resultante, não como 'pilares da ordem social competitiva' ou 'campeões do liberalismo': não se trata, apenas, de defender ou de lançar para frente a democracia burguesa. Trata-se de impedir a deterioração do sistema capitalista de poder e cortar o caminho das forças conservadoras e contrarrevolucionárias [...]. (Fernandes, 2011, p. 55)

Qual seria a consequência de "impedir a deterioração do sistema capitalista de poder"? Florestan, ao afirmar a não existência de condições objetivas, sugere uma "pré-transição" antes da tomada do poder ou depois dela? Tal desenho estratégico tem duas variáveis: a ação possível dentro da institucionalidade construída na transição democrática, no final dos anos 1970, e a ação independente do proletariado, o qual tem por tarefa construir mecanismos de exercício do poder intrínseco à classe por meio de organismos próprios. A síntese já conhecida é a seguinte:

> Essas são as tarefas políticas que estabelecem, na época atual, os marcos proletários da 'revolução dentro da ordem' e da 'revolução contra a ordem' e que decidem, a largo prazo, o quanto de extracapitalista deve caber dentro da democracia burguesa e por onde poderá começar a erosão proletária do sistema capitalista de poder. (Fernandes, 2011, p. 56)

Essa caracterização foi muito útil para dialogar com os diversos setores envolvidos na derrubada da ditadura cívico-militar. A síntese possibilita um amplo leque de leituras sobre a realidade capitalista brasileira e sobre os métodos de luta cabíveis naquele momento histórico. Florestan não tinha ilusões quanto ao objetivo histórico do proletariado, como fica demonstrado nesse trecho:

> O que está em jogo não é 'melhorar a sorte' das classes trabalhadoras e das massas populares na sociedade brasileira. Mas transformar esta sociedade, para que as classes trabalhadoras e as massas populares tenham um espaço político próprio dentro da democracia burguesa e possam usá-lo para a realização de uma política revolucionária socialista, dentro da ordem (na conjuntura atual) ou contra a ordem se as classes trabalhadoras, graças ao seu movimento político, forem fortes para provocar o desmoronamento do capitalismo e a transição para o socialismo. (Fernandes, 2010, p. 60)

Como diria o pensador paulista, eis o busílis da questão. Após sua morte, em 1995, o movimento político dos trabalhadores não deu continuidade em uma perspectiva revolucionária e socialista, mas sim insistiu em "melhorar a sorte" e acelerar o crescimento econômico capitalista no Brasil. Florestan ao tentar evitar o engolfamento do movimento socialista na social-democratização fornece a ele uma base teórica para se afirmar.

Tal fato de deve ao conceito de Estado autocrático, usado de maneira inflexível. Todas as vezes que o reformismo não consegue viabilizar um avanço por dentro da ordem, coloca a culpa no caráter autocrático da sociedade brasileira. Isso acaba por enfraquecer o movimento socialista, pois existe uma insuficiente leitura teórica sobre o momento do ciclo econômico de desenvolvimento capitalista mundial e o papel do Brasil nele. Ora, parece fora de dúvida que existe uma plena integração da economia brasileira nas cadeias globais de valorização do valor, então como se falar em dependência em meados dos anos 2020? Se o capitalismo monopolista já era uma realidade nos anos 1980, como demonstra os textos do autor, qual deveria ser o papel dos analistas e estrategistas vinculados à classe trabalhadora, reafirmar uma leitura da década de 1960 ou refazer a análise e equacionar de forma objetiva a exigência de outra estratégia? Repetir Florestan significa questionarmos a existência de uma nova época histórica advinda das alterações na base material da reprodução do capital, nos anos 1980, e a adequação na forma política estatal, com o advento da Constituição Federal de 1988.[5]

Tais questionamentos seguem a tradição do próprio Florestan Fernandes, o qual sempre defendeu a crítica como mecanismo de controle contra a ossificação do marxismo. Em sua defesa intransigente do socialismo revolucionário como objetivo estratégico, ele pensava ser necessário dialogar abertamente com os trabalhadores sobre a revolução.

---

5 Esse é um tema que merece atenção especial, não cabendo nesse artigo uma reflexão mais densa sobre ele. Contudo, caberia algumas perguntas: não seria a Constituição Federal de 1988 o marco histórico da nova *Época histórica* no Brasil? Não seria ela a forma política mais refinada para impedir a revolução socialista, pois incorpora à ordem social burguesa os conflitos de classe?

Para Florestan (2011, p. 60), estava muito claro que "as classes destituídas, em geral, e o proletariado, em particular, precisam ser ganhos primeiramente para o socialismo. Sem que isso aconteça, toda a discussão sobre a 'questão da democracia' não passará de verbiagem burguesa." Ou ainda nessa outra passagem: "é inócuo atrelar a luta de classes do proletariado ao fortalecimento puro e simples da 'democracia'".

Contudo, o autor deixa passar alguma dubiedade estratégica quando, no mesmo texto, afirma: "Será preciso o poder demolidor da ação conjunta do proletariado, dos camponeses e de todos os grupos dissidentes para iniciar uma verdadeira revolução democrática" (Fernandes, 2010, p. 70).

Qual seria então esse paradoxo entre a verdadeira revolução democrática, como tarefa não realizada pela burguesia e o ineficaz esforço pela defesa da democracia?

Como as interfaces desses momentos mencionados são muito tênues, Fernandes precisa comparar e estruturar o pensamento em relação a outras experiências. Para cumprir esse objetivo, reflete sobre os mecanismos de mudanças sociais:

> A reforma é sempre, nas sociedades capitalistas, para a ordem existente, um processo de reprodução do sistema capitalista. Quer dizer: se ela ultrapassa esse nível, os partidos ou movimentos são destruídos. Daí o fato que na Suécia, na Inglaterra e em várias outras experiências do socialismo civilizado redundou em reforço do capitalismo. Lutar pela reforma é também lutar pela revolução. A afirmação de Marx e Engels naquele ensaio que eles escreveram, Mensagem aos Comunistas Alemães, em que a revolução é vista como permanente, essa afirmação continua válida até hoje. Portanto, *a aceleração de uma revolução burguesa pode conduzir a uma negação da revolução burguesa e ao advento de uma revolução socialista*. Mas, apesar disso, o quadro histórico atual é diferente, porque os países capitalistas estão envolvidos num processo de contrarrevolução mundial, que quebra os liames entre reforma e revolução. Aquilo que Miliband escreve no livro *O Estado capi-*

> *talista, uma combinação de repressão e esperança,* isto desaparece no horizonte atual. A repressão ganha cada vez mais espaço e a esperança vai minguando, pelo menos em termos proletários e de socialismo proletário. (Fernandes, 1994, p. 150-151, grifos nossos)

Democracias e a organização política

A categoria democracia, na obra de Fernandes, assume várias qualificações. Elas são sistematizadas em duas grandes linhas, com seus desdobramentos:

A) *a democracia burguesa* com suas formas: 1. restrita; 2. ampliada; e 3. de cooptação;

B) *a democracia operária:* 1. ainda durante o capitalismo; e 2. após a socialização dos meios de produção.

Todas essas qualificações são instrumentais para a clarificação da estratégia. Mas, na medida em que nublam o objetivo, é possível acreditar num possível equívoco quanto à sua utilização. No entanto, elas são usadas fartamente por Fernandes, inclusive na elaboração interna, quando foi militante e deputado federal pelo Partido dos Trabalhadores (PT):

> Diante da situação histórica brasileira, o PT precisa ocupar os diversos alargamentos do espaço democrático cedidos pela burguesia, sob coação das reivindicações operárias ou por pânico histórico, e manejar a reforma social seja para alterar a ordem existente, seja para entrosar as transformações na formação de um patamar revolucionário. (Fernandes, 1991, p. 46)

O desenho estratégico vai se delineando pela ação dos trabalhadores e pela reação dos inimigos. Ao que parece, não havia outro cenário, senão a resistência doentia da burguesia contra o avanço proletário, mesmo dentro da ordem. Fernandes deixa claro as duas fases da ofensiva operária, dirigidas pelo partido:

> No que diz respeito às tarefas políticas cruciais do PT, cuja realização está em estreita vinculação com sua organização, o melhor consiste em distinguir, didaticamente, dois tipos de funções. O

> primeiro abrange tarefas derivadas dos papéis de classe da burguesia, diante dos quais ela se omite: 1) intrínsecas à própria dinâmica do capital; 2) dependentes dos efeitos das relações e das lutas de classes. O segundo contém as tarefas dos trabalhadores e de seus aliados orgânicos: 1) abrir, de modo pacífico ou violento, um espaço democrático para todos os que vendem a força de trabalho como mercadoria ou apoiam suas reivindicações; 2) pôr em prática exigências de reforma social, que têm como sequência a decomposição da ordem social vigente e a formação de uma sociedade socialista. (Fernandes, 1991, p. 57)

Mais uma vez o autor toma por pressuposto incontornável a recusa da burguesia à abertura democrática aos de baixo. No entanto, como a história demonstrou, após sua morte, o movimento socialista e o partido político hegemônico do período se mantiveram apegados na execução de uma estratégia democrática, incorporando parte da descrição da sociedade brasileira de matriz florestaniana. Aliás, essa divergência já era prefigurada pelo autor:

> Confiou-se demais na prioridade da revolução burguesa; na importância estratégica do desenvolvimento democrático prévio da sociedade civil, como etapa necessária de um 'salto qualitativo', mito que a revolução cubana desmontou para sempre, com referência às correntes históricas da América Latina. Várias ilusões se sedimentaram e se soldaram entre si, bloqueando o horizonte intelectual dos dirigentes sindicais e partidários, e, através deles, fazendo estragos irreparáveis nas orientações e na velocidade dos movimentos sociais dos proletários. (Fernandes, 2006, p. 240)

Essa caracterização antecipa alguns acontecimentos maturados no início do século XXI, com a chegada do PT ao governo federal. Para Fernandes,

> A conquista do poder tem de situar-se no momento certo, e não como artifício para resolver, dentro do capitalismo e para o capitalismo, os problemas e os dilemas sociais que a burguesia não consegue enfrentar. O socialismo comprometido com a burguesia ainda é uma forma de reprodução do sistema capitalista de poder.

> A revolução proletária volta-se para a emancipação coletiva dos trabalhadores pelos próprios trabalhadores. Ou o PT decifra a solução correta dessa necessidade histórica na cena brasileira ou ele engrossará as fileiras dos partidos reformistas imantados à 'reforma capitalista do capitalismo', ao 'capitalismo melhorado' ou ao 'capitalismo do bem-estar social'. (Fernandes, 2006, p. 241)

Desta maneira, não resta dúvida de que Fernandes defendia uma estratégia socialista; porém, em sua fórmula havia uma leitura teórico-política fincada na transição do antigo regime ao capitalismo dependente, caracterizado pela autocracia. Todavia, com o advento do capitalismo monopolista e as mudanças na ordem social advindas do processo pós-ditatorial, ergue-se uma forte democracia burguesa, capaz de cooptar e de absorver as demandas básicas da classe trabalhadora e, principalmente, forte em produzir instituições republicanas com eficientes ferramentas de negociação "democrática" entre as classes. Florestan não viveu para ver a Constituição Federal de 1988 sendo usada contra os interesses históricos dos trabalhadores. Não viu a capacidade de as classes dominantes capturarem a subjetividade do conjunto da classe com conteúdo absolutamente burguês e mercantil.

Se a afirmação sobre o pleno desenvolvimento da democracia, após 1988, está correta, ela deriva da plena integração da sociedade brasileira ao capitalismo mundial, o que Florestan já apontava. Assim, as hipóteses levantadas pelo autor, no início dos anos 1980, devem ser retomadas para serem recalibradas à luz do desenvolvimento acelerado do capitalismo no Brasil. Ainda sobre a relação entre democracia e estratégia:

> Porque o espaço democrático, luta pela democracia de conteúdo socialista, isso já não leva a nada, pode até levar à cooptação, ao regime de capitalismo de Estado, que são capazes de comprar com segurança da burguesia e do capitalismo, através das chamadas funções de legitimação do Estado. Ora, não é por aí que passa a tarefa revolucionária de um partido comunista, ou de um partido

> socialista congruente. Portanto, fica muito claro que, nesta fase, de um lado é preciso não fortalecer os setores mais retrógrados e mais reacionários da burguesia e tampouco fortalecer, em bloco, a burguesia com alianças que geram confusão no movimento operário. E, de outro lado, *é preciso que o movimento operário seja o centro de todo o processo.* [...]. *Porque o nível da luta hoje é mundial* e o poder de repressão das burguesias não passa pela luta da burguesia do Chile, Argentina, do Brasil, passa pela capacidade de repressão do capitalismo monopolista e imperialista. (Fernandes, 1981, p. 37)

Considerações finais

Os argumentos elencados nesse artigo pretendem apontar para a necessidade de se retomar uma leitura atenta e da totalidade da teoria da revolução em Florestan Fernandes. O principal elemento aqui esboçado, o modo de produção em constante transformação, como é o caso do capitalismo, vive em cada crise cíclica uma nova fase de expansão. Portanto, no atual momento do desenvolvimento do capitalismo mundial, exige-se um esforço para apropriar-se desse real em movimento para assim poder apontar saídas, programas, palavras de ordem, organizações políticas, táticas, em uma palavra, estratégia.

A classe trabalhadora defronta-se com o capital em escala mundial. Por isso, a elaboração sobre a caracterização do capitalismo brasileiro tem que partir da totalidade e se debruçar sobre as particularidades, sem perder de vista que o determinante é o todo.

Construir a crítica sobre as insuficiências ou os erros numa teoria não desabonam tal teoria. Ao contrário, a valorizam como um interlocutor válido na construção de uma estratégia de luta política eficiente para os fins pretendidos. No caso de Florestan Fernandes, pode-se afirmar com toda a certeza que sua espada crítica estaria desembainhada contra ele mesmo, produzindo as críticas e as autocríticas, com a finalidade de produzir a vitória da classe trabalhadora sobre o capital e sua ordem social.

Para tanto, algumas questões devem ser elencadas para que a teoria política da revolução socialista avance. Entre elas estão as seguintes: a autocracia burguesa ainda é uma ferramenta teórica compatível com a forma política democrático-burguesa aceita pela maioria dos partidos ditos de esquerda? O capitalismo dependente subsiste como categoria explicativa em tempos de capitalismo monopolista? Quais as consequências de uma estratégia democrática, como a criticada por Fernandes, num cenário de desenvolvimento pleno da democracia no país?

Por fim, a tarefa teórico-política de elaboração de uma teoria da revolução é urgente, mas não pode ocultar a necessidade histórica do estudo sistemático da teoria da contrarrevolução burguesa. Essa é produzida com imensos recursos institucionais e colocada em prática cotidianamente contra os levantes revoltosos dos "de baixo".

Há muito por fazer, e como diria o professor Florestan Fernandes: "um militante revolucionário não deve se deixar cooptar. Não deve se deixar liquidar. Deve trazer vitórias para o povo" (ENFF, 2009, p. 160).

Referências

ESCOLA NACIONAL FLORESTAN FERNANDES. *O legado de Florestan Fernandes: caderno de estudos*. ENFF, 2009.

FERNANDES, Florestan. *Ensaios de sociologia geral e aplicada*. 3. ed. São Paulo: Editora Pioneira, 1976.

FERNANDES, Florestan. *Capitalismo dependente e classes sociais na América Latina*. 2. ed. Rio de Janeiro: Zahar editora, 1975.

FERNANDES, Florestan. *Brasil: em compasso de espera:* pequenos escritos políticos. São Paulo: Hucitec, 1979.

FERNANDES, Florestan. *Florestan Fernandes*: a pessoa e o político. Entrevista. *Nova Escrita Ensaio*, São Paulo, ano IV, n. 8, 1981.

FERNANDES, Florestan. Prefácio. *In*: LÊNIN, V. *O Estado e a Revolução.* São Paulo: Editora Hucitec, 1983.

FERNANDES, Florestan. *O que é revolução.* São Paulo: Abril Cultural, 1984.

FERNANDES, Florestan. *O PT em movimento*: contribuição ao I Congresso do Partido dos Trabalhadores. São Paulo: Autores Associados/ Ed. Cortez, 1991a.

FERNANDES, Florestan. Entrevista. *Revista Teoria e Debate*, São Paulo, n. 13, 1991b. Disponível em: https://teoriaedebate.org.br/1991/01/20/ florestan-fernandes/ Acesso em: 17 jun. 2021.

FERNANDES, Florestan. *Democracia e desenvolvimento*: A transição da periferia e ao capitalismo monopolista da era atual. São Paulo: Editora: Hucitec, 1994.

FERNANDES, Florestan. *Em Busca do Socialismo: últimos escritos e outros textos.* São Paulo: Xamã, 1995.

FERNANDES, Florestan. *A revolução burguesa no Brasil*: ensaio de interpretação sociológica. 5 ed. Rio de Janeiro: Globo, 2005.

FERNANDES, Florestan. *Brasil: em compasso de espera: pequenos escritos políticos.* Rio de Janeiro: Editora UFRJ, 2011.

NETTO, José Paulo. Apresentação. *In*: LENIN, Vladimir. *O Estado e a Revolução.* São Paulo: Editora Global, 1987.

FLORESTAN FERNANDES E A EDUCAÇÃO NO BRASIL: A NECESSIDADE DE VER AS TREVAS PARA VER MELHOR

Fabiana de Cássia Rodrigues[1]

Somos filhos da época
e a época é política.
Todas as tuas, as nossas, vossas coisas
diurnas e noturnas,
são coisas políticas.
Querendo ou não querendo,
teus genes têm um passado político,
tua pele, um matiz político,
teus olhos, um aspecto político.
Wislawa Szymborska

Em 22 de julho de 2020, Florestan Fernandes completaria 100 anos. Muitas foram as homenagens, palestras e eventos que rememoraram a vida e a obra do grande sociólogo e lutador brasileiro. Em um dos textos mais emocionantes que saíram nesses últimos meses, Heloísa Fernandes conta um episódio ocorrido nos tempos de sua campanha para deputado federal que simboliza bem o papel desempenhado por Florestan Fernandes, especialmente nos anos de 1980. A equipe de campanha retornava de Santos, enfrentavam uma neblina cerrada que não deixava enxergar um palmo adiante do nariz: "Pois Florestan sai

1 Professora do Departamento de Filosofia e História da Educação da Faculdade de Educação e do Programa de Pós-Graduação em Educação na Universidade Estadual de Campinas (Unicamp).

do carro e, sozinho, assume a pé a dianteira, dizendo 'Sigam-me!' [...]." (Silveira, 2020).

A trajetória intelectual e política de Florestan Fernandes fez dele um sujeito capaz de enxergar no nevoeiro, de abrir caminho para um pensamento crítico capaz de ver a dura realidade brasileira em profundidade e, conforme as palavras de sua filha, carregar a esperança da alvorada que desfaz a noite e ilumina para que se vislumbre os caminhos possíveis.

Creio que a compreensão da obra de Florestan Fernandes passa necessariamente por entendê-lo desde suas origens de classe, como filho de empregada doméstica, marcado pela impossibilidade de permanecer na escola e a urgência de trabalhar desde muito cedo como engraxate, garçom, em labutas próprias aos de baixo. Impedido de estudar na infância por suas condições de vida, retorna à escola em um curso de madureza e alcança feito improvável aos de sua classe: entra na Universidade de São Paulo (USP) para cursar Ciências Sociais. Ainda na graduação, escreve um texto que se tornaria um clássico nos estudos sobre infância; trata-se de um trabalho escrito em 1944 para o concurso "Temas Brasileiros", organizado pelo Departamento de Cultura do Grêmio da Faculdade de Filosofia, Ciências e Letras. Nele, o autor faz uma observação profunda, indo além de só olhar. Segundo Roger Bastide, ele penetra no círculo mágico das crianças, com suas preocupações e paixões.

Sua trajetória brilhante como estudante da USP o leva a trilhar o caminho na universidade como docente e pesquisador, responsável por criar toda uma área de investigação que teve o Brasil como seu laboratório. O sociólogo se dedicou, então, aos temas candentes da formação social brasileira: estudou os Tupinambá, produziu trabalho seminal acerca da questão do negro no país.

Houve também a orientação de trabalhos que se tornaram referências clássicas na área, como o de Octávio Ianni e o de

Fernando Henrique Cardoso. Produzia-se ali, nos anos de 1950 e 1960, um esforço coletivo de pesquisa que teve à frente a lucidez e o engajamento de um sociólogo determinado a construir uma análise radical para colocar a nu as contradições sociais e os desafios que se colocavam na construção de uma sociedade com mínimos de justiça social.

Florestan esmiuçou as peculiaridades do processo de industrialização e da constituição do empresariado nativo, mostrou que a abolição da escravidão foi feita de tal modo que não houve, de fato, a integração do negro na sociedade de classes. Aos poucos, foi produzindo uma teoria que permite compreender nossa formação social à luz da dupla articulação entre capitalismo dependente e subdesenvolvimento.

Sua posição de classe determinou as perguntas de investigação e sua dedicação aos problemas estruturais da sociedade brasileira. Florestan Fernandes é sujeito de seu tempo no sentido mais profundo do termo, como no poema *Filhos da época*, de Wislawa Szymborska (2011). O historiador Marc Bloch, partindo de um provérbio árabe, afirma que os filhos se parecem mais com sua época do que com seus próprios pais (Bloch, 2001). Sem dúvida, estamos tratando de um autor que se parece com sua época; no entanto, não basta dizer apenas isso. É preciso ir além. Existem pessoas que alcançam transformar as grandes questões de sua época em literatura, em música, em arte. Florestan Fernandes converteu os desafios sociais brasileiros de seu tempo em produção de uma teoria acerca de nossa formação social.

Nosso autor faz parte de uma geração de intelectuais que trouxe, desde a década de 1930, a ânsia de reinterpretar o passado colonial e o interesse pelo estudo sobre o negro (Candido, 1984). Nos anos de 1950 e 1960, o autor deu ênfase ao papel a ser desempenhado por um sociólogo num país subdesenvolvido, destacando a necessidade de uma sociologia crítica capaz de contribuir para o planejamento e encaminhamento dos problemas que o país enfrentava.

Nesse mesmo período se deu o seu engajamento na defesa da escola pública. Estavam em cena os embates entre os defensores do setor público e daqueles ligados às escolas privadas em meio à tramitação da primeira Lei de Diretrizes e Bases (LDB) da educação brasileira. Em 1958, o deputado Carlos Lacerda submeteu um projeto substitutivo da lei que retirava do Estado a tarefa de garantir a educação pública a todos, além de privilegiar o setor privado pelo direcionamento de recursos provenientes dos cofres públicos e dar maior espaço de atuação ao setor privado na elaboração de políticas educacionais. A partir deste ataque à centralidade do Estado como responsável pela educação no país, organiza-se uma "Campanha Nacional em Defesa da Escola Pública", da qual Florestan Fernandes foi incansável militante.

Em *Educação e sociedade no Brasil*, estão reunidos os textos escritos à época da campanha. Já na introdução da obra, o autor explica que se colocou nessa luta como filho de lavadeira e porta-voz das crianças que partilharam a impossibilidade de estudar e a dureza de "não ser gente" nessa sociedade. Nesse livro, o tema da educação aparece como elemento dinâmico de combate ao subdesenvolvimento, capaz de disciplinar as relações do homem com o meio natural e humano e, assim, convertê-lo em senhor de seu próprio destino histórico. Tratava-se de superar o passado na esfera da educação escolarizada, já que tínhamos um ensino rígido, indiferenciado e fechado. Ou seja, a escola representava um privilégio econômico e social, ao mesmo tempo em que atuava como um foco de conservantismo sociocultural e retinha o passado no presente, sem preparar a inteligência para os desafios da época (Fernandes, 1966).

Para mudar radicalmente essa realidade educacional, era crucial criar condições materiais para tanto; assim, urgia que os recursos públicos fossem exclusivamente direcionados para as escolas públicas.

O Brasil passava por um intenso processo de industrialização, as grandes cidades se transformavam e a urbanização caminhava em passos firmes. No entanto, o atraso se repunha, a escola – espaço de formação das novas gerações – se mantinha exclusiva para poucos, logo, excludente. O mais grave era que, além de constar como privilégio social, a escola era arcaica, inadequada, desconectada das necessidades prementes de um país que queria promover 50 anos de desenvolvimento em 5, conforme *slogan* do governo Kubitschek.

Como fizeram outros intelectuais à época, como Anísio Teixeira, na educação como privilégio, Celso Furtado, na economia das desigualdades regionais, Josué de Castro, na geografia da fome, ou mesmo, Guimarães Rosa, em *Grande Sertão Veredas*, publicado em 1956, tratava-se de captar o essencial da realidade brasileira. Estes são autores que nos ajudavam a ver para além das ilusões do desenvolvimento. Conforme afirma Silviano Santiago (2019) sobre a obra monstruosa de Guimarães Rosa: era preciso ver as trevas para ver melhor. Em suas respectivas obras, esses autores tiveram em comum o fato de anunciar, expressar, produzir teoria sobre o que ficava às sombras nas fantasias do desenvolvimentismo.

Às sombras daqueles anos de 1950 estava um apego ao passado que caracterizava os setores privilegiados da sociedade. Em uma autobiografia intelectual, Fernandes afirma que desenvolveu o conceito "resistência sociopática à mudança" após ter vivenciado o inconcebível. Durante a campanha nacional em defesa da escola pública, pôde ver que havia parte da população brasileira que não compreendia ou estava fechada a pensar sobre a urgência da universalização da escola e seus efeitos dinâmicos em uma sociedade em mudança. E a única razão para isso era aferrar-se a um passado marcado pelos privilégios de poucos e pela segregação social de grande parte da população. Desse modo, ele descreve suas frustrações com os resultados a que se chegou com a LDB promulgada em 1961: tratou-se de uma perda de oportunidade histórica, fruto de uma resistência sociopática daqueles que controlam a riqueza e o poder no país. (Fernandes, 1986a)

O sociólogo foi construindo, assim, uma análise de Brasil que tomou como traço constitutivo das relações sociais a manutenção do atraso, de relações arcaicas, de mecanismos que sustentam e dão continuidade ao apartamento dos de baixo. Florestan Fernandes possibilita que vejamos melhor o Brasil porque, em sua análise, o moderno e o atraso constituem um amálgama que consubstancia o subdesenvolvimento e estabelece articulação com as relações de dependência.

Na virada dos anos de 1970, marcado pelos rumos brutais tomados pela ditadura civil-militar após 1968, os textos de Florestan Fernandes encerram uma visão da totalidade, resultado de profundos estudos sobre o estágio vivido pelo capitalismo no mundo e sobre aquilo que se impunha para as regiões marcadas pelo histórico da colonização, com destaque para as leituras clássicas de Lenin e Rosa Luxemburgo, mas também de seus contemporâneos como Mandel, Baran, Sweezy, Dobb, Marcuse, além de Frantz Fanon.

Em *Apontamentos sobre a "teoria do autoritarismo"*, Florestan Fernandes explica que o capitalismo ganhou maior flexibilidade com o aumento da escala de internacionalização do capital e com as revoluções tecnológicas por que passava e, ao mesmo tempo, cresceu a sua potencialidade de autodefesa contra o inimigo interno – aqueles que contestam a ordem internamente aos países – e contra o inimigo externo representado pelo bloco socialista.

Nos países periféricos como o Brasil, "[...] o Estado capitalista satura novas funções militares, policial-militares, diplomáticas e políticas, bem como leva até aí as suas funções de acumulação" (Fernandes, 2019, p. 79). Sob a ditadura civil-militar instaurada em 1964, o Estado autocrático burguês adquiriu traços bem definidos. Em outras palavras, edificou-se a forma da dominação burguesa que ampara a dupla articulação entre subdesenvolvimento e dependência. Na prática, convergiu para o Estado o núcleo do poder de decisão e de atuação da burguesia por meio da militarização.

A burguesia nativa desempenhou, assim, o papel que lhe coube na ordem mundial do capitalismo, alienando-se dos problemas nacionais e inserindo-os na chave do "desenvolvimento com segurança" (Fernandes, 2006).

As palavras "segurança" e "desenvolvimento" compõem parte fundamental do léxico dos governos militares. Constituem bases para todas as justificativas das políticas econômicas, sociais e educacionais implantadas, da mesma forma como, em nome da segurança nacional, foram realizadas todas as práticas repressivas contra os "inimigos internos".

A educação para o "desenvolvimento com segurança" correspondeu fundamentalmente a uma alienação dos problemas educacionais brasileiros. Foi emblemática a interrupção, nos primeiros dias do governo Castelo Branco, do Plano Nacional de Alfabetização inspirado nas práticas de Paulo Freire, em que aqueles que não sabiam ler e escrever eram "alfabetizandos" que produziam cultura e podiam adquirir uma consciência crítica que lhes permitisse participar da vida política, compreender e ter voz nas decisões que diziam respeito às suas condições de vida.

Toda a política educacional foi alienada em função de diretrizes estadunidenses embasadas na teoria do capital humano formulada por, dentre outros autores, Theodor Schultz na Universidade de Chicago. Os acordos entre o Ministério da Educação e a agência estadunidense United States Agency for International Development (USAID) fundamentaram esse alinhamento com o imperialismo estadunidense no âmbito educacional. A reformulação da política educacional em todos os níveis pelas leis 5.692/71 e 5.540/68 resultou desses acordos.

Sob a ditadura civil-militar, em linhas gerais, pode-se afirmar que houve uma expansão da obrigatoriedade escolar, sem ampliação de recursos financeiros necessários. A escolaridade exigida se estendeu de quatro para oito anos, junto à existência de disciplinas eminentemente conservadoras, com traços moralistas e patrióticos como "Educação Moral e Cívica" e "Organização Social e Política do Brasil". Houve, desse modo, um esvaziamento da escola de conteúdos que poderiam ter algum potencial de formação política; o foco direcionou-se, exclusivamente, à precária formação para o trabalho. Além de ter ocorrido a sedimentação da dualidade escolar, em que os mais abastados teriam condições de chegar à universidade pública, enquanto uma minoria entre os de baixo que chegassem ao 2º grau concluiriam seu percurso escolar aí, com destino direto ao mercado de trabalho. Cabe salientar que toda a organização política estudantil foi desbaratada, desestruturada, com suas principais lideranças presas, torturadas e perseguidas.

Nesse momento, mais precisamente ao final dos anos de 1960, se delineavam com maior nitidez os contornos da revolução burguesa na periferia do capitalismo monopolista:

> [...] a própria história simplificou a observação e a interpretação dos fatos capitais. O Estado autocrático, em vários países da periferia do mundo capitalista e na América Latina com uma intensidade notável, demonstrou que não existem alternativas possíveis dentro do capitalismo dependente. Foi, de novo, através de uma combinação das atividades práticas com o trabalho acadêmico que percorri esse último circuito [...]. O que ficava patente era a continuidade da contrarrevolução vitoriosa, o esforço bem-sucedido de autoconsolidação de um Estado que se propunha eliminar os tempos políticos da revolução nacional para reforçar os tempos econômicos da intensificação da acumulação capitalista e da aceleração do desenvolvimento econômico. (Fernandes, 1986a, p. 203)

A contrarrevolução a que Florestan Fernandes se refere diz respeito a todo o bloqueio às reformas democráticas que consubstanciariam uma revolução nacional. Sob os auspícios do "desenvolvimento" e da "segurança", a educação em todos os seus níveis virou as costas aos problemas estruturais, não foram mais tratados os assuntos relacionados à reforma agrária, à universalização da educação pública, às desigualdades sociais, dentre outros.

Houve uma intensificação do processo de industrialização e crescimento do Produto Interno Bruto (PIB); no entanto, os salários sofriam arrocho e a desigualdade de renda se aprofundava. Tratava-se do desenvolvimento dependente – em que os centros decisórios quanto aos rumos da economia do país ficam a cargo das multinacionais, cujas sedes estavam nos países centrais do capitalismo.

A universidade também seguiu esta mesma toada. Neste nível de ensino, a produção de conhecimentos se limitaria às necessidades do capitalismo dependente.

> A todo processo econômico – comercial, financeiro ou industrial – sempre corresponde um processo cultural condicionante ou consequente. E, de maneira geral, a dependência (ou heteronomia) nunca é só econômica: ela é simultaneamente, social e cultural. Sob esse aspecto, a escola superior, estrutural e dinamicamente vinculada à organização econômica, social e política de uma sociedade dependente, concorria para estabelecer e para expandir os nexos de dependência ao nível da educação e da cultura. (Fernandes, 1975, p. 80)

Por isso, não se tratava de uma universidade que se dedicasse a pensar e enfrentar os problemas nacionais segundo as diversas áreas do conhecimento. O pensamento crítico e criador nas universidades foi duramente perseguido. Não à toa, um dos mais importantes sociólogos à época na Universidade de São Paulo (USP) – Florestan Fernandes – foi aposentado compulsoriamente. Desse modo, estabeleceu-se um padrão que se coaduna com a colonização cultural. Em suas palavras,

> O grande propósito do governo do Marechal Castelo Branco era implantar o modelo MEC-USAID. Esse modelo, que corresponde ao essencial ao que deve ser formalmente a universidade hoje, calcava-se em receitas norte-americanas, absorvidas de uma missão mista e paritária de especialistas brasileiros e norte-americanos. Quer dizer, é a universidade de uma colônia, a universidade que a metrópole aconselha que exista na colônia. [...] Esse é um processo de desnacionalização cultural específico, pelo qual nós dançamos de acordo com a música que se toca no centro e os centros decidem o que nós devemos fazer, e nós fazemos. (Fernandes, 1989, p. 181)

Este são alguns aspectos do quadro educacional sob o capitalismo dependente que então prevaleciam quando Florestan Fernandes retornou ao Brasil após exilar-se no Canadá. Depois de alguns anos de recolhimento forçado e impossibilitado de participar do debate público, o autor retomou suas atividades na Pontifícia Universidade Católica (PUC) de São Paulo. Assim, ao final dos anos de 1970, o sociólogo se engajou novamente na análise dos desafios colocados para a sociedade do país.

Sem perder seu compromisso de classe, como um intelectual maduro e brilhante, Florestan Fernandes teceu sobre as possibilidades da "Nova República" diante da "crise da ditadura":

> A 'crise da ditadura' coloca-nos diante de um processo histórico revelador: na América Latina, não são só as revoluções que são interrompidas. As contrarrevoluções também. As classes burguesas dominantes são impotentes para conduzir as revoluções inerentes à transformação capitalista. Ameaçadas (ou supondo-se ameaçadas), elas recorrem ao seu braço armado, implantam uma ditadura civil-militar e fazem a vitória pender para a contrarrevolução. Em seguida, descobrem que os mesmos problemas e dilemas sociais que criam desassossego e inquietação social, colocando as 'revoluções burguesas' na ordem do dia, são arraigados e fortes demais para serem resolvidos dentro da ordem, sem aquelas revoluções; temerosas

> das consequências e do agravamento das tensões, que as dividem entre si e jogam as facções e estratos das classes possuidoras em campos opostos (pelo menos politicamente), elas dão marcha à ré, recolhem os militares ao quartel e interrompem a contrarrevolução. É claro que as pressões das massas e das classes trabalhadoras estão na base do malogro e do recuo. (Fernandes, 1986b, p. 9)

No meio da neblina, no refluxo da contrarrevolução, Florestan Fernandes acreditava existir o caminho da alvorada. Mais uma vez, enxergando as trevas para ver melhor: não se deveria crer em ilusões. Era preciso, segundo suas palavras, superar uma espécie de barbárie que já deveria ter sido superada na época da abolição da escravidão. Fazia-se fundamental combater o atraso, romper com a realidade que preserva e recria sistematicamente o subdesenvolvimento. Somente num horizonte socialista, com a consolidação de uma democracia ampla e com a participação ativa da classe trabalhadora, sem concessões a um pacto com a burguesia, seria possível vislumbrar a saída radical dos desafios que se colocavam para a sociedade brasileira à época:

> [...] Os de minha geração foram embalados por vários mitos. O mais forte de todos cobrou um preço alto, o do desenvolvimentismo. Ele renasce agora, alimentado por uma aliança que joga intelectuais orgânicos da ordem e políticos profissionais nos braços mais conservadores e reacionários da alta burguesia (nacional e estrangeiro). Ora, o pilar político de qualquer desenvolvimentismo, em sociedades de classes mais ou menos consolidadas, é o pacto social entendido como acordo (implícito ou explícito, formal ou informal etc.) do grande capital com o trabalho. Os polos antagônicos se curvam por algum tempo às 'exigências imperiosas da situação' e transferem *sine die* qualquer luta política, ambos ganhando, em troca, diferentes vantagens desiguais. O trabalhador descobre o paraíso; enquanto o grande capital põe em prática, de uma só vez, todos os mandamentos da 'santa religião'. Criam-se, assim, as premissas de uma aceleração do desenvolvimento econômico que beneficiaria o trabalhador sem prejudicar os patrões, assegurando a todos o melhor dos mundos possíveis, em franco desmentido às leis

> da economia capitalista; [...] os estratos dominantes da burguesia e suas elites cobram da Nação um pacto social fictício, pelo qual a democracia é transferida para as calendas gregas e a estabilidade política é lançada no passivo das classes subalternas. (Fernandes, 2007, p. 170)

No livro *Nova República?*, o autor nos alerta sobre os riscos das conciliações que poderiam escamotear a essência dos problemas a serem enfrentados. Não seria hora de postergar as tão adiadas reformas democráticas, era preciso radicalizar o processo de transição da ditadura.

Assim, Florestan Fernandes pratica, nos anos de 1980, uma pedagogia socialista, que tem como centro seu empenho intelectual e cívico. Segundo afirma José Paulo Netto (1987), Florestan Fernandes tinha a convicção de que somente com a maturidade política das classes trabalhadoras e com a socialização socialista dos quadros, das bases e das massas seria viável um projeto socialista revolucionário.

Além de publicar incansavelmente, nos jornais e congêneres, suas análises de conjuntura, em 1986 Florestan Fernandes se filiou ao Partido dos Trabalhadores (PT) para candidatar-se a deputado constituinte. O foco de suas atividades como deputado eleito foi a luta em defesa da educação pública. Entendemos que a escolha de seu campo de luta não foi fortuita; ela se vinculou à convicção indicada por José Paulo Netto. Num de seus mais enérgicos discursos na Constituinte, Florestan Fernandes afirmou:

> [...] a educação é o mais grave dilema social brasileiro. A sua falta prejudica da mesma forma que a fome e a miséria, ou até mais, pois priva os famintos e miseráveis dos meios que os possibilitem a tomar consciência da sua condição, dos meios de aprender a resistir a essa situação. Portanto, pode representar um fator de difusão da ignorância e do atraso cultural. Com esses mecanismos e um sistema escolar injusto e inócuo, há a reprodução do sistema de desigualdade, da concentração de riqueza, de poder e de dominação.

> Essa a função do nosso sistema de educação escolar: reproduzir o sistema tal qual. (Fernandes, 1989, p. 126-127)

Florestan Fernandes presidiu a subcomissão que tratou do tema da educação na Constituinte; foi defensor ardoroso de que os recursos públicos fossem exclusivamente destinados às escolas públicas. Estabeleceu três prioridades pedagógicas para a educação brasileira: 1) efetiva igualdade de oportunidades em que o conjunto das crianças e jovens no Brasil tivessem as mesmas condições de estudo que membros da classe média e alta; 2) construção da democracia dentro da escola em que todos aqueles que a compõem – estudantes, professores e trabalhadores – atuassem de modo a transformá-la em um espaço no qual se aprende a viver democraticamente, em que todos têm voz e colaboram nas decisões; 3) autoemancipação pedagógica: era preciso romper com todo o modelo importado de educação, algo amplamente praticado durante a ditadura militar. Tratava-se de romper com a colonização cultural para que em todos os níveis de ensino fosse possível estudar, trabalhar e desenvolver conhecimentos voltados às reais necessidades da população do país.

Considerações finais

Assim, Florestan Fernandes, um sujeito que viveu integralmente os desafios de seu tempo como pensador, professor e lutador em defesa da educação pública e do socialismo, trazia a – por vezes incômoda – análise de que era preciso tratar os problemas brasileiros com radicalidade. Ou seja, sem o enfrentamento das condições de dependência e do subdesenvolvimento não haveria saídas.

Tal desafio não deixava espaço para estratégias que escamoteassem as determinações profundas das desigualdades. A crítica do autor o leva a conceber o termo "conciliação" como uma categoria histórica a ser utilizada para entender os entraves e os bloqueios que se impõem às reformas e às revoluções a fim de assegurar à acumulação de capital o máximo possível de aceleração crescente.

Era preciso ver as trevas para ver melhor, era preciso ver a tragédia recorrente da crença na possibilidade da conciliação de interesses: "A conciliação é, em si e por si mesma, a contrarreforma, o expediente para banir e excluir a reforma social da história viva." (Fernandes, 1986b, p. 71).

A vivacidade da história e suas transformações somente poderiam vir com a maturidade política dos trabalhadores atuantes e construtores de novos rumos para o país. Nesse sentido, a educação adquiria papel primordial:

> Duas regras parecem imperativas. Primeiro, acabar com a exclusão do oprimido e varrer de seu corpo e de sua cabeça a aprendizagem que o socialize para ser um cidadão de segunda ou terceira categoria (ou um ser privado da consciência e da prática da cidadania). Segundo, fazer da integração à escola o centro de uma liberação crítica e total, que incentive a descoberta do eu e do nós coletivo do futuro trabalhador, como pessoa e como integrante de sua classe social. O fim dessa aprendizagem consiste em combinar igualdade com liberdade, para que o estudante destituído adquira uma concepção ética do mundo e aprenda que está a seu alcance fugir das regras do jogo, tornar-se socialista e agente histórico da transformação da sociedade.
>
> [...] *O objetivo último da educação escolarizada não está em 'fazer a cabeça do estudante'. Mas em inventar e reinventar a civilização sem barbárie.* (Fernandes, 1989, p. 263-264 – grifos nossos)

A vida e a obra de Florestan Fernandes são inspirações fundamentais para todas as brasileiras e todos os brasileiros que lutam por inventar e reinventar a civilização sem barbárie!

Referência

BLOCH, March. *Apologia da história ou o ofício do historiador*. Rio de Janeiro: Zahar, 2001.

CANDIDO, Antonio. A Revolução de 1930 e a cultura. *Novos Estudos do Cebrap*, n. 4, abr. 1984.

FERNANDES, Florestan. *Educação e sociedade no Brasil.* São Paulo: Dominus, 1966.

FERNANDES, Florestan. *Universidade brasileira: reforma ou revolução?* São Paulo: Alfa-Ômega, 1975.

FERNANDES, Florestan. *A sociologia no Brasil.* Contribuição para o estudo de sua formação e desenvolvimento. Petrópolis: Vozes, 1986a.

FERNANDES, Florestan. *Nova república?* 3.ed. Rio de Janeiro: Zahar, 1986b.

FERNANDES, Florestan. *O desafio educacional.* São Paulo: Cortez/Autores Associados, 1989.

FERNANDES, Florestan. *A revolução burguesa no Brasil.* 5. ed. São Paulo: Globo, 2006.

FERNANDES, Florestan. *Que tipo de República?* 2. ed. São Paulo: Globo, 2007.

FERNANDES, *Apontamentos sobre a teoria do autoritarismo.* São Paulo: Expressão Popular, 2019.

NETTO, José Paulo. A recuperação marxista da categoria de revolução. *In*: D'INCAO, M. A. (org.). *O saber militante.* Ensaios sobre Florestan Fernandes. São Paulo: Paz e Terra: 1987.

SANTIAGO, Silviano. Cabo das tormentas. *In*: ROSA, João Guimarães *Grande Sertão*: veredas. São Paulo: Companhia das Letras, 2019.

SILVEIRA, Heloisa Fernandes. Chaves do exílio e portas da esperança. São Paulo: *Jornal da USP*, 2020. Disponível em: https://jornal.usp.br/cultura/chaves-do-exilio-e-portas-da-esperanca/ . Acesso em: 17 jun. 2021.

SZYMBORSKA, Wislawa. *Poemas.* São Paulo: Companhia das Letras, 2011.

NOTAS SOBRE O TEMA "REVOLUÇÃO BURGUESA NO BRASIL" NO PENSAMENTO SOCIAL DE FLORESTAN FERNANDES

Diogo Prado Evangelista[1]

O conceito de revolução burguesa no Brasil

O tema revolução burguesa e contrarrevolução no Brasil encontra na obra *A revolução burguesa no Brasil*, de Florestan Fernandes, publicada em 1975, uma das grandes referências teóricas no pensamento social brasileiro. Esta obra se divide em dois momentos na exposição e investigação sociológica do autor. Em um primeiro momento, a obra apresenta o resultado das incursões de Florestan Fernandes sobre os problemas estruturais e históricos da realidade brasileira,[2] localizada na primeira parte – *As origens da revolução burguesa* – e na segunda– *A formação da ordem social competitiva*. Em um segundo momento, aparece um novo ponto de partida na análise de Florestan Fernandes sobre a revolução burguesa e capitalismo dependente no Brasil,[3] localizada na terceira

[1] Professor adjunto no curso de graduação em Serviço Social na Universidade Federal dos Vales do Jequitinhonha e Mucuri.

[2] Destacam-se as seguintes obras anteriores de Florestan Fernandes: *Brancos e negros em São Paulo*, publicado em 1959; *Mudanças sociais no Brasil*, publicado em 1960; *A integração do negro na sociedade de classes*, publicado em 1965; *Sociedade de classes e subdesenvolvimento*, publicado em 1968.

[3] Destacam-se as seguintes obras que correspondem a este novo ponto de partida da investigação de Florestan Fernandes: *Capitalismo dependente e classes sociais na América Latina*, publicado em 1973; *Circuito fechado*, publicado em 1976; *Da*

parte – *Revolução burguesa e capitalismo dependente.* Esta duplicidade se explica pela vinculação da obra supracitada com os desafios concretos da sociedade brasileira, demarcada principalmente, pelo golpe civil-militar de 1964.

Na nota explicativa à primeira edição, Florestan Fernandes expõe os três momentos distintos na redação deste ensaio sociológico, 1966, 1973 e 1974. De início, a obra pretendia esclarecer as forças sociais que levaram ao golpe civil-militar de 1964, ou melhor, nos termos de Florestan Fernandes (1976, p. 3), "[...] dar uma resposta intelectual à situação política que se criara com o regime instaurado em 31 de março de 1964."

Entretanto, a investigação sociológica de Florestan Fernandes transpõe os objetivos iniciais e apreende as tendências e contradições dos "anos de chumbo" no Brasil, ao mesmo tempo, contribuindo para a busca de uma alternativa societária a história brasileira. Nas palavras de Florestan Fernandes (1976, p. 10):

> [...] Se a revolução burguesa no Brasil tem algum mérito, ele está aí, pois o livro traduz o que entendo por sociologia diferencial e como gostaria de vê-lo cultivada por outros sociólogos. De outro lado, não desvinculei a sociologia da pressão inexorável dos desafios que encadeiam presente e futuro. Não está ao meu alcance criar uma sociedade ideal. Contudo, está ao meu alcance descrever o que, na sociedade existente, não é ideal para nenhuma espécie de existência humana em sociedade. Ora, essa descrição não pode ser nem tão 'abstrata' e 'formal' nem tão 'estrutural' e 'geral' que as palavras percam o sentido da linguagem comum. Os que não gostam de controvérsia sofrem com isso. Os que procuram a controvérsia como artifício do progresso do pensamento criador ficam encantados. A minha perspectiva não vai tão longe: trata-se de equacionar, sociologicamente, a negação de um presente indesejável.

guerrilha ao socialismo, publicado em 1979; *Apontamentos sobre a "teoria do autoritarismo"*, publicado em 1979; *Brasil, em compasso de espera*, publicado em 1980; *Poder e contrapoder na América Latina*, publicado em 1981; *O que é revolução*, publicado em 1981.

Nestes termos, a obra pretende inspirar a "negação" do "presente indesejável" em suas raízes e contribuir na prática revolucionária de realizar o futuro, abrir as lacunas de um caminho interditado por esta correlação estrutural entre "revolução burguesa" e "contrarrevolução prolongada" no país. Desde o início, Florestan Fernandes expõe este antagonismo entre a revolução burguesa no Brasil em suas diversas formas de contrarrevolução defensiva.

Nas primeiras páginas do capítulo 7 – "O modelo autocrático-burguês de transformação capitalista" –, Florestan Fernandes (1976) reconhece o fluxo histórico da contrarrevolução no Brasil como parte do processo de "luta do capitalismo pela sobrevivência". Este aspecto global remete a um projeto contrarrevolucionário para prevenir qualquer possibilidade de liberação nacional das novas colônias ou "países satélites" e, principalmente, barrar o avanço geográfico e estratégico de forças socialistas na América Latina. Este programa contrarrevolucionário encontra sua origem e desdobramento no interior dos próprios países imperialistas, principalmente nos EUA dos anos 1960 e 1970. Em outros termos, a contrarrevolução prolongada torna-se condição substancial para a acumulação de capital monopolista diante de uma crise estrutural que se anunciava. Diante disso, Florestan Fernandes demonstra que a contrarrevolução defensiva da "burguesia brasileira", desencadeada a partir do golpe empresarial-militar de 1964, é parte constitutiva da equação geral do capitalismo monopolista. Paradoxalmente, o fluxo de contrarrevolução resultou em profundas "transformações capitalistas" que modificaram a vida social brasileira, tornando-se, assim o equivalente histórico da própria revolução burguesa no Brasil. Porém, antes de apresentar algumas conclusões apressadas, cabe neste momento perguntar: o que Florestan Fernandes compreende como revolução burguesa no Brasil? "Na acepção em que tomamos o conceito, revolução burguesa denota um conjunto de transformações econômicas, tecnológicas, sociais, psicoculturais e políticas que só se realizam quando o desenvolvimento capitalista atinge o clímax de sua evolução industrial. [...]" (Fernandes, 1976, p. 203).

Importante sublinhar a relação deste "conjunto de transformações" com a "evolução industrial". Porém, o que torna estas transformações uma revolução tipicamente burguesa? "[...] Há, porém, um ponto de partida e um ponto de chegada, e é extremamente difícil localizar-se o momento em que essa revolução alcança um patamar histórico irreversível, de plena maturidade e, ao mesmo tempo, de consolidação do *poder burguês* e da *dominação burguesa*. [...]" (grifos do autor, Fernandes, 1976, p. 203). Como podemos observar, o aspecto típico da revolução burguesa deste conjunto de transformações diz respeito à origem e concretização do "poder burguês e da dominação burguesa". Por exemplo, as "transformações econômicas" da revolução burguesa modificaram as relações de poder e exploração das classes possuidoras no Brasil, numa desagregação social que resulta num típico "poder burguês", nos seguintes termos: um poder que se estabelece pela expansão e autonomia das relações sociais monetárias, nas quais o poder estabelecido pelo domínio pessoal de estamentos, senhor-escravo etc. são subordinados e até mesmo suprimidos ao "poder do dinheiro". A revolução burguesa transforma radicalmente as relações de dominação de classe, ao estabelecer, nas transformações "sociais, psicoculturais e políticas", a dominação tipicamente burguesa, ou seja, a formação e elevação da classe burguesa como classe dominante em um país. Em resumo, a análise da revolução burguesa no Brasil corresponde a este "conjunto de transformações" que encontra seu ponto crucial na "evolução industrial" e na concretização do "poder burguês" e da "dominação burguesa".

Estas transformações capitalistas estabelecem um novo ordenamento social, econômico e político. Neste caso, Florestan Fernandes reconhece esta típica ordem burguesa com o processo de "emergência" e "expansão" da "ordem social competitiva", que encontra na esfera urbano-industrial o nicho de concretização do "poder burguês" e da dominação burguesa. Por isso, é importante destacar a correlação entre a "emergência e expansão" da ordem social competitiva e a industrialização.

Como estes aspectos se desenvolveram na sociedade brasileira? Aqui se encontra a demarcação dos momentos históricos importantes para apreender a "origem", "desencadeamento" e "concretização da revolução burguesa":

> [...] A situação brasileira do fim do Império e do começo da República, por exemplo, contém somente os *germes* desse poder e dessa dominação. O que muitos autores chamam, com extrema impropriedade, de crise do poder oligárquico não é propriamente um 'colapso', mas o *início* de uma transição que inaugurava, ainda sob a hegemonia da oligarquia, uma *recomposição das estruturas do poder*, pela qual se configurariam, historicamente, o poder burguês e a dominação burguesa. Essa *recomposição* marca o *início da modernidade*, no Brasil, e praticamente *separa* (com um quarto de século de atraso, quanto às datas de referência que os historiadores gostam de empregar – a Abolição, a Proclamação da República e as inquietações da década de 20), a '*era senhorial*' (ou o *antigo regime*) da '*era burguesa*' (ou a *sociedade de classes*). (Fernandes, 1976, p. 204, grifos nossos)

Diante disso, ficam explícitos as referências e os marcos históricos da revolução burguesa no Brasil.

Primeiro momento histórico, os "germes" ou embriões do poder burguês e da dominação burguesa se localizam na abolição da escravatura (1888) e na instauração da república (1989), embora Florestan Fernandes analise e reconheça que as determinações econômicas e sociais já estavam vigentes desde a independência política do Brasil

(1822), com destaque para a formação do Estado nacional escravocrata e a "emergência e expansão do mercado moderno".[4]

Segundo momento, a "recomposição das estruturas do poder" oligárquico na década de 1930, reconhecido por Florestan Fernandes como transição e início da "era burguesa" no Brasil. Vale a pena ressaltar o período de transição histórica e societária de meados do século XIX até os anos 30 do século XX como período que possibilita a análise da particularidade da formação da classe burguesa no Brasil. Neste período de transição, a expansão da ordem social competitiva, principalmente com a emergência do setor urbano-industrial, resultou em um processo de desagregação da democracia restrita do poder oligárquico, onde atinge o ápice e ruína na crise econômica e política de 1929 a 1932. De acordo com Florestan Fernandes, esta crise econômica e política não significava o colapso da dominação oligárquica de poder, mas a "recomposição" da mesma em uma metamorfose para a dominação burguesa, isto é, o início da revolução burguesa no Brasil. A análise deste processo histórico torna-se crucial para explicar a formação do capitalismo dependente e a particularidade da revolução burguesa no Brasil, posto que nesta recomposição do poder político e econômico se estabelece o poder burguês e a dominação burguesa no país.[5]

Terceiro momento, a concretização da revolução burguesa no Brasil pela via do golpe empresarial-militar de 1964, em que estabelece a unidade do conjunto de transformações capitalistas e a dominação burguesa no Brasil, por via da contrarrevolução pre-

---

[4] O estudo detalhado deste período histórico está disponível no capítulo 2 – "As implicações socioeconômicas da independência" – e na seção "Emergência e expansão do mercado capitalista moderno" do capítulo 6 – "Natureza e etapas do desenvolvimento capitalista".

[5] A investigação sociológica de Florestan Fernandes deste período histórico e demarcações cruciais da revolução burguesa no Brasil se encontra nos seguintes capítulos da obra *Revolução burguesa no Brasil*: capítulo 5 – "A concretização da revolução burguesa" – e capítulo 6 – "Natureza e etapas do desenvolvimento capitalista".

ventiva e prolongada. Em outros termos, a "revolução autocrático-burguesa" de transição do "capitalismo competitivo dependente" para o "capitalismo monopolista dependente" no país.

> Entre os povos de origem colonial, o Brasil é o que representa melhor esse modelo histórico de revolução autocrático-burguesa. Nele, a militarização do poder estatal serviu de fulcro à reaglutinação e à reorientação da dominação burguesa, adaptando-se às complexas e drásticas exigências de uma rápida transição para o capitalismo monopolista, sob impulsão e controle econômicos externos. O crescimento capitalista foi acelerado até o ponto do 'milagre econômico'; e a estabilidade política foi lograda, por sua vez, em limites de 'quase' estagnação (não se trata de uma estagnação real apenas porque os dinamismos políticos que interessam às classes dominantes são muito fortes, em contraste com os dinamismos políticos que interessam às classes assalariadas e às classes marginalizadas ou excluídas, que são muito débeis e foram sufocados). Dificilmente se poderia conceber (ou encontrar) melhor ilustração empírica da mencionada dissociação entre dinamismos econômicos e dinamismos políticos do desenvolvimento capitalista. [...]. (Fernandes, 1995, p. 135)

Diante disso, o conceito de Florestan Fernandes sobre a revolução burguesa no Brasil se opõe à aplicação mecanicista de fórmulas e modelos "clássicos" da revolução burguesa.

> Essa pesquisa teórica deve começar por estabelecer com a maior precisão e objetividade o quadro histórico específico, sem impor-se, ingenuamente, a ambição de criar uma teoria 'independente', 'válida só para si mesma'. Na verdade, o capitalista está aí, presente e estuante. O que se precisa explicar é sua evolução em quadros particulares, que não levam à 'revolução burguesa' clássica, nem ao Estado representativo democrático burguês ou à autonomia nacional. Se é *preciso romper com o 'modelo clássico'*, isso é necessário para compreender-se o capitalismo da periferia e aonde ele conduz. *Estamos diante da 'revolução burguesa'* (se entendemos o termo de uma perspectiva estrutural): mas de uma revolução burguesa que, ao atingir o clímax, é tão instrumental para a aceleração do crescimento capitalista quanto para a intensificação do imperialismo. (Fernandes, 1995a, p. 142, grifos nossos)

Por isso, Florestan Fernandes refuta qualquer concepção dualista de polos extremos entre revolução burguesa e contrarrevolução; neste caso, encontra a unidade no título do capítulo já mencionado: "modelo autocrático-burguês de transformação capitalista" ou, simplesmente, revolução autocrático-burguesa.

Para Florestan Fernandes, esta concepção dualista da revolução burguesa no Brasil oculta, inverte e deforma a análise sobre o problema do capitalismo dependente e subdesenvolvimento. O capitalismo dependente no Brasil, considerado como capitalismo atrofiado, somente emerge e avança a partir da dinâmica e modelo de acumulação do capital monopolista. Neste sentido, o subdesenvolvimento não é simples ausência de desenvolvimento econômico, mas resultado estrutural do *desenvolvimento desigual interno* e a *dominação imperialista externa*. Neste sentido, concluímos esta primeira seção com as palavras de Florestan Fernandes (1976, p. 318):

> A interpretação que apresentamos procura fugir a certas distorções analíticas, que o radicalismo burguês, o socialismo reformista e mesmo um socialismo revolucionário mecanicista introduziram na compreensão da revolução burguesa nas nações capitalistas da periferia. Não tentamos descrever as relações da dominação burguesa com a transformação capitalista em função de supostos 'determinantes universais'. Evitamos, também, o falso problema correlativo – 'por que a história não se repetiu?'. Diante dessas duas orientações interpretativas, opusemos a busca de conexões específicas da dominação burguesa com a transformação capitalista *onde* o desenvolvimento desigual interno e a dominação imperialista externa constituem realidades intrínsecas permanentes, apesar de todas as mudanças quantitativas e qualitativas do capitalismo.

O "desenvolvimento desigual interno" e os "padrões de dominação externa"

Desde o período colonial, as mudanças e transformações sociais na nossa região latino-americana foram desencadeadas pelos interesses, necessidades e movimentos externos. Este fato histórico se explica pelos "padrões de dominação externa" e, obviamente, a dependência das colônias de exploração às necessidades e interesses das metrópoles diretas e indiretas (Fernandes, 1975). Porém, o sistema colonial não se reduz à pilhagem e à espoliação das metrópoles sobre as colônias de exploração das riquezas mercantis, mas também a uma organização social interna das colônias, que se configuraram num modo específico de produção fundada na exploração da força de trabalho escrava e em sua atividade produtiva na terra (mineração e agricultura). De acordo com Florestan Fernandes (2010), na exploração da força de trabalho escrava se forma um ordenamento social senhorial e escravocrata, cujo resultados e consequências históricos persistem na atualidade.

A partir desta equação entre dominação externa das metrópoles diretas e indiretas e a formação social específica das colônias de exploração, compreende-se a articulação entre o "desenvolvimento desigual interno" e a "dominação imperialista externa", posto que esta equação originária corresponde a um "estatuto" social e cultural intransponível sem um processo concreto e definitivo de "descolonização" (Fernandes, 1995a).

É importante frisar o termo *articulação* usado para analisar os processos históricos de "desenvolvimento desigual interno" e os "padrões de dominação externa", posto que nesta articulação se elucida a reciprocidade das determinações sociais e econômicas das forças sociais externas e as forças sociais específicas de cada país da América Latina, inclusive para explicar os momentos de crises conjunturais e/ou de caráter estruturais que abrem oportunidades históricas para mudanças e perspectivas societárias nesta região.

Como se sabe, as revoluções econômicas, políticas e societárias dos países da Europa Ocidental alteraram substancialmente os rumos históricos das colônias de exploração no continente americano. Estamos nos referindo à revolução industrial inglesa (1780/1830) e à revolução francesa (1789/1815). Estas revoluções modificaram as exigências e interesses econômicos das matérias--primas para industrialização inglesa, tais como o algodão, associado à crise econômica portuguesa e seu enfraquecimento no domínio das colônias de exploração, que obteve um novo respiro na descoberta de ouro no Brasil Colônia. Os interesses e atenções da metrópole direta (Portugal) e indireta (Inglaterra) sobre o Brasil Colônia resultaram em um processo de desagregação social dos privilégios e prestígio social do ordenamento senhorial-escravocrata. Em resumo, desde a segunda metade do século XVIII, as metrópoles impuseram mudanças sociais e econômicas às colônias de exploração, desagregando as formas de dominação-exploração anteriores. Esta desagregação resultou em conflitos internos e descontentamentos, que foram amortizados pela fragilidade dos senhores de enfrentarem abertamente as interferências externas. Esta fragilidade se explica tanto pelo modo de exploração da força de trabalho quanto pelos requisitos sociais, psicológicos e culturais que determinaram o lugar privilegiado e dominante dos senhores, isto é, a escravidão. Ou melhor, o escravo como "inimigo público" da ordem social.

> [...] Trata-se de uma montagem política perfeita, que ainda hoje aparece como uma pequena obra-prima. Quisesse ou não, o senhor colonial era o 'parceiro válido' da Coroa e, em última instância, o verdadeiro sustentáculo do império no Brasil. Ao movimentar as contradições inerentes ao antigo sistema colonial 'dentro da ordem', ele favorecia, inevitavelmente, e fortalecia a Coroa. Por sua vez, a própria estrutura e as contradições inerentes à ordem escravocrata e senhorial paralisavam o senhor colonial em tudo que dissesse respeito às contradições do mesmo sistema que só pudessem ser enfrentadas e resolvidas 'contra a ordem'. A massa de escravos, de libertos e de mestiços pobres erguia *o fantasma de uma rebelião geral*, que poderia muito bem ter como estopim o 'inimigo doméstico' que era, ao mesmo tempo, o 'inimigo público'. Em si mesmo, para os estamentos senhoriais (ou para a chamada aristocracia colonial) *esse risco era muito mais temível e indesejável* que o pleno

> funcionamento do antigo sistema colonial. [...]. (Fernandes, 2010, p. 52, grifos nossos)

O "fantasma de uma rebelião geral" que colocasse em "risco" todas as bases de exploração-dominação deste "circuito fechado" expressa tanto os becos sem saída do "congelamento da descolonização" quanto a subjetividade da elite brasileira. Por isso, as mudanças e transformações forçadas de fora para dentro, desde o Brasil Colônia, encontra o seu "ponto morto" na adaptação destes senhores e na reprodução de requisitos mínimos para manter-se no centro de decisões internas na colônia. Nisto resiste um "desenvolvimento desigual interno" das mudanças e transformações com a incorporação do "estatuto colonial", o que já demonstra a articulação com os "padrões de dominação externa".

Este "desenvolvimento desigual interno" diz respeito ao processo de formação econômica do capitalismo, mas também à peculiaridade da revolução burguesa no Brasil. E, como vimos, no período embrionário da formação da classe burguesa no Brasil se evidencia esta articulação entre as mudanças oriundas de dominação externa e as adaptações em todos os níveis das "classes possuidoras de bens", tais como os grandes fazendeiros de café no deslocamento geográfico e político do centro de decisões para esfera urbano-comercial, vinculada com a formação do Estado nacional, precisamente o eixo Rio-São Paulo.

O desenvolvimento desigual interno expressa as reações e adaptações da sociedade brasileira aos movimentos históricos de mudanças de fora para dentro que colocaram novos requisitos econômicos e institucionais na dinâmica cultural e política do país. Porém, estas "transformações capitalistas" desagregavam o circuito fechado das classes dominantes, o que em última instância significava a redução do espaço de controle e decisões. Em resposta a esta desagregação, a elite brasileira sempre optou por incorporar estas mudanças e garantir, minimamente, vantagens econômicas, políticas e sociais diante do "fantasma da rebelião geral". Esta incorporação das elites não se dá mecanicamente pela transplantação dos padrões sociais e econômicos de fora para dentro, mas também se efetiva pela reiteração das formas de dominação-exploração anteriores no equacionamento destas mudanças sociais.

Cabe aqui enumerar alguns exemplos históricos em que emerge esta análise sociológica de Florestan Fernandes. A independência política do Brasil traz consigo três polos de desagregação social do "antigo regime": 1) Estado nacional; 2) ordem social competitiva; 3) classe burguesa.

O Estado nacional brasileiro. De um lado, a formação do Estado nacional corresponde a uma revolução política de centralização do poder e de um liberalismo econômico para o controle relativo do país sobre os negócios do "alto comércio" de importação-exportação. Neste sentido, o Estado nacional desagrega as formas segmentadas e esparsas de dominação-exploração do ordenamento senhorial-escravocrata que se formou em todo interior regional do Brasil Colônia. E, assim, significou a retirada da drenagem direta da metrópole portuguesa sobre os negócios de importação-exportação, porém comprometida com os novos nexos de dependência e dominação externa, precisamente pela via indireta do mercado mundial (neocolonialismo). Por outro lado, o Estado nacional incorpora e se adapta às formas de dominação do circuito fechado anterior, ao trazer o patrimonialismo na esfera pública, ao reproduzir o circuito fechado de dominação política dos "cidadãos válidos" e seus interesses no interior do Estado nacional deixando, assim, de fora deste circuito a maior parcela da população brasileira, cujo resultado é a formação de uma "democracia restrita", fundada sobre a base e pilares do patriarcado e da segregação social no país.

A ordem social competitiva. A dinâmica específica do ordenamento social competitivo significa um processo de classificação social de indivíduos, grupos e classes sociais a partir da esfera do mercado ou das relações sociais monetárias. Para a maior parcela da população brasileira, a sua classificação social se dá pela venda da força de trabalho e sua reprodução vital a partir do que o salário pode comprar, isto é, o trabalho assalariado. Estes dois aspectos entram frontalmente em conflito e oposição à apropriação e ao consumo da força de trabalho escrava, o que leva, portanto, à desagregação social. Porém, a emergência e desenvolvimento do mercado moderno capitalista no século XIX se efetiva somente a partir da acumulação originária de capital, oriunda da exploração da força de trabalho escrava, cujo valor agregado e realizado se materializa no setor de agroexportação, tal como o café. Este "enlace" entre a esfera urbano-comercial e a agroexportação demonstra como as mudanças de fora para dentro se conformam na particularidade social brasileira. A emergência e expansão dos centros urbanos, as instituições bancárias e mercantis, por exemplo, se realizaram às custas do "congelamento da descolonização" na área rural, na paralisação da reforma agrária. O "circuito fechado" da ordem senhorial e escravocrata se modificou e, ao mesmo tempo, se repôs na restrição e elitização do mercado interno e na referência histórica do grau de exploração da força de trabalho, a escravidão. Desta maneira, se efetiva uma equação estrutural da sociedade brasileira, posto que os trabalhadores encontram barreiras e limites para se classificarem no mercado interno, e isto como via de manutenção dos privilégios e prestígio social da elite brasileira, principalmente pelo grau de exploração da força de trabalho balizado pelo mínimo de necessidades sociais a serem satisfeitas no consumo individual. Nisto reside os pilares da segregação social, do subdesenvolvimento e da concentração/monopólio da renda, propriedade e prestígio social. Por último, a ordem social competitiva encontra seu ponto morto ou atrofiado pelos próprios interesses dos países imperialistas em propiciar mudanças somente para estabelecer novos nexos de dependência econômica.

A formação da classe burguesa no Brasil

Como vimos até aqui, as mudanças e transformações capitalistas são forjadas e determinadas de fora para dentro para criar novos nexos de dependência econômica e resultaram em desagregação do ordenamento social anterior. Desta maneira, não surge no interior do período colonial até a independência política um grupo, estamento ou classe social que se oponha ao "estatuto colonial". Enfim, os elementos capitalistas de dominação-exploração da força de trabalho provêm de uma dominação externa das metrópoles europeias. Então como surge a classe burguesa no Brasil? De acordo com Florestan Fernandes (1976, p. 116-123), as forças desagregadoras da ordem senhorial-escravocrata impuseram às elites brasileiras o desafio de incorporar e adaptar-se às mudanças sociais em curso. Isto exigiu um deslocamento dos grandes fazendeiros e senhores de terra para os centros urbanos, a ocupação pela via de representatividade política no interior do Estado nacional e mudanças no comportamento social e cultural, próprios da vida urbano-comercial. Este processo resultou em um aburguesamento destes senhores de terra, dos grandes fazendeiros, em seus costumes e hábitos, na organização política de dominação e, principalmente, pela via de exploração econômica para garantir a acumulação de capital, mas também uma conformação desta vida social burguesa aos padrões de dominação-exploração anteriores. Este último aspecto torna-se decisivo para a transformação de grupos e classes intermediárias que representavam o "espírito burguês" em uma reprodução das formas de dominação anteriores, precisamente neste período de 1888 a 1930. Porém, a classe burguesa somente atinge a forma de "integração horizontal" de "solidariedade de classe" a partir do golpe empresarial-militar de 1964 no Brasil.

Em todo este percurso histórico, a crescente polarização da classe burguesa se efetivou às custas da população trabalhadora no Brasil, com mecanismos e estratégias econômicas, culturais e políticas para inibir a formação da classe trabalhadora em si. Pelas vias de restrição e segregação social – desde as relações monetárias do mercado até a democracia restrita do Estado de Direito – a elite brasileira se polariza como classe burguesa, o que torna evidente o aspecto estratégico do "desenvolvimento desigual interno" e sua "associação dependente aos países imperialistas" para concretizar o "poder burguês" e a "dominação burguesa" no país.

A revolução autocrático-burguesa no Brasil e o imperialismo total

Para explicar os motivos e razões que levaram ao golpe civil-militar de 1964 no Brasil, Florestan Fernandes (1976, p. 256) destaca a necessidade dos países imperialistas de "[...] transformar o controle econômico segmentar em um desenvolvimento capitalista-monopolista [...]". Importante observar que o controle econômico das grandes corporações pela via segmentar se realizou a partir da exportação de bens de capitais, técnicos e instituições sociais vinculadas às exigências econômicas da indústria substituidora de importações, mas também aos setores de serviços vinculados à urbanização no país. Nos anos de 1950, esta "irrupção segmentada do capitalismo monopolista" atinge o ápice da industrialização, inclusive no interior do Estado nacional, com investimentos e parcerias estrangeiras nos setores de energia, comunicação e transporte. No entanto, as novas determinações de acumulação de capital monopolista exigiam novos nexos de dependência econômica. Esta pressão externa dos países imperialistas contribuiu decididamente para tornar a instabilidade política, econômica e social dos anos 1950 e 1960 em uma "crise do poder burguês" no Brasil.

As pressões internas estavam vinculadas aos limites do "circuito fechado" diante do desenvolvimento do capitalismo dependente que abria possibilidades efetivas de abertura da democracia restrita para uma forma ampliada, assim como nas necessárias reformas estruturais no país. Estes dois aspectos expressam a crescente diferenciação do regime de classes que encontrou barreiras em diversos momentos na história brasileira, tais como os limites da integração política do Estado de Direito e a restrição do mercado interno. Em conjunto com a urbanização e a industrialização, se expandem os setores médios e ocorre a emergência de uma proletarização dos trabalhadores no Brasil. Estas forças sociais e econômicas esbarraram nos limites da democracia restrita e no estrangulamento da política econômica nos anos de 1960.

Assim, o desenvolvimento do capitalismo competitivo dependente desembocava num beco sem saída para a burguesia brasileira. Na manutenção do circuito fechado, todo populismo e demagogia de uma frente nacionalista burguesa não desaguava, realmente, em reformas estruturais que pudessem, com isto, romper com a dominação imperialista externa e chegar até o capitalismo autônomo, efetivando uma revolução democrático-burguesa. Em *teoria*, o desenvolvimento do capitalismo competitivo dependente abria as oportunidades históricas para este giro da revolução dentro da ordem burguesa, as "reformas de base"; na *prática*, significava a retirada e superação dos pilares que edificaram a classe burguesa como classe dominante no Brasil. Por isso, as pressões internas não tinham força suficiente para resultar em uma crise do poder burguês. No entanto, a "decisão interna" da alta burguesia brasileira de participar e incorporar o controle direto do imperialismo e estabelecer um padrão de capitalismo monopolista dependente foi significativo para estabelecer a "aceleração histórica" deste processo e colocar o país neste abismo societário.

> A '*decisão interna*' de permitir e, mais do que isso, de facilitar e de acelerar a irrupção do capitalismo monopolista, como uma transição estrutural e histórica, *não possui o mesmo peso econômico* que os dois fatores anteriores. No entanto, *ela é central*. Na ausência, as grandes corporações não contariam com espaço econômico e político para ir tão longe. O que quer dizer que continuariam indefinidamente presas à operação de controles econômicos segmentares, intrínsecos à sua participação na vida econômica do País (o que não as impediria de retirar o melhor quinhão do crescimento econômico interno) [...]. (Fernandes, 1976, p. 257-258, grifos nossos)

O estabelecimento do padrão de capitalismo monopolista no Brasil significava uma reestruturação econômica, geográfica, cultural, política, social e estatal nunca vista no país, cuja centralidade reside no estabelecimento de fontes de controle e domínio das grandes corporações monopolistas nas entranhas da vida social brasileira. A possibilidade de barrar este processo exigiria da burguesia brasileira a destruição dos pilares da concentração de seus privilégios, renda etc. E, mais do que isto, deixar escapar de seus domínios os rumos da história brasileira. Por outro lado, as exigências das grandes corporações correspondiam à diminuição de espaço político e econômico, seja para as decisões internas, seja para a apropriação do excedente econômico. Portanto, a decisão interna garantiu, provisoriamente, a permanência de algumas cadeiras na mesa de negócios.

> [...] Se tudo ficasse, pura e simplesmente, ao arbítrio das grandes corporações e dos interesses econômicos ou políticos das nações hegemônicas, burguesia e Estado nacional perderiam, ao mesmo tempo, os anéis e os dedos. Estariam trabalhando não por uma nova transição econômica dentro do capitalismo, passível pelo menos de controle político interno, porém por uma reversão colonial ou neocolonial insofreável. (Fernandes, 1976, p. 259)

Paradoxalmente, esta "decisão interna" da burguesia brasileira levou a cabo a concretização da revolução burguesa, mesmo sob uma profunda e estrutural dependência econômica. Ao mesmo tempo que a alta burguesia brasileira perdia alguns "anéis" para ficar com os "dedos", se voltava contra as forças sociais internas que lutavam por uma ampliação da democracia restrita e por "reformas de base", o que permitiu à burguesia transformar o Estado em seu comitê executivo, ficando às claras uma ditadura de classe. Este conjunto de forças da burguesia brasileira e do imperialismo estadunidense possibilitou aos setores da classe dominante a realização das transformações estruturais capitalistas pela via de uma nova modalidade de revolução burguesa, a revolução autocrático-burguesa. A burguesia brasileira aprendia as lições históricas que a levaram à crise do poder burguês e também superava as ilusões de constituir um capitalismo autônomo e as utopias de uma revolução democrático-burguesa.

A revolução autocrático-burguesa realizava a "aceleração da história" brasileira pela via do "imperialismo total", em que conseguiu realizar as seguintes transformações capitalistas: a) uma integração nacional do mercado interno, impulsionado pelas mercadorias e produção das grandes corporações multinacionais no interior do país; b) expansão e unidade nacional pela via das novas instituições do Estado nacional em todo território brasileiro, tal como, o Instituto Nacional de Previdência Social (INPS); c) reformas tributárias e fiscais que facilitaram a entrada das grandes corporações e a drenagem do excedente econômico para fora do país; d) reformas nas áreas da educação, saúde, legislação trabalhista etc.; e) reformas na segurança nacional, vinculando as forças armadas militares com as forças de segurança civil interna do país. Em resumo, o conjunto de reformas e transformações na sociedade brasileira colocava o país em um profundo fosso de dependência e vulnerabilidade em relação à dinâmica do capitalismo mundial, principalmente à mercê das válvulas de escape das crises econômicas e sociais dos países imperialistas.

Desta maneira, a história brasileira estava fechada para as possibilidades das revoluções dentro da ordem, tais como a revolução nacional e a revolução democrática. Segundo Florestan Fernandes, estas revoluções dentro da ordem tornam-se mediações e pré-requisitos de transição socialista, por isso, revoluções que se tornam, pela especificidade brasileira, em uma revolução contra a ordem – o que revela a inviabilidade de ampliar e aprofundar a democracia e romper com o imperialismo pela via pacífica de ampliação de direitos, participação nas eleições etc. Isto se torna cada vez mais evidente na investigação sobre os mecanismos da contrarrevolução prolongada no período da ditadura. Dentre estes mecanismos, Florestan Fernandes destaca a "estrutura política da autocracia burguesa" e sua institucionalização com a "democracia de cooptação". Vale a pena ressaltar que esta "estrutura política da autocracia burguesa" resulta em uma instabilidade social e desgaste político diante da crescente diferenciação do regime de classes no Brasil. No entanto, isto não é o bastante para a sua supressão; ao contrário, a sociedade brasileira aprenderá a conviver com e sobreviver às crises econômicas e à barbárie social.

Mas em que consiste esta "estrutura política da autocracia burguesa"?

Primeiro, em uma composição e "[...] aliança de classes possuidoras dotadas de força desigual [...]" (Fernandes, 2011, p. 166). No período da ditadura, estas forças desiguais se organizavam, minimamente, em três "protagonistas": a) na concentração e monopólio de forças econômicas e políticas das "[...] multinacionais, a burguesia financeira, a grande indústria [...]"; b) nas forças estratégicas dos "[...] grandes tecnocratas civis ou militares e os *grandes eleitores* do regime [...]"; c) as forças intermediárias do "[...] comércio agrário ou agroindustrial, o industrial de pequeno ou médio porte etc., a pequena burguesia, as classes médias 'tradicionais', o pequeno e médio comércio em geral [...]" (Fernandes, 2011,

p. 167). E, por último, correndo por fora destas forças sociais da classe burguesa e dos setores médios, a crescente proletarização da população trabalhadora e suas organizações políticas. De acordo com Florestan Fernandes (2011, p. 167), esta composição de "forças desiguais" põe e repõe momentos de instabilidades sociais e políticas, conflitos sociais etc., principalmente na inviabilidade de enfrentar e resolver os "problemas sociais" do Brasil. Ao contrário, com este novo padrão de dominação imperialista, todas as esferas da vida social brasileira naufragam dos mares tempestivos das grandes corporações e seus correspondentes países hegemônicos no mercado mundial.

Segundo, uma "composição sincrética" de um "Estado autocrático-burguês", com diversas facetas correspondentes à composição de classes. Florestan Fernandes destaca as seguintes facetas: a) "faceta democrática", que renova a democracia restrita para a composição dos diversos setores sociais em defesa da ordem burguesa; b) "face autoritária", que tem a função de preencher os "vazios econômicos", organizar um conjunto de mecanismos institucionais para garantir a acumulação de capital e proteger, pela via legislativa, a drenagem do lucro obtido para as grandes corporações, enfim, fortalecer a "economia de monopólio"; c) "[...] face fascista, vinculada à coexistência de uma ordem constitucional e legal ritualizada e de uma ordem institucional efetiva, pela qual o despotismo de classe deixa de ser uma 'emergência' e passa a ser uma *necessidade fundamental do equilíbrio político*) [...]". (Fernandes, 2011, p. 166-167, grifos do autor)

Esta "estrutura política da autocracia burguesa" sofre um desgaste político e social a partir da crise do "milagre econômico" e todas as manifestações políticas e sociais dos antagonismos de classes em meados de 1970. Este desgaste político colocou, para autocracia burguesa, o problema da transição e retorno a uma normalidade institucional-legal do Estado de Direito. Para alguns, esta transição poderia romper com esta "estrutura política" pela via de uma constituição que ampliasse a democracia burguesa, em uma legislação social e trabalhista abrangente. No entanto, as mudanças e transformações na vida cultural, econômica, política e social no Brasil criaram uma base de poder burguês, contrarrevolução que tornou-se estrutural dentro da ordem burguesa vigente. Esta contrarrevolução prolongada retroalimenta, desde então, formas sistemáticas de violência dentro e fora do Estado moderno e na capitalização dos meios de comunicação, que propagam formas de consciência e práticas cotidianas reacionárias e ultraconservadoras. Diante deste cenário de desgaste da ditadura do capital monopolista e do enraizamento de sua estrutura do poder político, Florestan Fernandes (1976, p. 363) apreende a seguinte tendência histórica para o Brasil:

> Pode-se concluir, pois, que está em curso uma *dupla 'abertura'*. Ela não leva à democracia burguesa, mas à *consolidação da autocracia burguesa*: 1) por pretender *ampliar e consolidar a democracia de cooptação*, abrindo-a '*para baixo*' e para a dissidência esterilizada ou esterilizável; 2) por querer *definir* o *alcance do poder legítimo* excedente, que deve ser conferido constitucional e legalmente ao *Estado autocrático*. Não se trata de um 'retorno à democracia' autêntica. O que as classes burguesas procuram é algo muito diverso. Elas pretendem *criar condições normais* para o funcionamento e o crescimento pacíficos da ordem social convulsionada, que se achava estabelecida antes de 1964 e foi convulsionada em seus fundamentos ideais e revitalizada, em seus fundamentos econômicos, sociais e políticos, pelo desenvolvimento econômico acelerado e pela contrarrevolução preventiva. Nem elas podem ou poderiam ir mais longe. [...]

A "democracia de cooptação" é uma das "facetas" do Estado autocrático-burguês. De acordo com Florestan Fernandes (1976), no interior desta "estrutura política da autocracia burguesa" surge um espaço político crescente para os conflitos e divergências políticas daquela composição de "força desigual" das classes dominantes e dos setores médios da sociedade brasileira. Este espaço "democrático" na ditadura compreende um "sistema de corrupção" que é "intrínseco" ao rito institucional do Estado. O termo "cooptação" corresponde à vinculação orgânica e esclarecida, portanto, consciente de participação e fortalecimento do poder autocrático-burguês. Desta maneira, não se trata de manipulação ou artimanhas para enganar e, assim, cooptar setores divergentes e em conflito com a autocracia burguesa. Ao contrário, os setores de oposição política e divergente identificam neste "sistema político" a possibilidade de adquirir vantagens e realizar, parcialmente, seus interesses sociais e econômicos.

Em meados de 1970, a crescente industrialização dos bens de consumo duráveis e a ampliação do mercado interno do país propiciaram a ascensão do regime de classes e o reaparecimento dos antagonismos sociais, principalmente no colapso do "milagre econômico" e suas consequências, nos anos de 1980. A diferenciação do regime de classes e a proletarização da população trabalhadora brasileira colocou mais um ingrediente para o problema da transição para democracia, isto é, a ampliação do Estado de Direito e a integração política para os de "baixo", o que significa o aprimoramento e expansão da "democracia de cooptação" e todo o seu "sistema político" como forma de integração política das organizações e movimentos sindicais e políticos da classe trabalhadora no Brasil – o que era inédito na história brasileira. A eficácia da "democracia de cooptação" poderia garantir a legitimidade do poder político da autocracia burguesa, seja pelo rito do sufrágio universal, seja pela identidade e solidariedade aos interesses e necessidades dos "protagonistas" dominantes da autocracia burguesa.

De acordo com Florestan Fernandes, esta transição se realizou por algumas barreiras e dificuldades para as classes dominantes; porém, alguns fatos históricos expressam a continuidade e adaptação do poder da autocracia burguesa em uma nova forma política, a democracia de cooptação. Dentre estes fatos históricos, o autor destaca: a Lei de Anistia, em 1979; a derrota do movimento das "Diretas Já!", em 1984; a correlação de forças políticas e sociais da Constituinte de 1986; as eleições presidenciais de 1989; e as tendências de uma reversão neocolonial, apontadas por Florestan Fernandes em 5 de dezembro de 1994, em uma entrevista ao programa Roda Viva da TV Cultura:

> Mas não é preciso levar a imaginação tão longe, porque nós sabemos que esse modelo de desenvolvimento econômico que está sendo posto em prática hoje é um *modelo de alta concentração da riqueza, da cultura e do poder nos países centrais*. Enquanto que a indústria que nasceu da substituição de importações [entre os anos 1930 e 1980] dependia da montagem de uma infraestrutura de montagem econômica – e, embora nós tenhamos comprado fábricas e tecnologias obsoletas, nós estávamos transplantando para o Brasil técnicas de produção que nós não tínhamos –, hoje é muito difícil, quando se considera a tecnologia avançada de hoje, é impossível pensar que os países centrais vão jogar na periferia essa tecnologia. E *os países da periferia* vão ter o seu *papel redefinido*. Eles não vão ser só dependentes: eles vão ter nexos neocoloniais; vai haver uma *interação dialética* entre *dependência* e *nexos neocoloniais* que vão *sufocar* a *capacidade produtiva* original dos países.

Considerações finais

O conjunto de escritos e obras de Florestan Fernandes provoca uma diversidade de reflexões voltadas para a práxis revolucionária que não se limita à peculiaridade regional do país, mas se estende à luta dos povos latino-americanos. Dentre estas reflexões, acredito que Florestan nos convida a um balanço teórico e prático deste ciclo histórico da ditadura civil-militar de 1964 até os dias atuais, em que podemos estabelecer outras referências para compreender a peculiaridade da democracia burguesa no Brasil e retornar ao debate e à pauta da dominação imperialista em nosso país. Por isso, aparece como outro peso e medida para as conquistas sociais dos trabalhadores no interior do Estado de Direito. Outro peso e medida para compreender o comportamento e pensamento da elite brasileira, da classe média e, principalmente, das manifestações heterogêneas do conservadorismo e irracionalismo nos dias atuais. E, definitivamente, compreender que, para os "condenados do sistema", não há alternativa possível na ordem burguesa.

Referências

FERNANDES, Florestan. Padrões de dominação externa na América Latina. *In*: FERNANDES, Florestan. *Capitalismo dependente e classes sociais na América Latina*. 2. ed. Rio de Janeiro: Zahar Editores, 1975.

FERNANDES, Florestan. *A revolução burguesa no Brasil*: ensaio de interpretação sociológica. 2. ed. Rio de Janeiro: Zahar, 1976.

FERNANDES, Florestan. Imperialismo e revolução autocrático-burguesa. *In*: FERNANDES, Florestan. *Em busca do socialismo: últimos escritos & outros textos*. São Paulo: Xamã, 1995. p. 133-138.

FERNANDES, Florestan. Capitalismo dependente e imperialismo. *In*: FERNANDES, F. *Em busca do socialismo: últimos escritos & outros textos*. São Paulo: Xamã, 1995a. p. 139-144.

FERNANDES, Florestan. Como "lutar pela revolução proletária" no Brasil? *In*: FERNANDES, Florestan; PRADO JÚNIOR, Caio. *Clássicos sobre a revolução brasileira*. 4. ed. São Paulo: Expressão Popular, 2005. p. 123-144.

FERNANDES, Florestan. Capítulo 1 – A sociedade escravista no Brasil. In: FERNANDES, F. *Circuito fechado: quatro ensaios sobre o "poder institucional"*. São Paulo: Globo, 2010.

FERNANDES, Florestan. "Revolução e contrarrevolução!" [capítulo 12] *In*: FERNANDES, Florestan. *Brasil em compasso de espera: pequenos escritos políticos*. Rio de Janeiro: Editora UFRJ, 2011. p. 157-176.

FLORESTAN FERNANDES E O TEMA DA ORGANIZAÇÃO POLÍTICA

Ronaldo Pagotto[1]

Introdução

A pintura da realidade permite tantas opções quanto a pintura artística. E a teoria também. Na tensão entre a teoria e a realidade, Florestan foi um mestre. *O que é revolução* e o *Movimento socialista e partidos políticos* são dois textos essenciais e excepcionais, incrivelmente ricos. O primeiro, em particular, é um texto pequeno, mas sobre o qual é possível desdobrar muitas teses por ser fruto de uma sistematização. Nele, Florestan Fernandes nos ajuda a sistematizar o pensamento social e o pensamento revolucionário. O segundo livro também faz uma sistematização, essa mais delicada, talvez mais complexa, de um tema que costuma ter menos relevância no estudo, que é o tema da organização política, sobre o qual ele faz uma síntese excepcional. Como sabemos, esses textos são de 1978 e 1981 – ou seja, foram escritos há quase 40 anos –, e embora muita coisa tenha mudado, as grandes questões seguem praticamente as mesmas. O que Florestan apresenta em *O que é revolução* como características brasileiras, vimos se intensificar. São, portanto, textos muito atuais.

---

1 Advogado, educador da ENFF e militante da Consulta Popular.

O objetivo aqui não é esmiuçar esses textos, tampouco atualizá-los, o que seria um trabalho posterior a um estudo. Faremos uma espécie de voo rasante sobre ela, destacando questões importantes. Ambos são muito sofisticados, o que é inclusive uma característica do Florestan, motivo pelo qual muitos consideram seus escritos difíceis. A complexidade exposta por Florestan, na realidade, reflete a complexidade das relações entrelaçadas e sobrepostas. Seus escritos, portanto, exigem uma leitura cuidadosa. Ele possuía um imenso poder de síntese e, entre tantas de suas grandezas que ainda rendem diversas e merecidas homenagens, ele foi um autor com uma honestidade muito especial, tanto em sua produção teórica, como na vida e na militância. Foi sinônimo de coerência.

O que é revolução, publicado em 1981, na Coleção Primeiros Passos pela editora Brasiliense, é um texto introdutório, mas muito sofisticado, que exige uma leitura paciente. Esses dois textos aqui citados – *O que é revolução* e o *Movimento socialista e partidos políticos* – são de um período em que Florestan estava, de certa forma, mais engajado, escrevendo como um pensador, mas também como um militante ativo. Ele não se limitava a interpretar a realidade e sistematizá-la, mas se preocupava em transformá-la. As duas obras aqui tratadas são exemplos disso. Há textos anteriores nos quais ele, por exemplo, busca combater o que considerava vícios da esquerda. Ao abordar a Revolução Cubana, ele fala de um certo desvio, uma interpretação equivocada de que esta foi obra de uma meia dúzia de militantes, e que seu método se limitou à guerrilha. Florestan trata o tema em sua complexidade, mostrando a articulação de diferentes formas de luta. O impulso ao processo revolucionário pode ter se iniciado com um grupo pequeno, mas foi, ao fim e ao cabo, obra de milhares de cubanos que foram sujeitos desse processo histórico e definiram os rumos de Cuba.

O que é revolução e o *Movimento socialista e partidos políticos* se inserem em um período no qual Florestan estava fazendo um mergulho no pensamento de Lenin, com muitas críticas à Revolução Russa – feitas sempre com muito respeito e embasamento. Florestan ajudou, inclusive, a disseminar obras importantes do pensamento revolucionário russo, em particular o pensamento revolucionário de Lenin. Outros grandes interlocutores nessas duas obras são Marx, Engels, Rosa Luxemburgo e Gramsci – principalmente em *Movimento socialista e partidos políticos.*

O que é revolução

Voltemos à obra *O que é revolução.* Florestan propõe questões amplas: o que é revolução? Como se faz? Quem a faz? É possível impedi-la ou atrasá-la? São perguntas que traduzem as inquietações de uma época – final da década de 1970 – na qual a revolução estava entrando em um estágio que Florestan via com otimismo, um período vindouro, novo. Ele dá viva voz a uma síntese afirmando a viabilidade, a possibilidade concreta de uma revolução naquele tempo – e em nosso tempo também. Nessa obra, a bandeira da revolução é colocada em alto mastro.

Seria possível citar várias passagens, de cada capítulo, e mostrar com quem ele dialoga. Basicamente, seu referencial histórico ali são as experiências vitoriosas. Sabemos que, na teoria revolucionária, as revoluções triunfantes jogaram um papel excepcional em termos de uma conformação de um conjunto de teses, que é a própria demonstração da correção dessas teses. Essas revoluções vitoriosas nos apresentam, portanto, um conjunto de teses que possuem uma espécie de "certificado de validade", pois não eram meramente abstratas, mas teses que durante todo um período de 20-30 anos haviam sido submetidas a duros e intensos debates, no bojo dessas revoluções vitoriosas. Florestan faz, então, uma sistematização dessas experiências, sempre muito forte do ponto de vista teórico.

Utilizemos aqui alguns exemplos. Primeiro, ele chama a atenção para a apropriação de termos que estariam sendo capturados.

O próprio termo "revolução" estaria sendo desconstruído. Florestan defende que revolução é ruptura. É um processo profundo de transformação. Sabemos que, na esquerda, o tema da revolução é passível de uma certa disputa, ainda que de baixa intensidade, mas presente. Existem campos políticos da esquerda que afirmam que a revolução são duas: uma social e uma política. A revolução política é a mudança de governo. Valério Arcary, em *As esquinas perigosas da história*, trabalha essa diferenciação entre as revoluções políticas e as sociais. Aqui, Florestan chama a atenção para as revoluções profundas, as revoluções sociais geridas, paridas, com rupturas, não em processos sinuosos, cadenciados, graduais, mas rupturas violentas na estrutura de poder. Florestan Fernandes sinaliza que debater a revolução é demarcar um campo no marxismo, muito em alta nos anos 1970, que poderíamos identificar como dominante da década de 1920 até hoje: o campo reformista. O reformismo não é um campo alheio ao marxismo; em tese, é um campo interior a ele – em tese, porque há aí um debate.

Eduard Bernstein, o pai do reformismo, não nasceu alheio ao marxismo, mas veio de suas fileiras, era um dos discípulos de Engels. Então, nesse ponto, Florestan está demarcando o debate com os reformistas. Em *O que é revolução* ele problematiza a ideia de um processo gradual de reformas paulatinas para transformar a realidade. Florestan se contrapõe a essa ideia e resgata Marx para isso, ao dizer que as reformas são efêmeras e tendem a ser revertidas. A partir daí, Florestan avança em várias demarcações e enfrentamentos. Dentre os pontos que aborda está a diferença, por assim dizer, sobre o nível de desenvolvimento da sociedade que ele identifica como "capitalismo avançado" e o nosso capitalismo, o periférico. Essa comparação guarda relação com elaborações de Antonio Gramsci, ao tratar dos diferentes caminhos estratégicos da guerra de posição e da guerra de movimento no processo revolucionário.

Florestan, em *O que é revolução*, revela uma preocupação que também é a de Marx, Engels e Lenin sobre a dominação ideológica. Ele sustenta que a burguesia se apropria de conceitos, exerce seu domínio e poder através da força, e também por meio do convencimento. Florestan rompe com toda a leitura de que a burguesia domina apenas pela força. Há de se levar em conta que ele escreve em plena ditadura militar no Brasil e em parte da América Latina.

Sobre quem faz a revolução, Florestan combate a "fulanização" das revoluções, a romantização dos personagens. Ele não nega o papel do indivíduo, mas diz que a revolução é uma obra de massas, dos grandes sujeitos históricos, e não de grupos, sequer de partidos. É obra de milhares, de milhões. Ele enfatiza a necessidade da constituição da classe *em si* em classe *para si*. Ele sustenta que as classes não existem em abstrato, mas são construídas. Qual o critério de construção da classe? A luta. A classe, portanto, se constrói a partir da experiência concreta da luta. Assim, ao debater quem faz a revolução, desmistifica e também afirma um caminho de construção desse sujeito revolucionário, o qual ele tanto enfatiza. É importante destacar que Florestan Fernandes se filia a uma certa corrente do marxismo que compreende a revolução como parte de uma onda, por assim dizer, na qual há momentos mais favoráveis a ela, e momentos em que ela está fora da agenda, fora da pauta, fora do cenário. Florestan é signatário dessa tese – não elaborada por ele, originalmente –, à qual setores do marxismo se opõem. Aqui, de novo, ele marca sua posição.

Ele também marca sua posição com o conceito de vanguarda ao abordar, no segundo capítulo, quem faz a revolução. A vanguarda é uma posição conquistada, não uma posição autoproclamada, diz. Nisso, traz reflexões – nos dois livros aqui citados – que dialogam com Marta Harnecker. Dois sistematizadores do pensamento, também com formulações muito importantes sobre esses processos. Ele diz: a massa, o povo, aprende com a experiência, a base principal da consciência. Não é a palavra. Não é a mensagem, é a vida. Então, a massa precisa viver, experimentar e lidar com os caminhos fechados, para poder lidar com um caminho mais duro. Paulo Freire trabalhou esse tema, bem como Fidel Castro. Ninguém vai pelo caminho mais difícil, sobretudo quando se acredita no caminho mais fácil. Florestan, aqui, em cada parágrafo desse livro, traça praticamente um resgate de ideias que não podem ser todas abordadas neste espaço. Mas o central é que Florestan não é um empirista, mas se baseia na melhor leitura das experiências revolucionárias, dos processos de libertação, e também da formação da consciência e da rebeldia no seio do povo.

No terceiro capítulo de *O que é revolução*, ele também aborda a questão sobre a possibilidade de impedir ou atrasar a revolução. Para ele, a revolução não é uma fatalidade. Aqui ele rompe com certas perspectivas da fase de disseminação do marxismo da Segunda Internacional, que gerou certa vulgarização da teoria. A partir daí, dois campos se formam: o campo do reformismo, que apostava no caminho gradualista, por dentro do Estado, dentro da ordem institucional e dos limites do Estado. E um outro campo, que aposta em um colapso do capitalismo. A revolução não acontecerá se não tiver sido germinada e produzida e construída antecipadamente, diz. Florestan afirma que ela não é uma fatalidade. Não esperem, não acreditem que ela virá inevitavelmente. A revolução depende da nossa ação, da iniciativa do campo de construção da força social, a classe em si, a classe para si. Nesse capítulo 3, portanto, ele se contrapõe ao reformismo. A reforma mais avançada, mais eficaz, não elimina as contradições centrais do capitalismo, diz ele. O direcionamento aqui aponta para a contradição entre capital e trabalho como a fundante do capitalismo. Nenhuma reforma é capaz de eliminar essa contradição, que é a geradora da luta de classes. Essa contradição é geradora, não é a única, mas ela é, por assim dizer, o impulso original. Ele também trata, nesse capítulo, sobre como fortalecer e levá-la até o fim, tece comentários sobre a especificidade brasileira, a especificidade latina. Aqui é onde o Florestan se encaixa, porque ele é um combatente ideológico e teórico do eurocentrismo. Ele vai olhar as especificidades e dizer: vejam o que é a contrarrevolução na periferia. Não olhem a contrarrevolução na periferia como se você estivesse olhando a contrarrevolução na Europa central. Lá, a contrarrevolução tem outros contornos, aqui, ela é ditadura civil-militar, aqui ela tem a face do fascismo. Aqui ela é cruenta, é precipitada.

Sobre a revolução nacional e revolução proletária, ele afirma que é uma pergunta mal colocada. Florestan não gasta palavra, não polemiza sem motivo. Essa é uma questão que, de fato, intrigou a esquerda desde o século XX até hoje. Qual o lugar da chamada – e talvez não seja esse o termo mais preciso – questão nacional? Ou da contradição nacional no processo revolucionário, na luta pelo socialismo? As experiências revolucionárias, todas elas, tiveram que lidar com essa contradição, mas ela segue sendo um problema. Por quê? Na minha opinião, a Europa ocidental tem um trauma quando trata do tema nacional, que é o trauma do nacional chauvinismo. No início e após a Primeira Guerra Mundial, toda vez que aparece o tema nacional para a esquerda europeia ocidental se fala em xenofobia, fechar fronteiras; é muito diferente do que é o nacional para os países que viveram a relação de dominação direta via colonização e indireta via imperialismo. É muito diferente, não dá para comparar. Isso está presente até hoje. As contradições nacionais seguem ativas, intensas, e ainda têm problema para identificar isso. Florestan não gasta palavra aqui e afirma ser um falso problema, ressaltando uma coisa que é muito cara ao marxismo – e Florestan é um fiel defensor dessa questão: que o marxismo é análise concreta da situação concreta. Não tem teoria abstrata que sirva para qualquer circunstância. A aplicação do marxismo exige conhecer e observar as situações específicas sempre. Nesse capítulo, "Revolução nacional e revolução proletária", ele vai dizer: as formações sociais são sempre específicas. Sempre são.

Uma última observação sobre esse capítulo. Florestan vai dizer ser preciso explorar as contradições existentes no interior das classes dominantes. Ele mostra como estas têm uma relação subordinada com seus primos internacionais. É uma escolha, o que ele chama de a burguesia irmanada externa e internamente. Mas ele reconhece a existência de fissuras no interior dessa classe dominante, que não é um bloco monolítico, mas possui fissuras que devem ser exploradas e desgastadas. Ele fala de uma direita que produz um sistema autodefensivo, muito agressivo e golpista, que atua de forma preventiva. Em 1964, no Brasil, não havia nem cheiro de ameaça comunista, estava apenas no discurso de alguns setores. Não se trata de menosprezar nossa experiência, mas a ameaça real não existiu. Foi dado um golpe preventivo. Essa é a característica que Florestan mostra aqui. Ele diz: cuidado com essa classe dominante porque ela tem um processo de autodefesa, é movida pelo medo, pelo temor, pelo pavor. Por quê? Por causa do povo, ensina Florestan. Ele antecipa questões e, nesse último capítulo, faz previsões sobre as décadas vindouras, sobre a possibilidade de triunfo de novas revoluções. Essa previsão de Florestan não se concretizou, obviamente. É preciso compreender que, quando Florestan escreve, a União Soviética estava em um período especial, o Estados Unidos tinha acabado de perder o Vietnã, em abril de 1975, as revoluções de libertação nacional na África portuguesa tinham lugar. A revolução sandinista está acontecendo, entre esses dois textos, em 1978. Ele vive experiências concretas, vê as possibilidades reais de vitórias e faz um prognóstico duro ao dizer que as crises revolucionárias geraram revoluções em Cuba, e obviamente que quando fez essa observação ainda não havia chegado o tempo da revolução nicaraguense. Porque, ele vai dizer, a maior parte das oportunidades das crises revolucionárias não se converteram em revoluções. Aqui Florestan Fernandes trata um pouco do partido político também, a necessidade de atuar na legalidade e ilegalidade.

Movimento socialista e partidos políticos

Entramos, então, no segundo texto, no qual ele aborda o movimento socialista e o partido político, direciona toda a sua atenção a uma polêmica real. Não é uma polêmica imaginária ou datada, mas um debate muito forte que existe entre Lenin e Rosa Luxemburgo. Qual era a base da divergência? Lenin diz em *Por onde começar*, de 1901, que a construção da organização política deve acontecer nos tempos de baixa revolucionária. Ela, portanto, não é o reflexo da luta intensa do proletariado. Lenin vai encontrar justificativas para isso, vai dizer que o próprio socialismo não nasceu da experiência, mas da ciência. A necessidade da revolução também não nasce na experiência concreta, mas de uma reflexão sobre a natureza do Estado, o Estado burguês – a associação internacional das classes dominantes ou da burguesia. Assim, uma série de bases do pensamento revolucionário não vem do empirismo, da experiência. Lenin justifica tudo isso para explicar e defender a necessidade de construir uma organização política diferente dos sindicatos, construir uma força política para lutar pela revolução – e defende que isso ocorra em tempos de baixa revolucionária. Rosa Luxemburgo, por sua vez, diz que isso gera uma burocracia, autoritarismos, grupos poderosos que vão querer definir o que o proletariado deve fazer.

Obviamente os dois falam a partir de um contexto. Lenin está produzindo e escrevendo sobre a Rússia tremendamente fracionada, centenas de organizações políticas divididas e não centralizadas, e isso favorecia, na visão dele, a repressão. Já Rosa estava na Alemanha, em um enorme partido que ela via, com preocupação, a caminho da burocratização. Em, por exemplo, *Greve de massas*, ela afirma: é tanta exigência para fazer uma greve que quando conseguirmos tudo, a greve já perdeu o tempo. Rosa era muito crítica da burocracia, e Lenin, muito preocupado em ter uma unidade dos revolucionários na Rússia. São lugares muito diferentes, portanto. De lugares diferentes em que eles produziram, geraram-se também formulações distintas. Rosa tinha um verdadeiro encantamento por aquela experiência, digamos assim, mais independente, mais autônoma, das massas russas. E Lenin tinha profunda admiração pela capacidade da social-democracia alemã conduzir um partido unificado.

Mas esse debate que busca conflitar Lenin e Rosa não é o nosso, embora seja importante localizar essa divergência. Por quê? Rosa, a meu ver, tinha um acento na construção de força social. A preocupação dela, o que a movia, era combater a burocracia e libertar, ou impulsionar, o movimento revolucionário a partir das contradições existentes no capitalismo. Rosa chega a dizer que o motor da organização e da luta popular, da luta de classes, são as contradições. Ou seja, ela não está dizendo que uma organização é um motor que vai ajudar. São as contradições que levam o povo a se rebelar, a se levantar. E ela fala a partir da experiência concreta. É um acento que ela tinha. Rosa está preocupada em construção de força, uma força revolucionária capaz de derrotar a classe dominante, dominando a partir de seu Estado, que é sua imagem e semelhança. Lenin está preocupado em conduzir essa força que deverá dirigir um processo revolucionário.

O que faz Florestan Fernandes nesse texto? Sistematiza o debate. Ele afirma que, no tempo em que as condições não são revolucionárias, é preciso construir essa organização que tem o papel de disseminar, de construir o pensamento, de desenvolver o pensamento socialista no interior do proletariado. É como se ela tivesse um papel mais de educar as massas para a luta revolucionária no período de baixa. Na alta, o papel dela é ajudar a conduzir a luta. Florestan Fernandes constrói uma síntese a partir dos dois pensamentos. Síntese esta absolutamente dialética, complexa, como era o mestre Florestan; muito precisa, muito atual. Ele afirma que os revolucionários vão conduzir. Em tempos não revolucionários, em que há um esmorecimento do ímpeto ou da energia revolucionária, na baixa da revolução, o povo está sobrevivendo, está fazendo a sua luta no dia a dia, no cotidiano, que não é menor, mas é uma luta de sobrevivência. Já no período da alta, é o tempo de conduzir essa luta para a tomada do poder. E aí o Florestan não tem nenhuma dúvida. A revolução é a tomada de poder do Estado. Isso ele trata tanto em *O que é revolução*, quanto em *Movimento socialista e partidos políticos*. São os dois textos que guardam essa relação e proximidade.

O próprio Marighella – voltando à polêmica – vai dizer que a organização é construída pela luta. Marighella faz uma sinalização em concordância com a elaboração da Rosa. A organização não precede a luta popular. Já para Lenin, ela precede. Ele está construindo ali uma concepção de organização de novo tipo. Hobsbawm vai dizer que Lenin produz uma inovação política. Florestan Fernandes publicou no Brasil, em 1979, período da ditadura já em crise, mas publicou no Brasil, pela editora Hucitec, *Que fazer*? com um prefácio riquíssimo que apresenta esse texto seminal do pensamento de Lenin sobre a organização.

Mas esse não é o nosso tema. Florestan Fernandes, nesse livro, faz uma síntese muito rica, muito honesta, que logra incorporar os dois olhares, tanto de Rosa, preocupada em ter um movimento de massas, intenso, vivo, autônomo e não dirigido ou submetido a uma burocracia, muito preocupada com a burocratização e o encastelamento dos dirigentes revolucionários, como também o olhar de Lenin, preocupado com a capacidade de unificar as lutas e a direção política. Então, essas duas preocupações, de lugares diferentes, experiências diferentes, recebem um tratamento impecável de Florestan Fernandes, e este rompe com esse esporte de alguns setores que é colocar Lenin e Rosa para brigar. Rosa tem razão quando fala da importância da construção de força social, do proletariado – o que Florestan Fernandes trata em *O que é revolução*. Fala que o proletariado tem que se desenvolver, com experiência própria, com autonomia, com independência de classe, mas também com capacidade de luta, que vai se definir lá no seu local de trabalho, no seu sindicato. Florestan Fernandes não tira os olhos desse micro espaço de luta, os sindicatos – na época, as principais formas de luta do proletariado. Não era tão viva a experiência de movimento populares, como vemos no caso brasileiro e latino-americano. Era mais intensa, sobretudo naquele período, do renascimento do sindicalismo, ou que depois ficou conhecido como o novo sindicalismo.

Para finalizar, se tivéssemos que definir sobre o que é esse texto, diríamos que é um texto sobre dialética. Sobre o movimento socialista. Não que o outro não seja; no outro, ele faz uma bela síntese do pensamento revolucionário, ou seja, de experiências históricas e do pensamento de Marx, Engels, Lenin, Rosa, Gramsci. Esse segundo é a aplicação concreta disso, 70 anos depois, mostrando a vivacidade daquela elaboração, colocando as formulações em lugar adequado. Ele diz: não tem direção, não tem revolucionários dirigindo massas quando não tem massas. Se o movimento está em baixa, nesse tempo, esses resistentes, em um grupo menor, precisam construir uma enorme força, dentro do proletariado, que acredite nesse caminho, da revolução e do socialismo. Nesse tempo, o papel do partido não é exercer essa direção mais marcadamente presente na obra do Lenin. É construir essa força. É fazer o trabalho de educação. É fomentar no seio do povo a sua compreensão da realidade, de seus problemas, e do capitalismo como um sistema, um modo de produção que precisa ser destruído. Sinaliza, então, todo tempo com essa riqueza, valorizando a independência de classe, ou seja, as lutas sociais precisam ter vida, não serem centralizadas e conduzidas, coordenadas a partir de uma sala. Florestan demonstra conhecimento da realidade inquestionável. Mas ele faz uma observação: a realidade latino-americana é isso.

Podemos citar, nesse sentido, produções como a de Mariátegui, que teve que enfrentar uma luta social a partir de um campesinato com uma presença indígena tremenda. Não fazia parte tanto da centralidade da obra dos marxistas europeus; então, ele vai dizer: o que nós estamos produzindo em termos de experiência revolucionária é uma inversão da lógica geral de Marx. Marx e Engels previam o quê? A revolução do centro para a periferia. Nós precisamos pensar a revolução da periferia para o centro. E vai fazer as distinções. Obviamente que tem uma passagem dura para nós. É uma advertência. Ele diz: observem vocês, a revolução, as oportunidades revolucionárias, que Lenin chamaria de crise revolucionária, aconteceram na América Latina e só Cuba soube aproveitar. Ou seja, na maior parte, elas passaram sem que o proletariado e as grandes massas dos setores populares tenham conseguido levá-las a termo. Ele faz uma advertência, que permanece entre nós como uma preocupação, um alerta do mestre, de que as janelas revolucionárias acontecem em decorrência das crises do capitalismo. Florestan não tem nenhum traço de idealização. A crise do capitalismo não é obra da ação proletária. A crise do capitalismo é obra dos desarranjos do modo de produção. Não somos nós que vamos construir a crise revolucionária, a crise revolucionária é decorrente, de pai e mãe, da crise capitalista. Convertê-la em crise revolucionária e em vitória é que é nossa parte. Ele não tem nenhuma simpatia, nenhuma aderência a concepções, digamos assim, voluntaristas, nas quais há um predomínio da vontade na construção das condições. As condições não são construídas por nós, ele diz. A crise do capitalismo, sobretudo, é resultado de uma confluência de contradições do modo de produção nas especificidades de cada país. O nosso papel é nos prepararmos. Essa crise é recorrente no capitalismo, que não consegue resolvê-las. Florestan faz alguns prognósticos em consonância com esses pensamentos anteriores, em que ele produz essa síntese riquíssima. Esse texto, particularmente, *Movimento socialista e partido político*, permite um estudo específico. É um texto que merece muita atenção; é de uma riqueza impressionante, porque coloca essas teses em uma certa confluência, e destaca coisas que são absolutamente atuais.

Última observação, que não é da obra de Florestan, mas que vem da leitura de Marx e Engels sobre a natureza do Estado, e de Lenin, sobre o papel do Estado dentro da luta revolucionária – como ele pode absorver demandas e permitir ser reformado por dentro do Estado burguês. Florestan, em 1978, faz advertências caríssimas à América Latina e a nós, em particular, no Brasil. Ele vai dizer o quê? Não se acostumem com a legalidade. A classe dominante não tem nenhum zelo, nenhum pacto com a legalidade. Nenhum pacto com a institucionalidade, nenhum pacto com os direitos adquiridos. Não existe reforma permanente no capitalismo, não existe burguesia que respeite reforma, ela rasga pactos, rasga acordos, rompe, inclusive, com as próprias construções. O Estado burguês é obra de quem? Do liberalismo. Ele é a imagem e semelhança da classe dominante, da burguesia, sobretudo. E o que que ela faz com esse Estado burguês? Modifica sua forma, seu regime político, a partir do seu interesse. Tem momentos em que recorre à ditadura, momentos que convive bem com a democracia restringida. Lenin formula sobre isso e Florestan Fernandes enfatiza esse aspecto. Um partido revolucionário não pode se viciar, se acostumar, e criar dependência com as tarefas dentro da ordem. Ele precisa aprender a conviver e a conjugar tarefas dentro e contra a ordem. Os partidos revolucionários que se moldam pelas tarefas dentro da ordem inevitavelmente caem no reformismo, porque passam a crer que é possível, dentro da institucionalidade, dentro dos limites do Estado, dentro dos limites do regramento, dirigido pela burguesia, impulsionar uma luta de transformação contra esse Estado. Ao mesmo tempo, Florestan Fernandes diz: não rompa com essa possibilidade, é inegável que seja necessário explorar as contradições dentro do Estado, desenvolver lutas dentro da ordem. Mesmo que haja uma mísera margem para isso, é preciso, necessário – e todas as experiências assim o fizeram.

Lembremos de Fidel Castro que, antes de se embrenhar numa luta mais dura, chegou a fazer petição. Eu estou dando esse exemplo não para que façamos uma caricatura, mas foram esgarçadas todas as possibilidades de luta dentro da ordem, e ele conseguiu desenvolver uma capacidade de conjugar as duas coisas, a luta dentro da ordem e a luta contra e fora da ordem. Florestan é signatário dessa concepção revolucionária de organização, mas mais do que de organização, é uma observação sobre a estratégia e sobre tática. Esta não deve se circunscrever, se limitar ao palco da luta de classes, em que a burguesia aceita a luta. Porque, nesse palco, ela limita, restringe as possibilidades. A estratégia deve combinar as coisas. Florestan dá uma advertência caríssima em 1978.

Referências

FERNANDES, Florestan. *O que é revolução.* São Paulo : Expressão Popular, 2018.

FERNANDES, Florestan. *Movimento socialista e partidos políticos.* São Paulo: Hucitec, 1980

CAPITALISMO DEPENDENTE

Felipe Augusto Duarte[1]
Silvia Beatriz Adoue[2]

O JOVEM UNIVERSITÁRIO FLORESTAN Fernandes, no projeto de construção das ciências sociais como um sistema de saber orientado à análise e interpretação das relações, processos e estruturas da sociedade brasileira, inicia sua carreira com estudos sobre o folclore, mas conquista reconhecimento com uma pesquisa sobre os Tupinambá (Fernandes, 2006a; 1963), pesquisa essa que abrangeu os esforços de seu mestrado, defendido em 1946, e de seu doutorado, defendido em 1951. Esses trabalhos posicionaram o investigador em face a um povo irredutível à imposição de um padrão civilizatório exótico. Lembremos que os Tupinambá eram, para os docentes da "Missão Francesa" que orientaram essas pesquisas,[3] assim como para o imaginário europeu em geral, o paradigma do Outro radical.[4]

---

1 Economista e mestre em Ciências Sociais pela Universidade Estadual Paulista (FCLAr – Unesp)

2 Professora da ENFF, da Unesp e do Programa de Pós-Graduação em Desenvolvimento Territorial de América Latina e Caribe (TerritoriAL).

3 A Universidade de São Paulo contratou um número importante de docentes estrangeiros para dar corpo e formação à instituição recém-fundada. Esse conjunto de intelectuais ficou conhecido pelo nome de "Missão Francesa", dado o peso e quantidade de acadêmicos franceses que a compunham.

4 Em 1516, Michel de Montaigne entrevistou três Tupinambá na França. Depois desse encontro, escreveu o ensaio *Sobre os canibais* (2010, p. 139-157), que mais tarde inspiraria William Shakespeare a compor o Calibã da sua peça *A tempestade* (2014), em 1623 (Carvalho, 2017).

Talvez esses estudos preliminares do sentido e do significado da conquista dos territórios latino-americanos tenham orientado o intelectual, dando forma e conteúdo à sua sociologia e impregnando sua perspectiva, segundo a qual o capitalismo dependente é o fruto maduro de um longo processo expansionista e conquistador de um tipo específico de civilização – uma civilização observada pelos povos da terra como insólita: que exercia uma relação de propriedade sobre as coisas do mundo, incluindo, entre elas, seres humanos; que estabelecia relações de exploração entre grupos humanos; e que o fazia visando a acumulação de riquezas até o paroxismo. Neste sentido, podemos dizer que essa perspectiva da conquista, dominação e imposição de um tipo único de processo civilizatório orienta toda a investigação posterior de Florestan Fernandes.

O aprendizado metodológico e as primeiras pesquisas empíricas, como a que realizou entre 1951 e 1955 e resultou em *Brancos e negros em São Paulo* (1959), já estavam marcados pela hipótese de que a ampla sequência histórica de formação das sociedades nacionais da América Latina deve ser concebida "como parte da expansão do mundo ocidental". Processo de expansão que, nestes territórios, introjetou uma sociabilidade que revitalizava e prolongava o regime patrimonialista e estamental com base na tríade da grande plantação, da escravidão mercantil e do esbulho colonial. Formando uma dinâmica econômica, política e cultural dependente e que se desenvolvia à sombra de sucessivos transplantes de instituições, tecnologias, pessoal e valores sociais. Sociedades assim concebidas e estruturadas com vistas a sempre preservar e encapsular o poder em um restritivo circuito fechado, acessado por poucos, que plasma e revitaliza a sociabilidade arcaica não apenas no moderno, mas através dos surtos de modernização.

Essa análise das relações de interação entre o "arcaico e o moderno", que não aparecem na publicação dos resultados da investigação empírica dos anos 1950, apareceriam em 1964, no seu livro *A integração do negro na sociedade de classes* (2008a). Nesse trabalho, vemos um pesquisador maduro, que enxerga o conjunto do processo histórico social condensado em seu objeto de estudos. Neste livro já estão presentes as particularidades de "um mundo moderno com raízes arcaicas", isto é, já está presente a compreensão de como o desaparecimento histórico do mundo colonial foi acompanhado pela subsistência e até mesmo o fortalecimento institucional e funcional do mundo colonial pelo reforço da grande plantação e da escravidão mercantil. Com isso, Florestan busca demonstrar como a estrutura e a dinâmica do ordenamento em classes sociais modernizou o regime de castas, revitalizando seu código de conduta, avaliação e classificação social fundados no racismo e na "desigualdade racial".

Quatro anos depois, no contexto do Ato Institucional n. 5 e da sua aposentadoria compulsória como professor da USP publica, em 1968, *Sociedade de classes e subdesenvolvimento* (2008b) e, em 1973, o livro que conceitua mais detidamente sua visão de conjunto da processualidade entre o "arcaico e o moderno", *Capitalismo dependente e classes sociais na América Latina* (2009). É sobre essa processualidade histórica e estrutural, tanto em termos da evolução histórico-social interna como dos diferentes padrões de dominação externa a elas associados, que vamos nos debruçar neste capítulo.

A evolução histórico-social interna e os padrões de dominação externa

A expansão da civilização ocidental no continente se deu pela dominação e conquista dos territórios. Ela não aconteceu de maneira completa nos primeiros anos da invasão – em parte, pela resistência dos povos da terra, em parte, porque nem todos os territórios interessavam na mesma medida aos conquistadores. Eles (os territórios) foram sendo integrados ao passo que o desenvolvimento do polo externo da economia demandava novas áreas e energias vitais para extrair riquezas, de acordo com a dinâmica da acumulação do capital nos países hegemônicos.

A expansão desse processo civilizatório introjetado pela conquista se desdobrou, no continente americano, em duas variantes, segundo as classifica e descreve Caio Prado Jr. em *O sentido da colonização*, primeira parte de *Formação do Brasil contemporâneo* (1942): as colônias de povoamento e as colônias de exploração. As colônias de povoamento serviram aos Estados que saíam do feudalismo como forma de se livrar de uma população marginal perigosa, em regiões que não apresentavam muitas possibilidades de extração de valor nesse primeiro período: notadamente, o norte da América do Norte. Aqui, iremos nos ocupar das colônias de exploração, porque são elas que derivaram em capitalismo dependente. Elas se instalaram em territórios cuja organização econômica, social e política interna, ao longo da história, correspondeu aos interesses e necessidades mutantes do polo externo.

Em um primeiro momento, o polo externo dominante era constituído pelas metrópoles, particularmente Espanha e Portugal. Elas importaram para os territórios latino-americanos padrões societais que estavam em decadência na Europa, como o patrimonialismo e as relações estamentais, e também relações de trabalho forçado, como a escravidão dos prisioneiros de guerra (os das Cruzadas, por exemplo) e a escravidão por dívidas. Ao importar esses padrões e mesclá-los com formas pré-existentes de servidão, os invasores os refuncionalizaram, buscando satisfazer seus interesses e necessidades.

Interessaram principalmente aos invasores as jazidas de metais preciosos. A possibilidade de cunhar moeda em grande escala alimentava a dinamização do capitalismo mercantil, modelo de acumulação predominante na Europa. Graças a isso, acelerou-se a progressiva monetarização das relações sociais no centro do sistema e facilitou-se a acumulação e a concentração de riquezas em um número menor de proprietários. Num segundo grau, interessaram as planícies férteis das faixas tropicais e subtropicais, descartando as florestas densas e os biomas mais secos. Isto é, interessaram as áreas facilmente cultiváveis e com condições naturais de alta produtividade agrícola para a produção de insumos em grande escala. Em suma, as principais atividades econômicas que animavam o empreendimento colonial foram a extração mineral e a economia de plantação na zona costeira intertropical.

Nessa fase colonial, era explorado o trabalho forçado, uma vez que a abundância de terras para subsistência e o relativamente frágil controle militar sobre enormes áreas oportunizavam a independência dos trabalhadores livres frente ao trabalho assalariado. Nessas condições, desenvolveram-se relações de trabalho servil sob diferentes modalidades e de trabalho escravo, para o que se recorreu à escravização mercantil de africanos e seus descendentes, como analisa Eric Williams em *Capitalismo e escravidão* (2012).

Ainda que nas grandes sociedades agrícolas pré-colombianas houvesse formas limitadas de exploração do trabalho e sob vestes de reciprocidade, a implantação do trabalho forçado como negócio, de intensidade desconhecida até então pelos povos da terra e pelos africanos escravizados, só foi atingida pelo uso de uma economia do terror que garantia, com a aplicação da força, altos níveis de produtividade durante os séculos XVI, XVII e XVIII. O padrão de dominação colonial exigia uma ocupação militar externa, de caráter permanente, para manter o fluxo de riquezas.

Vale ressaltar que o sistema colonial se modificou continuamente ao logo dos seus três séculos de existência, mas sempre com o espírito de fortalecimento do sentido explorador da conquista e de resguardar as funções do esbulho colonial. Logo, o elemento capitalista das periferias coloniais era, além de suas conexões com o capitalismo comercial metropolitano, a relação indireta que permitia organizar e expandir a colonização em seu sentido explorador. "O elemento capitalista do mercado colonial era imposto de fora para dentro e realizava-se, de fato, através dos dinamismos jurídico-políticos e econômicos dos mercados metropolitanos" (Fernandes, 2009, p. 54).

Esse elemento indireto regulava as funções econômicas da sociedade colonial por intermédio de controles militares e eclesiásticos, políticos e jurídicos com vistas a preservar o monopólio metropolitano e assegurar a eficácia da expropriação e da apropriação inerentes ao empreendimento do comércio triangular. E, da mesma forma, consistia em excluir as interferências do mercado capitalista nas formas de classificação e estratificação social e nas relações de poder estabelecidas pelas coroas e reguladas pelos estamentos coloniais privilegiados. Neste sentido, o modo de produção escravista e servil do sistema colonial só era moderno na exata medida em que adaptava a criação de riquezas aos papéis que deveriam ser preenchidos pelas colônias de exploração no mercado mundial – funções econômicas que derivavam dos interesses e necessidades das metrópoles e que consistia na exportação de alimentos, metais preciosos e matérias-primas para as manufaturas e indústrias que estavam se desenvolvendo nos países centrais e na importação dos produtos manufaturados da Europa para os funcionários da administração colonial, os comerciantes e a camada proprietária que estava se formando nas colônias, além do tráfico escravista que alimentava as minas e as plantações do continente com força de trabalho. Detalhe: de todas as mercadorias que circulavam nesse comércio triangular, a mais lucrativa era a força de trabalho. Os cofres da coroa real britânica se beneficiaram especialmente com ela.

O processo de concentração e centralização de capital, que permitiu passar da manufatura à primeira revolução industrial no final do século XVIII, marcou o alvorecer do capitalismo comercial e financeiro que catapultou a Grã-Bretanha como potência comercial hegemônica. Nesse contexto, o rígido padrão de dominação colonial, com controles jurídicos e políticos diretos, deixou de ser o mais adequado para as possibilidades e demandas do novo modelo de acumulação que despontava nos países centrais. Sem grandes mudanças nas relações de trabalho e nas atividades econômicas das áreas ocupadas do continente americano, fora um aumento da atividade urbana comercial, o padrão de dominação colonial atrapalhava a aceleração da acumulação. Os negociantes europeus em geral, e os britânicos em particular, assim como os estamentos coloniais dominantes, tinham interesse em se livrar das velhas metrópoles como intermediárias que tributavam as transações comerciais.

A oportunidade da luta pela independência das metrópoles no Haiti e também nas colônias espanholas alimentou a esperança, rapidamente frustrada, de um desenvolvimento realmente autônomo dos territórios. Frustrada porque um desenvolvimento autônomo exigia uma estrutura de classes que enfrentasse e preenchesse em suas máximas potencialidades os papéis e as estruturas do padrão civilizatório implantado. Pese a exceção haitiana e sua revolução de 1804, logo isolada e ameaçada militarmente por todas as potências, as burguesias comerciais exportadoras compartilhavam dos interesses britânicos e apressaram-se em realizar acordos bilaterais com os agentes ingleses.

As demandas internas de acesso à terra e de abolição de todas as formas de trabalho forçado chocavam-se com o padrão de integração dos territórios à exportação de matérias-primas no mercado mundial. Em 1826, a independência política havia sido alcançada em quase toda América Latina. Mas a terra, as oportunidades e o prestígio social estavam praticamente nas mesmas mãos, permanência da situação estrutural do sistema colonial da qual a Lei de Terras brasileira de 1850 é exemplo lapidar. Assim, as lutas se reduziam, por vezes, a disputas pelo lucro das exportações entre os proprietários agrários e a burguesia comercial. A Grã-Bretanha, sob a palavra de ordem do "livre comércio", exercia seu poder diplomático indireto e sua ameaça militar direta e permanente para se beneficiar da nova situação intermediária, situação que Florestan Fernandes chama de padrão de dominação neocolonial.

Internamente, esse padrão intermediário impôs a expansão de um mercado especificamente capitalista, reorganizando quantitativa e qualitativamente os circuitos de produção e consumo. Contudo, a formação de Estados nacionais formalmente independentes, ou seja, jurídico e politicamente independentes, tinha como contraface uma estrutura econômica dependente e materialmente baseada em uma refuncionalização da ordem escravocrata e senhorial. O surgimento dos germens de novo um setor econômico com atributos típicos do regime de classes, emergia do seio e em comunhão com o complexo econômico da grande plantação escravista e de seu ordenamento social em castas e estamentos. E a dominação externa exercida pelo neocolonialismo inglês se tornava especificamente econômica e indiretamente manipulada por meio dos mecanismos de mercado.

Para Florestan, a fase neocolonial representa uma verdadeira "revolução dentro da ordem", na qual o processo de desagregação do antigo sistema colonial é, na mesma medida, o auge e a consolidação das estruturas coloniais. Deste modo, o processo de descolonização mostra toda sua fragilidade, restrito à esfera política e jurídica, com débeis e controladas mudanças econômicas, sempre com vistas a preservar o poder e o monopólio da dominação racial e estamental. No caso especificamente brasileiro,

> [...] a supressão dos liames coloniais com Portugal não implicou no desaparecimento do império colonial. Este se internalizou e se estabilizou, alimentando-se a partir de dentro pelas funções econômicas, sociais e políticas do domínio senhorial, da economia

> de plantação e do modo de produção escravista. (Fernandes, 2010, p. 88-89)

É a partir da segunda metade do século XIX, no contexto da primeira grande crise cíclica do capital (1873-1896), marcada pela Guerra Franco-Prussiana de 1871, que o domínio britânico declina pouco a pouco – momento esse que marca a consolidação do capitalismo moderno na América Latina e a crise e posterior desagregação das relações de dominação neocoloniais. Neste período, os diferentes países capitalistas hegemônicos entram em competição furiosa e o modelo de acumulação adquire as características do capitalismo monopolista. Essa competição impulsiona uma segunda fase da revolução industrial e, nesse contexto, a demanda crescente de insumos, inclusive novos insumos, exige transformações na organização dos territórios periféricos.

As novas tecnologias permitem o aproveitamento de áreas que não podiam ser exploradas para exportações rentáveis na América Latina. Ao mesmo tempo, a demanda dos países centrais permite às burguesias locais fazer novos negócios, mas dando garantias para o fluxo de insumos em um volume, velocidade e regularidade otimizados. Trata-se da deflagração de um novo padrão de dominação: o imperialismo restrito.

As guerras civis, que consumiam energia das burguesias locais na disputa pelos lucros das exportações, precisavam findar e Estados nacionais que garantissem um marco legal para os negócios e a integração regular de todos os territórios do continente à economia capitalista deviam se consolidar. Nesse cenário, a exploração de trabalho escravo se transforma em um entrave para o crescimento econômico e se torna necessário alargar a incorporação de maiores contingentes populacionais ao consumo regular e ao mercado, expandindo e generalizando as relações de trabalho assalariadas. Com isso, o Estado devia se ocupar ainda mais detidamente na tarefa de formação e no disciplinamento de uma força de trabalho livre. Logo, a consolidação dos Estados nacionais vai ter como tarefa estruturadora a composição de exércitos profissionais, que exercerão um papel de coerção e de combate voltados mais ao inimigo interno do que ao externo. No caso do Brasil, vemos nesse período o sufocamento da Revolução Farroupilha, a Guerra de Canudos, a repressão contra o Contestado e o Sítio do Caldeirão, por exemplo. De forma geral, vemos o avanço militar sobre territórios indígenas na maioria dos países, o que chega a duplicar os territórios sob controle dos Estados e integrá-los à economia agrícola exportadora e à indústria extrativa.

Ampliam-se os portos e expandem-se as estradas de ferro que permitem o escoamento regular de insumos em grande volume. Cria-se um restritivo mercado de trabalho assalariado e surge uma classe média urbana assalariada. Assim, internaliza-se o modo de produção capitalista, baseado em um regime de classes que é, no entanto, incapaz de integrar a maior parte dos trabalhadores e, sobretudo, excluindo aqueles que anteriormente estavam escravizados. O racismo, que justificou primeiro a conquista e depois a escravização, vai ser refuncionalizado para classificar e estratificar as classes trabalhadoras segundo cortes raciais. É o ingresso ao capitalismo dependente pelas mãos de uma oligarquia aburguesada e compósita. Até aqui, o fundamental é reter que as transições sociais internas e o contínuo refinamento dos padrões externos de dominação se conjugam, sempre com vistas a preservar a secular produção e exportação de bens primários, baseada na superexploração da força de trabalho, e na reprodução do restritivo circuito fechado que encapsula o poder.

A Primeira Guerra na Europa, à qual desembocou a competição interimperialista em 1914, foi interrompida por uma insólita novidade: a revolução soviética. O temor à expansão da revolução proletária levou as potências a adiar a solução da sua crise. E só retomou a guerra quando a fadiga da revolução de outubro e a burocratização da sua direção levaram o Estado soviético a desistir da expansão da revolução proletária, formulando a teoria do "socialismo num só país". Mas o longo período de dedicação dos países centrais à indústria de armamentos suscitou surtos e criou condições para uma industrialização, mesmo que incipiente, em alguns países latino-americanos, em um fenômeno que ficou conhecido como "substituição de importações".

A Segunda Guerra Mundial deixou a Europa devastada e o mundo bipolar, com hegemonia dos EUA. Essa bipolaridade obrigou os países centrais a reconstruir suas economias, reconhecendo direitos econômicos e sociais. O Estado social ou o Estado de bem-estar social marcam uma nova era nas relações entre o capital e o trabalho assalariado no centro do sistema. Na periferia, e pese a parcial industrialização em alguns países, a exportação de insumos agrícolas e minerais continua sendo a atividade predominante e os anseios por direitos sociais são transformados em caso policial.

Nessa fase, a exportação do padrão civilizatório se estende e ganha intensidade com o controle estadunidense da indústria do entretenimento e a expansão da televisão. Épocas do "Repórter *Esso*", dos seriados enlatados e do cinema de *Hollywood* dominando as distribuidoras. A "latinização de *Hollywood*", com uma tal penetração e intensidade para colonizar as subjetividades, a vida espiritual das nações, a linguagem comum e cotidiana, faz com que Florestan Fernandes designe esse como um novo padrão de dominação, o "imperialismo total". Internamente, em países como Brasil, o capitalismo dependente conclui seu processo de formação apoiado pelos tanques e pela tecnocracia das ditaduras empresarial-militares – acontecimentos perante os quais Florestan defende que as fronteiras da história latino-americana repousam não em questões de crescimento econômico e ou de modelos culturais que condicionam a absorção mais eficiente e eficaz de instituições e modelos de organização da vida econômica, política e social, mas nos "fatos de estrutura". Esses fatos mantêm um rígido monopólio do poder, do prestígio e das riquezas e trabalham pela manutenção e expansão da posição dependente e do subdesenvolvimento dessas economias e sociedades, nas quais o elemento variável é, tão somente, o caráter do nexo de dependência.

Ressalta-se, portanto, como as relações de dominação e dependência são continuamente fabricadas, não apenas de fora para dentro, como também – e fundamentalmente – de dentro para fora. Assim, Florestan argumenta que imperialismo e dependência são interdependentes, o verso e anverso de uma mesma moeda, e confluem, com o mesmo sentido e significado, na criação e reprodução ampliada de formas cada vez mais efetivas de controle e dominação sobre o excedente econômico e sobre a força de trabalho. Assim, em todas essas fases, vemos que, à dominação externa nas relações internacionais, sempre corresponde uma dominação social interna. Logo, ainda que a unidade de análise privilegiada da dependência e do subdesenvolvimento seja a nação, o que explica tais processos são as estruturas e a relação de classe. Neste sentido, podemos dizer que as diversas fases anteriormente expostas, em suas especificidades e conexões internas e externas, se configuram como um ininterrupto processo de aceleração da realidade histórica na qual se reciclam e refuncionalizam as formas de dominação e exploração precedentes que permitem que "tudo mude sem que nada se altere nos fatos da estrutura".

O capitalismo dependente: classes sociais e revolução

O capitalismo dependente supõe uma burguesia compósita, cujos interesses só podem ser contemplados quando associados aos da burguesia como classe em si e para si e, por isso mesmo, mais ou menos independente da nacionalidade. Portanto, uma burguesia compósita é uma burguesia que já nasce marcadamente livre de traços e responsabilidades de caráter nacional, seus interesses e projetos se desenrolam e são claramente defendidos a partir de uma posição que é claramente de classe, isto é, de uma posição que é desconectada de qualquer projeto de hegemonia nacional. Talvez esse seja o principal legado de nações que nascem como subproduto da expansão de um único e determinado, ainda que variável, processo civilizatório, criando elites dominantes que enxergam e sempre lidam com os territórios da América Latina como espaço de extração de riquezas e não como uma comunidade nacional de destinos com a qual compartilham sua sorte. Ademais, vale ressaltar que o capitalismo central é o modelo e, ao mesmo tempo, o algoz que não permite o surgimento de competidores.

Este ambiente é propicio ao desenvolvimento de um capitalismo que tem como base de seu funcionamento normal o amálgama entre formas de apropriação, expropriação e de exploração tipicamente capitalista com formas de apropriação, expropriação e de exploração extra capitalistas. É por isso que, para Florestan Fernandes, a dependência e o subdesenvolvimento resultam fundamentalmente de um elemento específico e característico: a acumulação capitalista dual, uma forma de acumulação de capitais que se institucionaliza para promover a expansão concomitante dos núcleos de poder hegemônicos internos e externos. Essa repartição do excedente econômico não deve, contudo, ser tomada como um processo que se realiza em detrimento das classes dominantes e suas elites nas nações dependentes, mas antes às custas dos setores assalariados e destituídos da "população excedente" – setores que, desta forma, permanecem submetidos a mecanismos de sobreapropriação e de (sobre)exploração capitalista e extracapitalista da força de trabalho, empregada ou não.

> Nesse sentido, elas [classes dominantes] foram os artífices do capitalismo dependente. Escolheram-no e o fortaleceram como alternativa a uma revolução nacional dentro da ordem, que ameaçaria

> iniquidades muitas vezes de origem e significado ou consequências coloniais, diante das quais 'as desigualdades de classe' têm o caráter de uma conquista democrática. (Fernandes, 2009, p. 63-64)

A dependência e o subdesenvolvimento, deste modo, implicam no sacrifício de um estilo de vida democrático na medida em que inviabilizam, em maior ou menor grau, a existência de direitos civis e políticos, econômicos e sociais. Sacrifício e inviabilização que conformam um regime de classes rígido, impenetrável ao mínimo conflito social e regulado pela exclusão e pela expulsão da maior parte da população até mesmo do mercado, pois

> Trata-se de uma economia de mercado capitalista constituída para operar estrutural e dinamicamente: como uma entidade especializada, ao nível da integração do mercado capitalista mundial; como uma entidade subsidiária e dependente, ao nível das aplicações reprodutivas do excedente econômico das sociedades desenvolvidas; e como uma entidade tributária, ao nível do ciclo de apropriação capitalista internacional, no qual ela aparece como uma fonte de incrementação ou de multiplicação do excedente econômico das economias capitalistas hegemônicas. (Fernandes, 2008b, p. 36-37)

É neste sentido que Florestan argumenta que essas burguesias compósitas, que se associam para melhor explorar e expropriar os recursos naturais e as energias vitais dos povos e territórios da assim chamada periferia, têm como traço comum serem classes: 1) antinacionais, pois, colocam seus interesses de classe fora e acima de qualquer projeto nacional, não guardando nenhum senso de comunidade e pertencimento com a população e o território, tratados como puras e simples mercadorias; 2) antissociais, na medida em que solapam os elementos classificadores do mercado capitalista e do regime de classes a ele associado em benefício de determinações baseadas na discriminação racial e na cultura patrimonialista do favor, o que inviabiliza até mesmo a existência de uma ordem social minimamente competitiva em termos capitalistas; 3) antidemocráticos, porque lutam para manter o poder encapsulado em um circuito fechado, acessível apenas aos mais iguais, conformando uma autocracia que governa com mão de ferro.

> No fundo, quer se trate das metrópoles, das cidades ou do campo, as classes sociais propriamente ditas abrangem os círculos sociais que são de uma forma ou de outra privilegiados e que poderiam ser descritos, relativamente, como 'integrados' e 'desenvolvidos'. Tais setores coexistem com a massa dos despossuídos, condenados a níveis de vida inferiores ao de subsistência, ao desemprego sistemático, parcial ou ocasional, à pobreza ou à miséria, à marginalidade socioeconômica, à exclusão cultural e política etc. (Fernandes, 2009, p. 45)

Consequentemente, as burguesias compósitas da periferia asseguram o bom funcionamento das franjas do sistema e a continuidade e intensificação da produção do excedente econômico, necessário para que não apenas o empreendimento dependente continue em pleno funcionamento, mas o sistema como um todo. Essa tarefa de defesa e patrulhamento, que consiste no artifício de desconectar ininterruptamente o desenvolvimento capitalista da transformação democrática, termina por solapar qualquer possibilidade de uma autêntica "revolução dentro da ordem" que signifique integração nacional, estabilidade e transformação social, pois, até mesmo tal revolução, de caráter nacional e capitalista, afigura-se como foco de instabilidade insuportável para a estreita dominação autocrática.

> A questão não está como muitos pensam, em distinguir entre uma 'burguesia nacional', agente do nacionalismo econômico, e uma 'burguesia internacional', agente direto do imperialismo encarando-se a primeira como um mal menor e necessário. As qualificações propostas são inconsistentes; e o problema não é que existam duas 'burguesias', mas uma hegemonia burguesa duplamente composta, graças a qual interesses burgueses internos e externos se fundem, funcionando estrutural e dinamicamente de forma interdependente e articulada. Esta associação cria a inviabilidade da América Latina

> sob o capitalismo, porque é ela que origina, preserva e legitima um padrão de mudança social que continuamente reorganiza a dependência, a espoliação, a miséria e as iniquidades sociais, que tornam a revolução nacional uma improbabilidade histórica. (Fernandes, 2009, p. 141)

Assim, na análise das perspectivas e possibilidades de mudanças ou superação radical do capitalismo dependente, Florestan vislumbra as classes subalternas como um agente estratégico de toda e qualquer transformação criativa.

> [...] a questão política central vem a ser a das tarefas políticas do setor de ponta das classes trabalhadoras e de sua relação com a situação atual. Deve-se manter as classes trabalhadoras atreladas ao carro-chefe da burguesia ou romper com o passado, preconizando-se uma linha de ação política autônoma? As classes trabalhadoras não possuem, no momento, condições objetivas e subjetivas para provocar uma mobilização revolucionária da massa pobre da população contra a ordem existente. Contudo, parece evidente que se acham em suas mãos tanto a intensidade e a rapidez da desagregação do regime vigente, quanto o grau de alargamento democrático da ordem burguesa. (Fernandes, 2011, p. 7)

É pela exceção de Cuba que o autor nos apresenta os limites reais com que os capitalismos periféricos se encontram, e descreve as possibilidades de superação da dependência:

> A revolução cubana revela a natureza íntima da revolução em avanço, que tem de desagregar e destruir toda ordem preexistente até ao fundo e até ao fim, para lançar as bases da formação e da evolução históricas de um novo padrão de civilização. (Fernandes, 2011, p. 3)

Isso se dá uma vez que, no contexto histórico-estrutural da dependência e do subdesenvolvimento, fica impossibilitada toda e qualquer conciliação entre desenvolvimento capitalista e transformação democrática e entre burguesia compósita e revolução democrático-nacional autônoma. Assim, apesar de se modificar continuamente, o capitalismo dependente sempre muda a partir da articulação entre as classes dominantes em âmbito internacional, sempre no sentido de assegurar os interesses dominantes internos e externos. Por isso mesmo, a mudança social no interior do capitalismo dependente se move no interior de uma "jaula de aço", tendo como sua base material irremovível a sobreapropriação e a sobre-expropriação dos territórios e da força de trabalho, sendo, portanto, uma mudança social que só é capaz de repor e reproduzir, em escala ampliada e em novas condições, a própria articulação dependente e com ela o subdesenvolvimento. E tanto mais profunda é essa reprodução quanto maior é o crescimento econômico, pois, "[...] a junção de dinamismos econômicos externos e internos cria uma *realidade econômica que só varia no sentido de reproduzir-se* através de novas condições ou de novas combinações". (Fernandes, 2009, p. 61-62, grifos nossos).

O desafio teórico para as novas gerações

Florestan Fernandes pretendia estudar os efeitos da revolução técnico-científica ocorrida no final do século passado sobre o modelo de acumulação capitalista e, consequentemente, seus efeitos na organização interna das sociedades latino-americanas e nos padrões de dominação associados. Não foi dado a ele tempo suficiente. A tarefa ficou para nós:

- Como se organiza a extração e a transferência de valor no mundo contemporâneo?
- Quais são as características mais salientes do regime de classes no Brasil contemporâneo? Ainda é possível falar em termos de uma burguesia compósita?
- Quais são as formas de espoliação territorial e de exploração da força de trabalho que predominam?
- Quais são as principais atividades econômicas que compõem a geração de valor em nossos territórios?

- Qual é o papel que assumem os Estados nacionais do continente nessa transformação do padrão de dominação?
- Como se refuncionalizam as formas de dominação das fases anteriores?

Florestan Fernandes está hoje "protegido pela morte", como ele costumava dizer. Deixou-nos instrumentos e critérios de análise. Não recusemos as tarefas do tempo que nos foi dado, pois, "[...] se o inimigo vencer, nem mesmo os mortos estarão a salvo dele." (Benjamin, 1985, p. 156).

Referências

BASTIDE, Roger; FERNANDES, Florestan. *Brancos e negros em São Paulo: ensaio sociológico sobre os aspectos da formação, manifestações atuais e efeitos do preconceito de cor na sociedade paulistana.* 2.ed. São Paulo: Companhia e Editora Nacional, 1959.

BENJAMIN, Walter. Teses sobre filosofia da história. *In*: KOTHE, Flávio R. (org.). Sociologia. São Paulo: Ática, 1985.

CARVALHO, Sérgio. A teatralidade fora de lugar: a cena Tupinambá no triunfo de Rouen. *In*: *Revista Sala Preta*, PPGAC , São Paulo, v. 17, n. 2, p. 192-235, 2017.

FERNANDES, Florestan. *Brasil em compasso de espera*: pequenos escritos políticos. São Paulo: Hucitec, 2011.[1980].

FERNANDES, Florestan. Circuito fechado. São Paulo: Ed. Globo, 2010. [1976].

FERNANDES, Florestan. *Capitalismo dependente e classes sociais na América Latina*. São Paulo: Editora Global, 2009. [1973]

FERNANDES, Florestan. *A integração do negro na sociedade de classes*. São Paulo: Globo, 2008a.

FERNANDES, Florestan. *Sociedade de classes e subdesenvolvimento*. 5. ed. São Paulo: Global, 2008b. [1968]

FERNANDES, Florestan. *A função social da guerra na sociedade Tupinambá*. 3. ed. São Paulo: Globo, 2006a.

FERNANDES, Florestan. *A revolução burguesa no Brasil*. 5. ed. São Paulo: Globo, 2006b.

FERNANDES, Florestan. *Organização social dos Tupinambá*. 2. ed. São Paulo: Difusão Europeia do Livro, 1963.

FERNANDES, Florestan. *Reflexões sobre as "Revoluções interrompidas" (uma rotação de perspectivas.* Brasil: CLACSO, s/d.

MONTAIGNE, Michel de. Sobre os canibais. *In*: *Os ensaios: uma seleção.* Trad. Rosa Freire d'Aguiar. São Paulo: Companhia das Letras, 2010. p. 139-157.

PRADO JÚNIOR, Caio. "O sentido da colonização". *In*: *Formação do Brasil contemporâneo.* São Paulo: Brasiliense, 1942.

SHAKESPEARE, William. *A tempestade.* Trad. Rafael Raffaelli. Florianópolis: UFSC, 2014.

WILLIAMS, Eric. *Capitalismo e escravidão.* Trad. Denise Bottmann. São Paulo: Companhia das Letras, 2012.

FLORESTAN FERNANDES E A HISTÓRIA COMO PROCESSO

Geraldo Gasparin[1]

Sou um marxista que acha que a solução para os problemas dos países capitalistas está na revolução.
Florestan Fernandes

No ano que celebramos o centenário de nascimento de Florestan Fernandes, muitas foram as iniciativas, algumas ainda em curso, no sentido de vivenciar seu legado e conhecer sua obra. A própria atividade formativa que resulta neste livro teve mais de 500 inscritos e mais de uma centena de militantes, professores e intelectuais, que chegaram a completar as oito etapas do curso, o que revela que as ideias e a força do pensamento de Florestan Fernandes permanecem vivos e nos instigam a entender a sua arguta elaboração teórica no sentido de conhecer a realidade brasileira e a superação de seus dilemas históricos: o dilema do subdesenvolvimento, da desigualdade social, racial e educacional, entre outros.

O conjunto de sua obra e de seus escritos de combate, abrangem diversos aspectos dos dilemas sociais da sociedade de classe – dilemas não equacionados no tempo histórico analisado por Florestan e que permanecem insolúveis nos dias atuais, dado o padrão de dominação burguesa no país. Como analisou Florestan, esse padrão é o próprio modelo autocrático burguês de dominação ca-

---

1 Militante do Movimento dos Trabalhadores Rurais Sem Terra (MST), Setor de Formação.

pitalista, atuando sempre como um processo que identificou como uma "contrarrevolução" prolongada. A burguesia brasileira nunca teve impulsos revolucionários para realizar a revolução nacional e democrática. Trata-se de uma burguesia que articula o arcaico com o novo, que dissemina a ideia do Brasil como país de mercado moderno, mas sem abandonar a condição de dependência, pautada na experiência de um "capitalismo de periferia avançada".

Sabemos que as formulações de Florestan têm sua base em uma profunda investigação para responder às perguntas sobre qual sociedade vivemos, onde ela está ancorada e quais os vínculos que ela tem. As respostas a essas perguntas foram tomadas por ele como problemas a serem estudados, debatidos e daí formuladas teses que ainda não estavam postas antes dele. Por isso, o estudo de sua obra tem implicações políticas no sentido de atender aos reclamos sociais dos "de baixo". Não há dúvidas que sua obra oferece aportes para entender os dinamismos da luta de classes na atual sociedade brasileira e realizar os combates que se fazem necessários.

A aproximação a Florestan Fernandes se dá, ainda, pela força de suas ideias e por colocar a revolução e o socialismo como horizonte histórico. Analisar a revolução em nossas condições concretas é um ponto de referência na produção teórica de Florestan – estratégia que precisa continuar a ser desfraldada pela classe trabalhadora para se enfrentar o atual estágio de desenvolvimento do capital em sua roupagem neoliberal e as ameaças que pairam sobre toda a sociedade. As diferentes crises (econômica, social, política, sanitária, cultural, ideológica, ambiental) são apenas a anatomia de uma sociedade doente que precisa retomar os destinos do país em suas próprias mãos, sem o qual não haverá solução de continuidade para enfrentarmos as nossas mazelas, ou como queria Florestan, os nossos dilemas.

O que pretendemos nesse breve texto, dada a amplitude e grandeza de sua obra, é apenas apresentar um dos esforços intelectuais de Florestan Fernandes, a partir de textos de Marx, Engels e Lenin no sentido de recolocar as bases fundamentais do materialismo histórico dialético e a história como processo. Publicitar esse esforço intelectual de Florestan é parte da luta ideológica necessária nesse momento da luta de classes. Aliás, a batalha das ideias ganha centralidade no conjunto da obra de Florestan sobretudo por seus escritos sociológicos e de caráter político. No dizer de José Paulo Netto, estamos diante de um pensador, cuja monumental obra "está suportada por incansável busca da verdade, ancorada na honradez intelectual e no rigor científico, constituindo fonte seminal, caleidoscópica e absolutamente fundamental para a compreensão do Brasil" (Netto, 2006, p.).

Está justificada, por assim dizer, a importância de retomar as reflexões em torno da obra de Marx, Engels, Lenin[2] para estudo da militância,[3] sobretudo aquela que está preocupada em ancorar sua ação política nos grandes mestres do pensamento revolucionário. Não se trata de inventariar a obra, mas de analisar o que Florestan aponta de substantivo sobre o marxismo. É necessário aprofundar o diálogo com todos aqueles que estejam empenhados na construção de uma pedagogia crítica e revolucionária, fundamentada na concepção de mundo socialista – concepção vital, como queria Florestan, para se criar um também movimento socialista na sociedade brasileira, com um mínimo de espírito crítico

---

2 Estes textos estão reunidos em: Fernandes, Florestan. *Marx, Engels, Lenin: história em processo*. São Paulo: Expressão Popular, 2012.

3 Os dois ensaios foram originalmente escritos como prefácios para os volumes *Lenin – Política e Marx, Engels – história*, que compunham a coleção *Grandes Cientistas Sociais*, iniciativa editorial coordenada por Florestan Fernandes. Nesse sentido, para inteirar-se do caminho percorrido por Florestan Fernandes e de seu esforço intelectual, a Nota Prévia a edição da Expressão Popular, preparada pelo professor José Paulo Netto, contextualiza o percurso e a maturidade de Florestan para propor-se a tarefa de tal envergadura.

generalizado, condição necessária para se almejar transformações sociais profundas.

O contexto em que foi organizada a obra

É preciso iniciar constatando que as principais investigações e pesquisas sociológicas de Florestan Fernandes se voltaram para a compreensão da moderna sociedade de classes no Brasil, que nascia sobre os escombros do recente passado colonial e escravocrata. Esses estudos podem ser localizados historicamente entre as décadas de 1950 e 1970. O foco empírico de suas pesquisas acompanha a transição do trabalho escravo, em fins do século XIX, para a consolidação da categoria social do trabalho livre ao longo do século XX, período em que se consolidam, no Brasil, a ordem social competitiva, a sociedade de classes e o capitalismo. Trata-se de um processo histórico de larga duração, que afeta de maneira dramática a vida da população pobre e marginalizada, em sua grande maioria composta de negros ou de descendentes dos ex-agentes do trabalho escravo. No entanto, para Fernandes, a marginalização do negro reproduzia nas condições sociais, em escala ampliada, as mais duras e precárias possíveis, o que acontecia com outros estratos da população em termos de subalternização e espoliação do homem pobre em uma sociedade de classes. Esse contexto produz a matéria prima da sociologia militante de Florestan. Mas não só.

Do conjunto de sua obra, há um esforço claro de Florestan para entender e enfrentar a problemática da revolução brasileira, justamente quando a contrarrevolução burguesa se estabelece, em abril de 1964. Ele redireciona seu diálogo com a teoria social marxiana, já plenamente madura em Florestan, buscando na tradição marxista, as fontes para entender o Brasil e para transformá-lo.

No contexto geral da produção intelectual de Florestan desse período, há uma clara intencionalidade de elevar a consciência política, crítica e cultural dos jovens, dos militantes, dos intelectuais, dos educadores e da produção científica no Brasil. Isso marca a perspectiva educacional que valoriza o conhecimento, o aprofundamento teórico mediado pela recuperação da categoria revolução, ancorada no referencial teórico do marxismo. Com a organização da coleção *Os grades cientistas sociais*, pôs em prática uma das dimensões de sua contribuição cultural à sociedade brasileira, o que ressalta seu compromisso de intelectual orgânico, isto é, o "Florestan como agitador de ideias, como tribuno do povo, como divulgador da literatura socialista, repondo no centro do debate a revolução e a luta de classes" (Netto, 2006, p. 18).

O que Florestan se propõe com a obra?

Fica bastante explícita a intenção de Florestan ao organizar e também comentar os textos de Marx, Engels, Lenin. Ele se propõe recapitular as ideias centrais desses autores sobre a ciência da história.

Os aspectos tratados por Florestan Fernandes nas suas duas introduções às coletâneas de escritos de Lenin e de Marx e Engels são justamente os que destacam o referencial do materialismo histórico como uma teoria revolucionária. Esse objetivo é patente na coletânea sobre a concepção de ciência histórica em Marx e Engels. Já em relação a Lenin, o objetivo era o de desvendar as dimensões de seu pensamento político e situar suas contribuições para as ciências sociais.

O nosso autor já era crítico da fragmentação das Ciências Sociais, quando analisa que a própria universidade contribui para essa fragmentação. Por isso, Florestan está preocupado em buscar uma concepção unitária de ciência e, nela, a história como ciência de síntese. A síntese marxiana de que a história humana nada mais é que a história da luta de classes estão plenamente justificáveis nos textos selecionados por Florestan, sobretudo no que concerne ao pensamento de Lenin no terreno da ação política tendo como guia todo o legado marxista.

Localizar o leitor/pesquisador diante do materialismo histórico dialético, como ele brotou da produção científica desses autores, da perspectiva histórica, da luta de classes e do protagonismo do proletariado para explicar e transformar a realidade é o esforço teórico de Florestan, reconhecendo decididamente a importância do materialismo histórico-dialético na formação e desenvolvimento das ciências sociais.

No estudo sobre o método, Florestan ressalta, de um lado, a crítica empreendida por Marx e Engels quando explicitam como a burguesia patrocinou uma concepção liberal de ciência aplicada, sustentando uma pseudoneutralidade científica e tendo como referência a naturalização dos fenômenos sociais. As ciências, na ótica burguesa, são instrumento ideológico de manutenção e justificativa da ordem estabelecida. De outro lado, Florestan põe relevo na centralidade da imbricação entre teoria e prática dentro do materialismo histórico-dialético e, por isso, Marx e Engels puderam desvendar "a natureza e o significado da concepção materialista e dialética da história, instrumento claro, direto da consciência social e da atividade política revolucionária das classes trabalhadoras" (Florestan, 2012, p. 16). Essa concepção não legitima a ordem, mas oferece instrumental teórico e prático para sua transformação sob o protagonismo dos trabalhadores e suas organizações de luta de classe.

Florestan também dá relevo e importância às tarefas da crítica na produção intelectual de Marx e Engels: crítica à Filosofia alemã, à Economia Política inglesa, ao socialismo utópico, sobretudo o francês. Essas três grandes áreas do conhecimento e, portanto, das ciências, deram a Marx e Engels, que os encarnam na ciência da história, os interesses e as aspirações revolucionárias da classe trabalhadora. O modelo liberal-naturalista (burguês) não estabelece essa conexão entre a descoberta da teoria e sua aplicação. Florestan vai destacar, ainda, e reconhecer que esses autores estabelecerão a conexão entre ciência social e revolução. Por isso, seus escritos nascem de combates cotidianos e não "ocasionais" ou "marginais". Vão ver na economia – nas relações sociais de produção – o núcleo principal da investigação empírica e da elaboração teórica. A burguesia fizera da Economia Política sua trincheira ideológica. A Economia Política burguesa dissociava a economia de seu contexto social, político, histórico.

Florestan lamenta que os intelectuais – notadamente, os acadêmicos – perderam muito tempo insistindo em uma sistematização do marxismo que é estéril, repetindo chavões como materialismo, marxismo, dialética, método, contradições. Essas categorias deveriam revelar o verdadeiro espírito da análise. Marx e Engels produziram fora do mundo acadêmico e contra a corrente. No entanto, convertem-nos em meio para ganhar prestígio e entreter modas filosóficas (Florestan, 2012).

A base teórica, reconhece Florestan, nas obras de Marx e Engels, é de que as relações de produção são relações sociais e históricas. O modo de produção capitalista só pode ser entendido como relações sociais e históricas. Opunham-se às relações econômicas de um tipo ideal. Opunham-se à polarização de eventos e processos históricos em várias "ciências históricas especiais". Partiam do concreto, isto é, da unidade do diverso, e defendiam uma coerência lógica, uma visão materialista e dialética do real, intrinsicamente totalizadora e histórica.

Florestan também ressalta que, para nossos autores, o critério de verificação da verdade, na pesquisa histórica, estaria na ação. Um conhecimento teórico infundado ou incompleto não permitiria introduzir mudanças revolucionárias na sociedade. Então, sem a dimensão histórica do papel político do proletariado na luta de classes, a ciência da história não seria nem possível, nem tampouco passível de provar a verdade de sua teoria. O proletariado necessitaria do laboratório para suas experiências cruciais.

O que é específico na pesquisa histórica de Marx e Engels?

Uma história que se ligava a uma concepção científica revolucionária feita por homens que eram revolucionários de primeira linha, sustenta Florestan, para quem a consciência os compeliu - nossos revolucionários – a enlaçar ciência e comunismo – a consciência revolucionária da história. Assim, Marx e Engels suplantaram a pesquisa investigativa, tanto no terreno empírico quanto teórico, porque projetaram a pesquisa histórica sobre a formação e o desenvolvimento da nova classe trabalhadora. Buscaram na luta de classes uma chave para interpretar o futuro em perspectiva histórica.

Reconhece Florestan que a revolução burguesa também produziu uma geração de historiadores capazes de descrever as classes e de entender o significado histórico da luta de classes. De um golpe, eles eliminaram o arraigamento estático da história, que excluía o sujeito investigador desta e convertia o passado em um santuário de arquivos e documentos.

A história em processo – o presente como processo

Esta parte da coletânea, observa Florestan, tem por objetivo sugerir ao leitor qual é a qualidade e a envergadura do "trabalho de historiador" de Karl Marx e Friedrich Engels, tal como aparece em seus ensaios históricos. O título *História em processo* evoca uma maneira de apanhar a história em seu movimento de vir-a-ser cotidiano (ou seja, como ela brota aos "nossos olhos" ou se desenrola em um presente vivido e em um passado que possa ser descrito "dinamicamente"). A história em processo é a história dos homens, o modo como eles produzem socialmente sua vida, ligando-se ou opondo-se uns aos outros, de acordo com sua posição nas relações de produção, na sociedade e no Estado.

Marx e Engels vão distinguir, observa Florestan, a descrição histórica límpida da algaravia economicista vulgar e nisso não há determinismo econômico – muito menos fanatismo. Se detém sobriamente sobre os fatos e fatores econômicos, traçam a sua importância na complexa rede de causas e efeitos históricos interdependentes. A maioria dos historiadores "profissionais" argumentam que o teste científico da história está em sua contribuição ao estudo das civilizações. Marx e Engels, diferentemente, pelos modos de produção, penetram no estudo das formas antagônicas de sociedade e civilizações correspondentes.

Nunca se identificaram com a "história das civilizações" de sua época, que se revelou incapaz de superar os resíduos idealistas herdados da filosofia da história. Ambos procederam, de forma implacável, a crítica à civilização.

Um convite à leitura da obra

Por fim, fica a motivação à militância social, seja aquela mais exigente no aprofundamento teórico, seja aquela que está iniciando sua militância e se desafia na aproximação às obras clássicas do marxismo. A leitura destes textos, organizados por Florestan, se torna uma exigência. Ele mesmo assinala que "as escolhas feitas não traduzem uma preferência pessoal. Fiz o possível para chegar a um resultado pedagógico, isto é, a um elenco de leituras de importância decisiva para a aprendizagem do leitor" (Fernandes, 2012, p. 83).

Podemos confirmar que o conjunto das leituras das obras destes três autores (Marx, Engels e Lenin) constituem um curso, uma introdução sistemática ao pensamento destes revolucionários. É um roteiro que o leitor terá diante de si, e que desvela a essencial preocupação de Florestan: pautado por critérios científicos, traduzir o legado teórico metodológico e revolucionário destes três autores. O didatismo pedagógico de Florestan nos brinda com seus comentários sobre cada texto, dos que puderam ser incluídos nessa organização, bem como daqueles que não puderam ser publicados.

Os objetivos implícitos e explícitos do esforço intelectual de Florestan foi o de influenciar toda uma geração de estudantes, pesquisadores, professores, cientistas sociais com pensamento analítico crítico que furasse o bloqueio imposto pela política educacional e cultural da ditadura civil-militar. Apresentar a possibilidade dos caminhos da revolução brasileira. Diante da atual guerra ideológica vigente no nosso tempo histórico, a obra ganha uma atualidade impressionante, sobretudo para aqueles que estão empenhados em levar adiante e ou retomar o leito da revolução proletária.

As bases teórico-metodológicas destes autores evocados por Florestan são combustível indispensável para fazer avançar o motor da história: a luta de classes que ora aparece camuflada, ora em campo aberto, como nos dias atuais. Apenas a espontaneidade das lutas de massas, ainda que necessária, não terá alcance na arena da luta política se não houver uma teoria revolucionária que a acompanha. Marx, Engels e Lenin, aos olhos de Florestan, nos mostram que a história é a parteira das transformações sociais. Esse processo maiêutico é indispensável a todos os lutadores e lutadoras sociais.

Referências

BARÃO, Gicelene de O. D. B. *Florestan Fernandes e o marxismo*: dois momentos de uma longa trajetória (1946 e 1983). *Revista HISTEDBR on-line*, Campinas (SP), v. 12, n. 48, p. 324–337, dez. 2013. Disponível em: https://periodicos.sbu.unicamp.br/ojs/index.php/histedbr/article/view/8640025. Acesso em: 28 nov. 2020.

COSTA, Diogo V. de Azevedo. *Florestan Fernandes e os dilemas do subdesenvolvimento capitalista*: a sociologia como crítica da dependência cultural. Ipea, Anais do I Circuito de Debates Acadêmicos, 2011. Disponível em: https://www.ipea.gov.br/code2011/chamada2011/pdf/area11/area11-artigo5.pdf . Acesso em: 18 jun. 2021.

FERNANDES, Florestan. Introdução. Contribuição à crítica da economia política. *In*: FERNANDES, Florestan. *Em busca do socialismo*: últimos escritos e outros textos. São Paulo: Xamã, 1995.

FERNANDES, Florestan. *Marx, Engels, Lenin*: história em processo. 1. ed. São Paulo: Expressão Popular, 2012.

NETTO, José Paulo. Florestan Fernandes: uma recuperação marxista da categoria revolução. *In*: NETTO, José Paulo. *Marxismo impenitente*: contribuição à história das ideias marxistas. São Paulo: Cortez, 2004.

NETTO, José Paulo. Entrevista. Rio de Janeiro: UFRJ, mimeo., 2006

RODRIGUES, Lidiane Soares. Centralidade de um cosmopolitismo periférico: a "Coleção Grandes Cientistas Sociais" no espaço das ciências sociais brasileiras (1978-1990). *Revista Sociedade e Estado*, v. 33, n. 3, set. /dez. 2018.

ASPECTOS DO LEGADO DE FLORESTAN FERNANDES, A EDITORA EXPRESSÃO POPULAR E A ESCOLA NACIONAL DO MST NA BATALHA DE IDEIAS

Adelar João Pizetta[1]
Carla Maria Loop[2]
Carlos Finatto Bellé[3]
Rosmeri Witcel[4]

Celebrar o Centenário de Florestan Fernandes (1920-1995) é um acontecimento com muitos enfoques e diferentes maneiras de abordagem. Optamos por refletir acerca da relação que podemos estabelecer entre a nossa trajetória e a vida de um homem como Florestan. Por que o MST o homenageia, dando seu nome à nossa Escola Nacional de Formação de Quadros? Qual o papel da Escola Nacional Florestan Fernandes (ENFF) e da editora Expressão Popular na construção de práticas teóricas revolucionárias da classe trabalhadora, da formação de quadros, na "batalha" de ideias?

Não é simples a resposta a essas indagações, nem é nossa intenção respondê-las aqui. Homenageamos Florestan trazendo uma reflexão acerca de aspectos do seu legado teórico e político que nos parecem extremamente atuais e continuam a orientar as práticas políticas e organizativas de todos aqueles que buscam

---

1 Militante do MST, Setor de Formação. Atua na Universidade Federal do Espírito Santo.

2 Militante do MST. Atua na Coordenação Político Pedagógica da ENFF.

3 Militante do MST. Atua na Editora Expressão Popular.

4 Militante do MST. Atua na Coordenação Político Pedagógica da ENFF.

romper e superar a ordem burguesa e lutam pela construção de uma sociedade socialista. Em seguida, trazemos ideias acerca do papel/função da editora Expressão Popular na batalha das ideias, e no terceiro momento, os 15 anos de intensa atividade formativa da Escola Nacional Florestan Fernandes.

Dada a exuberante, vasta, ampla, profunda e abrangente obra por ele produzida, torna-se impossível trazê-la nas dimensões desse pequeno texto, mesmo assim o fazemos como processo de apropriação de uma produção conectada profundamente com os dilemas, com grandes e diversas questões do seu tempo que não separam pensamento crítico, investigação, elaboração teórica e ação combativa de caráter socialista que também se materializam em nossas ações na atualidade.

Aspectos do legado de Florestan Fernandes

Em primeiro lugar, destacamos a necessidade de compreender a nossa história: quem somos? Como nos tornamos o que somos? O que podemos nos tornar ainda? Para onde vamos? Precisamos escavar a história a *contrapelo* para encontrar as raízes da dominação no nosso passado colonial, escravocrata, neocolonial, dependente, patriarcal, racista, homofóbico para reencontrar o nosso passado heroico de luta, de resistência, de um povo que não se submete à dominação dos de cima. A história movida pelas contradições de classe, de grupos sociais, de interesses econômicos e políticos, está em permanente construção e devemos manter o alerta de Florestan: "Não se pode esquecer que a história é cruel com aqueles que pensam que ela é eterna, porque ela não é eterna. Ela muda a face, muda as exigências e pode se converter num abismo e afogar os que não percebem que é momento de mudar de rumo" (Fernandes, 1994, s/p). Que mudanças estão ocorrendo no mundo e no Brasil? Quais rumos as classes trabalhadoras e exploradas estão tomando? Trata-se de compreender a essência da nossa sociedade, buscando as interrelações, os nexos e laços construídos historicamente, em uma relação sempre direta com o sistema econômico mundial. Isto porque, para entender o processo de desenvolvimento capitalista no Brasil, Florestan parte da análise de como se dá a integração do Brasil ao sistema capitalista mundial. Desde seus primórdios, esta é uma inserção subordinada aos interesses econômicos e políticos dos países coloniais e imperialistas. Segundo Florestan, essa subordinação não é mero fruto de uma *imposição de fora* (o que ela também é), mas se articula aos próprios interesses da burguesia brasileira, que reproduz internamente relações de exploração econômica e de dominação política e ideológica. Como diz Florestan,

> As estruturas do capitalismo dependente estão preparadas para organizar a partir de dentro as 'condições ótimas' da sobreapropriação repartida do excedente econômico e para renovar continuamente as condições de reincorporação ao espaço econômico, sociocultural e político das sociedades hegemônicas preponderantes. (Fernandes, 2009, p. 64)

É assim que "dependência e subdesenvolvimento são um bom negócio para os dois lados" (Fernandes, 2009, p. 34).

Dessa maneira, a burguesia brasileira já nasce umbilicalmente ligada à burguesia internacional, imperialista, o que remete a uma análise de classes não dogmática, pois é praticamente impossível falar de burguesia nacional. Mais ainda, esse fenômeno vai forjar uma burguesia antinacional, antidemocrática e antissocial. Uma burguesia submissa aos interesses de fora e truculenta com os trabalhadores aqui dentro; uma burguesia que não inova, que não cria, mas que se limita a copiar e a adaptar, tanto nos aspectos econômicos como nos aspectos políticos, culturais, educacionais; uma burguesia que articula e viabiliza os interesses do grande capital com seus próprios, à custa da miséria, da exploração e da repressão dos trabalhadores e da pilhagem das riquezas dentro e fora do país. Atingimos uma fase em que a dominação externa se organiza e fortalece a partir de dentro e, em todos os níveis da ordem social, na quase totalidade dos países latino-americanos, sendo um mecanismo que aprofunda as dificuldades que esses países encontram para realizar sua integração, desenvolvimento e crescimento econômico em bases próprias e autônomas.

Portanto, compreender o padrão de dominação burguesa no Brasil é perceber a impossibilidade de conciliar o desenvolvimento capitalista com a democracia ampliada, ou seja, com a participação popular nos destinos do país. A burguesia estabeleceu uma forma autocrática de organização do poder, uma forma de democracia restrita, isto é, uma democracia da qual estão excluídos os trabalhadores como agentes políticos ativos.

Em segundo lugar, destacamos a necessidade de assumir a perspectiva analítica da luta de classes. O intelectual ou militante político que não pensar e atuar a partir da luta de classes, não terá êxito no processo de formação e organização da classe trabalhadora. Como bem disse Florestan (1980a, p. 45), "Se se quiser refletir em termos socialistas sobre a história do presente e do futuro, é preciso colocar-se a luta de classes no centro da história". Analisar as classes, subclasses, frações de classe, enfim, as diferentes forças que se movem, se defrontam em disputas políticas na sociedade, exige uma capacidade de análise que já não cabe nos manuais, nem nos esquemas dogmáticos, que, por vezes, ainda adotamos em nossa prática política e de formação. Florestan denunciou que não se pode enquadrar a realidade dentro de um arcabouço teórico pré-estabelecido, mas, ao contrário, o marxismo é que precisa se desenvolver a partir da análise da nossa realidade. As categorias de análise não são produzidas pela cabeça dos investigadores, mas elas estão na própria realidade que precisa ser decifrada por eles.

Dessa perspectiva, importa analisar em que espaços, setores e como se dá a polarização da luta de classes no contexto atual.

Importa saber quais as forças vivas e potenciais que podem levar adiante processos organizativos e de lutas autônomas que apontem os caminhos da emancipação humana, e, portanto, da revolução brasileira. Florestan nos legou essa necessidade de compreender a realidade a partir de uma teoria rigorosa que não seja dogmática, esquemática, fechada. Pelo contrário, defendeu a necessidade de uma teoria aberta, criativa, inovadora, a partir de uma base teórica sólida – o marxismo. Daí ele ter enfatizado a necessidade de ir aos clássicos, de beber na fonte, de superar os manuais que simplificam a teoria e a própria compreensão da realidade e avançar em novas elaborações, em novas construções coletivas de análise e de lutas, tendo como eixo central a luta de classes e a perspectiva revolucionária.

Em terceiro lugar, podemos reivindicar a elaboração teórica de Florestan Fernandes acerca da relação entre raça e classe para entender os acirramentos da atualidade, pois muitos deles se referem às pautas ditas identitárias, e a questão racial está cunhada por essa pauta. Tratar dessas questões é tratar de uma ferida aberta na sociedade brasileira. Como essas feridas surgem? Florestam percebe a integração da população negra, ex-escravizada, na sociedade emergente do processo de transformação capitalista no Brasil. Essa transição, tem um ideário fortemente racista, que tenta manter a população negra em um determinado local, inferior, desigual e marginalizado. Florestan nos ajuda a perceber que é preciso uma ruptura com a idealização da democracia racial. A ideia do mito da democracia racial é fundamental porque ele a explicita como uma técnica de dominação social de uma determinada classe dominante, que tem consequências importantes: a) coloca para o negro um problema que é de todos, que é social – o problema da desigualdade social – como se fosse uma incapacidade da população negra, colocado no campo individual; b) ajuda a desvelar o mito da democracia racial que isenta a população branca da sua responsabilidade com a situação social, para o combate à desigualdade racial; além de c) forjar uma ideia falsa da realidade racial brasileira. Florestan considera o desenvolvimento do capitalismo no Brasil como um capitalismo dependente, que tem dois pilares de sustentação: a) o capital externo e a burguesia brasileira vinculada ao capital internacional; b) a desigualdade interna, que mantém as relações sociais atrasadas, a desigualdade social, racial e regional, mantendo uma vinculação orgânica entre o arcaico e o moderno no Brasil. Mesmo que tenhamos nos desenvolvido, algumas relações sociais que deveriam estar no passado se mantêm e são fundamentais para o equilíbrio dessa relação dependente. Uma dessas relações, que Florestan Fernandes coloca como atrasada e que se mantém, é a relação racial.

As transformações capitalistas no Brasil, do ponto de vista do trabalho, vão manter alguns setores da população, justamente os setores negros, fora desse mercado de trabalho. Do ponto de vista dos critérios raciais, há continuidade de uma avaliação baseada em uma ideia moral de inferioridade. Ao falar sobre a integração da população negra no mundo dos brancos, nas instituições sociais, do mercado de trabalho branco, que tem critérios de classificação social e moral a partir da racionalidade branca, Florestan aponta a abolição feita dos brancos para os brancos: os interesses atendidos não eram da população negra, portanto, ela precisa de uma reparação histórica. "O regime extinto não desapareceu por completo após a Abolição. Persistiu na mentalidade, no comportamento e até na organização das relações sociais dos homens, mesmo daqueles que deveriam estar interessados numa subversão total do antigo regime" (Florestan, 2008, p. 302).

A grande particularidade da formação da classe trabalhadora no Brasil é a escravidão, ou seja, a formação do mercado de trabalho e da classe trabalhadora do Brasil tem que ser entendida de forma paralela à integração das pessoas antes escravizadas nessa nova ordem em ascensão, percebendo esses processos de exclusão, ausência de socialização da população negra, com séculos de escravidão que criam uma imagem social estereotipada que continua atuando, pois eles não foram superados com o processo de formação capitalista. Florestan argumenta que o preconceito de cor se elabora como uma categoria histórica social que mostra como raça e classe se misturam de forma intrínseca. Portanto, as análises sobre a exploração da classe trabalhadora vão ganhar uma dimensão mais profunda se analisadas à luz da herança da escravidão e da ausência de socialização da população negra. Segundo Florestan,

> O negro nega duplamente a sociedade na qual vivemos – na condição racial e na condição de trabalhador. A interação de raça e classe existe objetivamente e fornece uma via para transformação do mundo, para engendrar uma sociedade libertária e igualitária sem raça e sem classe, sem dominação de raça e sem dominação de classe. (Fernandes, 2017, p. 27)

A manutenção do racismo e da desigualdade racial é fundamental para a manutenção dos privilégios das classes dominantes do Brasil; dessa forma, a superação desse capitalismo dependente precisa contar com um ideário antirracista, que alie a luta de raça e a luta de classes. A luta de classes precisa estar aliada a uma ideologia antirracista, por toda nossa formação social, herança que ainda carregamos, que foi transformada no capitalismo, mas não foi superada.

Em quarto lugar, a história em perspectiva, o socialismo como horizonte. Na posição teórica e política assumida por Florestan, a única alternativa dos trabalhadores é a construção de formas organizativas e ideológicas autônomas que permitam avançar na construção de uma revolução socialista. É importante ressaltar que Florestan nunca titubeou em qualificar esse conceito. Para ele, a revolução não é um momento, ela é um processo de ruptura radical com a ordem do capital e a construção de uma nova racionalidade, de uma nova sociedade alicerçada nos princípios e valores humanistas e socialistas. Suas análises da sociedade brasileira o levaram a concluir que a revolução brasileira deveria ter um desfecho socialista tanto como processo quanto como resultado da correlação de forças e da luta de classes, em uma realidade concreta e historicamente determinada; para isso, seria necessário combinar as lutas políticas com as lutas reivindicativas realizando tarefas que a revolução burguesa não cumpriu. Lembremo-nos que, no Brasil, não houve revolução burguesa clássica que concretizava reivindicações como a reforma agrária, a reforma urbana, a república etc. Concomitantemente, nosso país terá que fazer um acerto de contas com nossa dependência externa, romper com os laços de integração subordinada aos interesses do capital, isto é, romper com a dominação imperialista. Portanto, colada à revolução democrática, está a questão de uma revolução nacional, para poder construir de fato uma nação soberana, autônoma e independente. Mas, devido a essas condições, só será possível viabilizar essas revoluções se mantivermos o horizonte socialista.

Daí a atualidade dessa análise no sentido de termos plena convicção de que, no âmbito do domínio do capital, não existem alternativas viáveis para as classes trabalhadoras. E Florestan deixa muito nítida sua posição política, ao afirmar:

> Eu não sou só marxista. Sou um marxista que acha que a solução para os problemas dos países capitalistas está na revolução. Dizer isso não é uma fanfarronice. É assumir, de forma explícita, o dever político mínimo que pesa sobre alguém que é militante, embora não esteja em um partido comunista e que, afinal de contas, tentou, durante toda a vida, manter uma coerência que liga a responsabilidade intelectual à condição de socialista militante e revolucionário. (Florestan, 1987, p. 31)

Em outra passagem, reafirma essa mesma perspectiva: "a revolução [...] não é só uma revolução anticapitalista e antiburguesa.

Ela é uma revolução socialista" (Florestan, 2000, p. 63). Como construir um amplo movimento político, uma aliança entre as classes trabalhadoras e os setores marginalizados da sociedade – os "de baixo" – capaz de produzir uma força social autônoma, revolucionária, que leve a luta pela ruptura com o nosso passado, até os limites da luta "contra a ordem", isto é, assumindo a necessidade da conquista do poder e da construção de uma sociedade socialista?

Em quinto lugar, podemos reivindicar de seu legado a importância do estudo, da educação e formação, desde o ingresso na escola até a formação da consciência crítica. Mais do que isso, a importância da pesquisa, da descoberta daquilo que está oculto e sua transformação em instrumento de luta dos marginalizados, dos "de baixo". Florestan sabia dos limites da instituição escolar, do seu caráter nitidamente burguês, mas, percebia também que ali está um espaço onde se trava a luta de classes e, se os pobres, os filhos dos trabalhadores, não tiverem acesso a ela, não terão como se transformar em atores na arena da luta política. Florestan não tinha ilusões sobre a escola, sabia que apenas pela educação não se resolveriam os problemas da nossa sociedade, mas também sabia que um povo analfabeto, desconhecedor da sua história e incapaz de imaginar e sonhar com um futuro diferente, seria impotente para construir as ferramentas de luta capazes de levar adiante os processos de transformação. Para Florestan, não se tratava de qualquer educação, mas, de uma educação que pudesse desenvolver capacidades criativas, imaginativas, que despertassem o senso da necessidade da mudança, pois,

> [...] em um país como o Brasil, é necessário criar um mínimo de espírito generalizado, cidadania universal e desejo coletivo de mudança radical para se ter a utopia de construir uma sociedade nova que poderá terminar no socialismo reformista ou no socialismo revolucionário. Eu prefiro a última alternativa. (Fernandes, 1995, p. 94)

E, para tal condição, era necessário revolucionar o sistema educacional, a escola. Florestan argumentou que a educação constituía o mais grave dilema social brasileiro, sendo equiparável aos problemas do desemprego, da fome, da miséria, da violência, da extrema concentração da propriedade da terra, do inchaço das cidades, pois, como ele dizia: "A sua falta (educação) prejudica da mesma forma que a fome e a miséria, ou até mais, pois priva os famintos e miseráveis dos meios que lhes possibilitem tomar consciência de sua condição, dos meios de aprender a resistir a essa situação" (Fernandes, 1989, p. 126). Por isso, exigia que os trabalhadores excluídos entrassem na malha escolar para poder desenvolver seu potencial crítico, criativo e fomentador de rebeldia.

Em sexto lugar, resgatamos algo difícil de introjetar na vida das pessoas, mas fundamental para a construção da nova sociedade. Trata-se da coerência com os valores, com a moral e com a ética revolucionária. Nossa consciência e o projeto político no qual nos engajamos exigem a coerência entre o discurso e a prática, entre aquilo que dizemos e aquilo que fazemos. A consciência de classe, a consciência política e socialista, fez de Florestan um homem de palavra e de ação; um intelectual e militante engajado nas pesquisas e nas lutas dos de baixo durante toda a sua vida. Para ele, não havia negociação com os poderosos, não havia cooptação, nem postura fácil e superficial. Ele foi um homem de princípios morais e éticos provenientes de sua condição de classe, mas, acima de tudo, provenientes de sua posição de classe e da perspectiva socialista. Foi um homem radical e de firmeza ideológica, traços que o mantiveram atado às tendências políticas e aos movimentos sociais que se projetavam em direção à luta pela transformação da realidade. Essa firmeza não significa que ele não soube dialogar com outras vertentes ideológicas e com os representantes de outras classes, pois, na política, temos que estabelecer relações, prever as possibilidades de alianças; mas, do ponto de vista ideológico, não podemos duvidar dos rumos que nos propomos seguir; não podemos renegar princípios, nem nos deixarmos cooptar, negociando valores e ideias. Suas demonstrações práticas e teóricas de vida nos emocionam até hoje. Elas permanecem como um alento para as nossas consciências: são lições de vida que não nos permitem a acomodação, a traição, a negociação da luta pelo conforto dos gabinetes do poder.

Vivemos uma conjuntura política que nos coloca a necessidade de pensarmos uma nova ética, uma nova moral e uma nova cultura que estejam de acordo com o projeto político que estamos construindo. Novas relações, novos comportamentos, novos valores devem ser manifestações vivas do novo que ainda não nasceu, mas se propõem a suplantar o velho, os resquícios da sociedade capitalista, pois não poderemos construir uma nova sociedade com essa velha roupagem que herdamos da sociedade capitalista. Precisamos nos despir dela agora como condição para irmos tecendo na prática as novas referências que podem estimular outros setores a construir coletivamente os novos rumos.

Estamos conscientes da necessidade do desenvolvimento de uma nova capacidade de reagir contra as injustiças, de estarmos permanentemente inconformados com as atuais manifestações de naturalização da barbárie e da violência. Sabemos que a ética revolucionária e socialista precisa estar presente nas nossas vidas cotidianas, de forma individual e coletiva. Hoje, a pedagogia do exemplo tornou-se uma necessidade da luta, pois não podemos repetir palavras de ordem revolucionárias se nas ações cotidianas e nas políticas organizativas nos mantivermos conservadores, oportunistas, acomodados, indisciplinados. Florestan é extremamente atual, porque ele nos orienta e estimula a vivência desses novos valores ao afirmar que

> O caráter humano chegou-me por essas frestas, pelas quais descobri que o 'grande homem' não é o que se impõe aos outros de cima para baixo ou através da história; é o homem que estende a mão aos semelhantes e engole a própria amargura para compartilhar a

> sua condição humana com os outros, dando-se a si próprio, como fariam os meus Tupinambá [...] descobri que a medida do homem não é dada pela ocupação, pela riqueza e pelo saber, mas pelo 'seu caráter', uma palavra que significava, para eles, pura e simplesmente, 'sofrer as humilhações da vida sem degradar-se'. (Fernandes, 1980b, p. 143-147)

A atualidade de Florestan está na realidade da luta de classes e na perspectiva revolucionária e socialista desta luta e somente nessa trilha manteremos a sua presença e referência viva, inquietante, desafiadora.

Portanto, ao celebrarmos o centenário de seu nascimento e ao estudarmos sua obra, reafirmamos os compromissos de sua vida: contribuir com a revolução brasileira e latino-americana; compreender a fundo, na essência, nossas sociedades; produzir uma análise e um conhecimento que rompam com os esquemas dogmáticos e tradicionais de explicá-la aos trabalhadores; acreditar e sonhar com uma nova sociedade, que brote das entranhas dessa que vivemos e que a suplante; fazer a história e, para fazê-la, precisamos dos instrumentos adequados, os mais apropriados a cada estágio da luta; precisamos do conhecimento, do rigor, da seriedade, da solidariedade, do companheirismo, da humildade, da simplicidade que nos elevam como militantes e dirigentes políticos. A chama do socialismo, que o manteve vivo, nos convoca a continuar organizando, formando e desencadeando lutas táticas e estratégicas que façam avançar o processo da revolução socialista.

Por último, uma linda passagem do mestre, que nos toca a todo o momento, quando argumentava a necessidade de construir uma grande força política da classe, que se propusesse como tarefa estratégica a revolução: "Quanto ao 'sonho', o que se deve dizer é que sem sonhos políticos realistas não existem nem pensamento revolucionário nem ação revolucionária. Os que não 'sonham' estão engajados na defesa passiva da ordem capitalista ou na contrarrevolução prolongada" (Fernandes, 1984, p. 111). Continuemos "sonhando" e lutando para que a revolução e o socialismo se tornem realidade histórica, conquistados a "duras penas", como bem nos alertou Florestan. Se não estivermos no dia da vitória, ao menos que tenhamos feito a nossa parte.

A editora Expressão Popular na batalha de ideias

Uma nota político-histórica

Os anos da década de 1990 marcaram profundamente a história da classe trabalhadora. Em 9/11/1989, o então "socialismo real" ou "socialismo de Estado" caiu com o muro de Berlim e seguiu-se a desintegração da URSS (26/12/1991). O neoliberalismo (mínima participação do Estado na economia; privatização de empresas estatais; retirada de direitos sociais; garantia de livre circulação do capital), torna-se hegemônico, mas os problemas sociais se aprofundam. Uma grave crise ideológica atingiu instrumentos de classe e parte significativa da militância popular, sindical, partidária. O reformismo se tornou o máximo possível e a ideia de revolução já não se colocava mais.

Entretanto, aprendemos com a "velha toupeira" que a história não é linear. E os movimentos populares emergem com força diante da crise econômica, social, política e ideológica, reconstruindo os laços de solidariedade da classe trabalhadora como um novo espaço de luta política e de um novo "coletivo orgânico" que se reorganiza, reafirmando o legado dos clássicos e da revolução de 1917: das conquistas sociais e políticas com melhorias na qualidade de vida do povo; do elevado nível cultural; da importância e construção dos instrumentos organizativos da classe trabalhadora; da reafirmação do marxismo como método e base teórica para entender o modo de produção capitalista e, assim, transformá-lo revolucionariamente.

Deste processo, em dezembro de 1997, na Conferência de Itaici, estado de São Paulo, com mais de 300 lutadores do povo, consolidou-se um tripé político-metodológico que dará sustentação aos pilares de um "Projeto Popular para o Brasil", cuja tarefa central era construir respostas concretas para resolver os problemas do povo brasileiro: a) Formação política e elaboração teórica (a necessidade de conhecer a realidade brasileira, recuperar o pensamento socialista histórico, formação da consciência social); b) Lutas massivas: construir, impulsionar e estimular as lutas de massas para alterar a correlação de forças, construir força social e disputar a consciência social; c) Organização: construir a organicidade dos lutadores do povo em torno de objetivos estratégicos e dotá-los de unidade de ação por meio da pedagogia do exemplo.

Como ferramentas necessárias para enfrentar a tríplice crise – político-ideológica, do instrumento político e da organicidade dos militantes – foi desencadeada, em 1998 a campanha para a construção da ENFF e, em dezembro de 1998, a definição de construir a Editora Política. Essa foi uma iniciativa do MST, visando atender às necessidades de publicações e edições de materiais de formação político-ideológica, produzir livros para formação dos militantes, sempre com o menor custo possível, para que sejam acessíveis para o militante de menor poder aquisitivo. Com isso, seriam editados materiais que contribuíssem para o desenvolvimento dos militantes como verdadeiros "transformadores sociais" da realidade brasileira, com a perspectiva de que toda produção das tarefas editoriais se basearia no espírito do trabalho voluntário e valores socialistas, assim como os direitos autorais, que deveriam ser doados como contribuição solidária à causa da classe trabalhadora.

Aprendendo com Florestan Fernandes: o papel da Editora na batalha das ideias

a) A importância do rigor no método e na pesquisa-estudo: a arte da transformação social, da revolução, é uma ciência. Toda a produção editorial, tendo por objeto a ciência produzida pela classe trabalhadora, deve estar voltada para a transformação da realidade e ser compreendida pela classe trabalhadora. Deve explicitar as contradições, apresentar alternativas de superação, estimular o desenvolvimento de metodologias que aliem teoria e práxis, compartilhar a certeza de que só a classe trabalhadora pode fazer a revolução. A tradição marxista registra que é a classe trabalhadora que produz sua própria teoria, produz seus quadros orgânicos, produz seus instrumentos organizativos com capacidade de interpretar e transformar o mundo, produz sua práxis. Então, o papel primordial de um projeto editorial é o de materializar tais ideias em livros, difundindo ao máximo sua produção orgânica. Ou, nas palavras de Florestan,

> Se a massa de trabalhadores quiser desempenhar tarefas práticas específicas e criadoras, ela tem de se apossar primeiro de certas palavras-chave (que não podem ser compartilhadas com outras classes, que não estão empenhadas ou que não podem realizar aquelas tarefas sem se destruírem ou sem se prejudicarem irremediavelmente). Em seguida, deve calibrá-las cuidadosamente, porque o sentido daquelas palavras terá que confundir-se, inexoravelmente, com o sentido das ações coletivas envolvidas pelas mencionadas tarefas históricas. [...] A noção de revolução tem de ser calibrada pelas classes trabalhadoras em termos das relações antagônicas entre a burguesia e proletariado dentro do capitalismo atual. (Fernandes, 2018, p. 11-12; 16)

b) A necessidade da formação de quadros orgânicos: a classe trabalhadora apreendeu que "uma ideia se torna força material quando ganha as massas", e que essa ideia é o contributo de gerações que se forjaram na luta social, nos legando as obras clássicas do marxismo sintetizadas por Marx, Engels, Lenin, Rosa, Kollontai, Mariátegui, Saffioti, Florestan, entre outros, cuja síntese consta do processo de consolidação da primeira experiência socialista: "Sem teoria revolucionária, não há movimento revolucionário". Portanto, o militante que almejamos formar deve ter a capacidade de transmitir o legado dos clássicos para as novas gerações; interpretar os desafios impostos pelo capital; e ter a humildade de aprender com as lutas sociais cotidianas. Nas palavras de Florestan,

> Marx e Engels viram a luta de classes como investigadores científicos e como revolucionários que possuíam uma posição comunista. Graças à primeira condição, recusavam toda utopia; graças à segunda, transcendiam ao moralismo abstrato, ao radicalismo burguês e ao socialismo reformista, voltando-se diretamente para os processos de revolução social intrínsecos à luta de classes e às tendências históricas de dissolução da classe burguesa. (Fernandes, 2009, p. 38)

c) O compromisso com os ideais da classe. O imperialismo, em sua etapa ultraneoliberal – globalização-financeirização –, é hegemônico. O mundo do trabalho, após as conquistas do século XX, se transformou rapidamente por meio das novas tecnologias, da precarização da força de trabalho, da extinção de categorias. Grupos econômicos se apropriaram do Estado, e a fórmula "democracia burguesa" não mais responde aos anseios populares. Chegamos a uma profunda "crise" no âmbito econômico, social, político, ambiental e de valores. É inevitável e urgente trabalhar pela criação de uma nova concepção da vida e do mundo, superando o modo capitalista de interpretação da realidade, de reprodução de seus mecanismos e contravalores, de negação aos trabalhadores de sua própria capacidade de fazer política. Cabe ao projeto editorial contribuir para formar uma teoria social de interpretação da realidade e, com as respectivas tarefas necessárias para o período histórico, deslegitimar permanentemente a proposta do capital, estimular a autoconfiança e a organização da classe trabalhadora, fortalecer sua capacidade para enfrentar o inimigo. Vivenciar princípios e valores éticos contribui para gerar, assim, um novo comportamento: agir com autonomia política, como classe, com unidade de classe – transformando-se em força social capaz de fazer a transformação radical da sociedade. Nas palavras de Florestan,

> Para o comunista, não existe um ideal estático de consolidação da ordem: a revolução terá de seguir seu curso sem cessar, até se tornar orgânica, penetrar no comportamento e a consciência de todos os indivíduos, a organização e o funcionamento de todas as instituições, as estruturas, os dinamismos e as transformações de toda a sociedade. Desse ângulo, as 'instituições revolucionárias' e a institucionalização da revolução' generalizam o impulso da criação do 'homem novo' e da nova sociedade. Atendem à 'última ambição revolucionária': ver o homem liberado da alienação. (Fernandes, 2004, p. 458)

O papel da Editora em disponibilizar as obras de Florestan Fernandes

Era noite de primavera do ano de 2004. As obras de construção da ENFF estavam em pleno desenvolvimento. Na atual plenária Rosa Luxemburgo, realizamos o lançamento do livro *Florestan Fernandes: sociologia crítica e militante,* nossa primeira obra contendo o fino da sociologia de Florestan. Entre músicas, bandeiras, palavras e livros, rosas vermelhas acariciaram mãos calejadas dando novo significado ao último parágrafo (p. 13) do prefácio de Vladimir Sacchetta à obra:

> Apesar da saúde seriamente debilitada, Florestan Fernandes prosseguiu nas tarefas de intelectual comprometido com a classe trabalhadora. Após um discutível transplante de fígado, faleceu no Hospital das Clínicas, em São Paulo, na madrugada de 10 de agosto de 1995. Sua morte, aos 75 anos, vinha coincidir com o massacre de Corumbiara, ocorrido no dia anterior. Em homenagem carregada de simbolismo, a bandeira do MST cobriu seu caixão durante o velório na Universidade de São Paulo. A mesma que iria tremular, como um emblema da síntese do cientista e do militante, no caminho para o crematório da Vila Alpina, onde, na voz de seus companheiros e amigos, a *Internacional* ecoou como um derradeiro tributo.

Alguns anos se passaram desde aquela noite de primavera de 2004. Quanta coisa aconteceu na ENFF desde então. Quanta coisa aconteceu na Expressão Popular! Hoje, contamos com 13 obras de Florestan Fernandes em nosso catálogo. Mas, no cumprimento das atribuições políticas tanto da ENFF quanto da Editora, acariciamos mãos e mentes que se apropriam das contribuições de Florestan por meio dos 100 mil exemplares acessados de nossa produção editorial.

Assim, cumprindo nosso papel da "batalha das ideias", nos aprofundamos no tema do socialismo como projeto de transformação e superação do atual modo de produção ultraneoliberal e fomos estabelecendo as mediações políticas necessárias, dentre elas, a luta anti-imperialista, constitutiva de um projeto popular. Conhecer o inimigo e saber como age é importante, mas determinante é saber como enfrentá-lo, derrotá-lo e, sob seus destroços, construir o novo projeto de nação. Seguimos, portanto, nosso papel de contribuir para que a classe trabalhadora, subalterna, empobrecida, possa obter o controle da narrativa na sociedade: se contrapor à visão burguesa; apresentar e confirmar sua própria narrativa; e apresentar propostas alternativas para sua superação.

Todos os dias somos desafiados a seguir o legado de Florestan: "Acho que a coisa mais difícil que fiz foi permanecer fiel à minha classe de origem" (Fernandes, 1991).

Somos resultado do trabalho coletivo que se espalhou Brasil afora. O livro chega nas muitas mãos calejadas. Mãos acostumadas a desbravar a terra com a foice, o facão, a enxada... ferramentas de trabalho na lida diária da produção. Uma nova cultura política e novos sujeitos vão se formando. Outras necessidades são criadas; em suas casas, começa a aparecer um novo cômodo, uma estante, uma biblioteca. São muitas as casas de camponeses Sem Terra que ganham essa força. As prateleiras de livros da Expressão, vão ganhando espaços decorados, ornamentados e embelezados com os muitos títulos de histórias de lutas, resistências, de teorias revolucionárias, agora disponibilizados pela "sua" editora, que nasceu justamente com este objetivo: chegar àqueles e àquelas a quem sempre foi negado o direito à literatura.

Escola Nacional Florestan Fernandes: 15 anos de intenso trabalho formativo

O nome de Florestan Fernandes está vinculado à vida e à luta pela continuidade da construção de uma sociedade socialista. No MST, ele é reconhecido e homenageado também nos nomes de acampamentos e assentamentos, turmas de formandos de cursos; evocado nas brigadas de trabalho e organização, nos núcleos de base e nas palavras de ordem que se repetem e popularizam, se perpetuam e imortalizam na memória, tais como *Florestan Fernandes, não dá pra esquecer, seu nome está presente no MST*! Nossa maior responsabilidade e compromisso com esse legado está materializada em nossa Escola Nacional Florestan Fernandes (ENFF), que busca incansavelmente manter viva a memória, a obra, a grandeza desse que para nós é um mestre, que ultrapassa as barreiras das salas de aulas.

A ENFF nasceu para contribuir na elevação das consciências, para contribuir pela libertação dos oprimidos e oprimidas. Todas as elaborações, convergências e divergências caminham para a libertação humana, caminham para a transformação social. O MST e a ENFF compreendem que a obra de Florestan ganha mais força quando estudada coletivamente; ela precisa ser socializada com aqueles e aquelas que fazem a luta por direitos, como ele sempre o fez. Um militante sociólogo que vai desvelando e nos revelando as nuances da luta de classes, Florestan Fernandes, dialoga com a militância de todos os continentes que estudam na ENFF. Neste espaço construído pela força coletiva e solidária, parte da classe trabalhadora organizada se reúne, em seus diferentes cursos e atividades, para discutir as questões sociais de forma autônoma, buscando na teoria revolucionária encontrar pistas para uma formação crítica, criativa e imaginativa que formule sobre as necessidades coletivas para a realização das mudanças sociais profundas.

Dialogamos com Florestan quando cuidamos da memória coletiva da classe trabalhadora como parte da resistência e do compromisso, quando buscamos em seu legado o pertencimento e a unidade com as demandas da classe. Conversamos com nosso mestre ao saber que temos que reescrever nossa história.

Nas paredes espessas de solo cimento da Escola de terra construída pelos Sem Terra, estão latentes o trabalho e os valores da solidariedade, do estudo e da luta. Estes são valores que buscamos resgatar diariamente neste que foi e continua sendo um educador e formador de gerações, e que transcende a sala de aula da escola e das universidades. Florestan está presente em todos os espaços coletivos e individuais da escola que leva seu nome, mas está também nas áreas de assentamentos e acampamentos que não se deixam cooptar e nem esmagar, lutando sempre.

Seu nome e seu legado são preservados em todos os aspectos da vida na ENFF, desde o trabalho, o estudo, a organicidade, a mística, a arte e cultura revolucionárias, aos valores socialistas e humanistas que compõem as bases pedagógicas da Escola. Nestes 15 anos de existência, já passaram pela ENFF cerca de 29.150 militantes que pertencem a 850 organizações dos cinco continentes. Também foram recebidas 650 crianças na ciranda infantil Saci Pererê, conforme dados aproximados que constam nos registros históricos e fazem parte desta luta.

São militantes que buscam na escola da classe trabalhadora a formação política que seja capaz de fortalecer e elevar os níveis de consciência de um povo em luta. Militantes com interesses específicos e coletivos, para desenvolver a consciência de classe e a autonomia política em seus espaços de atuação. Pessoas de diferentes gerações, que têm a tarefa de investigar sobre os dilemas sociais que a classe trabalhadora enfrenta e se organizar para transformá-los. Gente do povo, como Florestan, que estuda a teoria revolucionária e se organiza para transformar a realidade.

Florestan caminha conosco nas atividades antipatriarcais realizadas nas salas de aula, nos debates e reflexões coletivas sobre a articulação entre gênero, raça e classe, no combate a toda forma de opressão e no enfrentamento das contradições que cerceiam nossa prática militante. Sua contribuição teórica e prática inspira o pensamento crítico, sobretudo das novas gerações que ousam, com criatividade e muita luta, soprar outros ventos de esperança na transformação social, condenando de forma veemente um projeto de sociedade em que perdura a propriedade privada dos meios de produção.

Florestan produziu diversos ensinamentos: sua coerência e disciplina, solidariedade e humildade, entre tantos outros valores humanistas que soube viver e deixar como exemplo. Buscamos manter vivos e embalando nossos sonhos de transformação em todos os aspectos do cotidiano vivido na organicidade da escola que leva seu nome. Mantemos firme a defesa intransigente do socialismo. E a convicção que somente a luta de massas nos tirará das margens do capitalismo em que a burguesia relegou historicamente aos camponeses, como nos lembra Florestan.

Dialogamos com Florestan por meio dos textos lidos e refletidos em sala de aula, em grupos de estudos que são nossos núcleos de base; ele está conosco na convivência humanizada em nossa escola, nas pautas de lutas pela Reforma Agrária Popular, pela educação pública e de qualidade, na pauta de defesa do SUS, da saúde pública e de qualidade para todos e todas, nas nossas pautas da alimentação saudável na mesa da classe trabalhadora. Florestan nos acompanha nos momentos de trabalhos realizados pelos educandos e educandas como momento de compromisso com a escola e com os valores socialistas e humanistas. Caminha conosco na construção de uma sociedade antirracista e antipatriarcal.

Florestan nos acompanha com suas ferramentas de trabalho, o papel e a caneta, para desvendar as contradições da luta de classes. Registrando nossa memória com seus enormes óculos da sabedoria, do compromisso, da humildade e capacidade de se manter firme junto à sua classe de origem.

Florestan é, com certeza, nosso reitor, nosso patrono, que está marcado em cada tijolo construído pelas mãos dos de baixo, daqueles e daquelas que a classe dominante tenta deixar às margens. Mas que ousaram se levantar e organizar um movimento social que completa, no ano de 2021, seus 37 anos e, nesta história, construiu uma escola que neste mesmo ano completa seus 16 anos de existência. Os passos e ensinamentos desse reitor estão na nossa forma organizativa, no nosso método de condução, que possibilita a democracia plena, com a participação de todos e todas.

Florestan, nos acompanha e renasce a cada manhã que iniciamos o dia com o mistério da vida, da luta e da utopia através de nossas místicas. Ele está ali, no olhar de cada jovem, criança, mulheres e homens de diferentes gerações, que lutam diariamente para combater o embrutecimento humano condicionado pelo sistema capitalista. Continua vivo no combate à dominação burguesa, aos valores burgueses impostos pela sociedade vigente.

O sonho de Florestan segue pulsando em nossas memórias e embalando nossa esperança, nossa resistência, nossos valores humanistas e socialistas. A ENFF não obedece a formas abstratas; ela é nosso espaço de formação humana, educação voltada à autoemancipação da classe trabalhadora, assim como viveu e lutou Florestan. A escola da classe trabalhadora se mantém firme e dialogando com Florestan no propósito de desenvolver consciências críticas, afirmadoras do futuro por meio da luta política, da formação e da conquista do poder pelos trabalhadores e trabalhadoras – a formação de quadros políticos com capacidade criativa e com imaginação de qualidade, como nos inspira Florestan. Nas palavras de Heloisa Fernandes (2009, p. 104),

> A Escola Nacional é um marco na história da sociedade brasileira. Através dela, uma 'gigantesca franja de excluídos' (Loureiro, 2005), que se auto-organizaram para lutar pela terra, pela educação e pela justiça, estão mobilizados pelo projeto de formar os seus próprios intelectuais. Decidiram superar o que Florestan chamou de acefalização.

Como nos disse Guimarães Rosa: "*As pessoas não morrem, elas ficam encantadas*". Temos a certeza de que assim Florestan está em nossa escola de formação de quadros, nos convocando a manter viva a chama do socialismo, nos convocando a continuar organizando, formando e desencadeando lutas táticas e estratégias que façam avançar o processo da revolução socialista.

Mantemos Florestan como nosso interlocutor, nosso companheiro que permanece encantado nos nossos atos, nas nossas práticas de luta, nos nossos acampamentos e assentamentos, nas nossas escolas, no nosso cotidiano, buscando sempre nos tornarmos seres humanos melhores, elevando nosso conhecimento, nossas consciências e nossos sentidos humanos.

Que a obra de Florestan continue a atormentar as classes dominantes porque ela está sendo incorporada às nossas organizações e às nossas lutas, e porque é assim que ela se mantém viva e desafiadora. A maneira de garantir a vitalidade, a atualidade, o vigor das ideias e das práticas políticas e teóricas de Florestan, é materializando-as em nossos estudos, em nossas organizações autônomas e nas lutas concretas pela emancipação humana.

Referências

FERNANDES, Florestan. *Movimento socialista e partidos políticos*. São Paulo: Hucitec, 1980a.

FERNANDES, Florestan. *A sociologia no Brasil*. Petrópolis: Vozes, 1980b.

FERNANDES, Florestan. *O que é revolução*. São Paulo: Abril Cultural, 1984.

FERNANDES, Florestan. A formação política e o trabalho do professor. *In*: *Universidade, escola e formação de professores*. São Paulo: Brasiliense, 1987.

FERNANDES, Florestan. *O desafio educacional*. São Paulo: Cortez, 1989.

FERNANDES, Florestan. Entrevista. *Programa Roda Viva* (TV Cultura), 1994. Disponível em: https://www.youtube.com/watch?v=MQe35fx66lU. Acesso em: 18 jun. 2021.

FERNANDES, Florestan. *A contestação necessária*: retratos intelectuais de inconformistas e revolucionários. São Paulo: Ática, 1995.

FERNANDES, Florestan. O que é revolução. *In*: PRADO JR., Caio; FERNANDES, Florestan. *Clássicos sobre a revolução brasileira*. São Paulo: Expressão Popular, 2000.

FERNANDES, Florestan. *A integração do negro na sociedade de classes*. v. I. Ensaio de Interpretação Sociológica. 5. ed. São Paulo: Globo, 2008.

FERNANDES, Florestan. *Nós e o marxismo*. São Paulo: Expressão Popular, 2009.

FERNANDES, Florestan. *O significado do protesto negro*. São Paulo: Expressão Popular, 2017.

FERNANDES, Florestan. Entrevista. *In*: VENCESLAU, Paulo de Tarso. Florestan superou as dificuldades da origem humilde e se tornou um dos intelectuais mais respeitados do País. *Teoria e Debate*, ed. 13, 20 jan. 1991. Disponível em: https://teoriaedebate.org.br/1991/01/20/florestan-fernandes/. Acesso em: 18 jun. 2021.

FERNANDES, Heloisa. Rumo a uma nova sociedade. *In*: *A política de formação de quadros* (Cadernos da ENFF, n. 1). São Paulo: ENFF, 2009.

IANNI, Otávio. *Florestan Fernandes*: Sociologia crítica e militante. São Paulo: Expressão Popular, 2004.

APÊNDICE: PARA CONHECER MELHOR O LEGADO TEÓRICO E POLÍTICO DE FLORESTAN FERNANDES – UM ROTEIRO DE ESTUDO

Partindo da experiência que viemos desenvolvendo no âmbito dos estudos e/ou cursos de formação acerca do legado teórico e político do Florestan Fernandes na ENFF, buscamos construir um roteiro, uma espécie de programa de estudos. Sabemos que, dada a vasta e abrangente obra do autor, torna-se difícil organizar um estudo que possa abarcar a magnitude das suas elaborações teóricas e políticas. Cientes dessa condição, decidimos apresentar o roteiro que segue. Sua forma de organização não é aleatória. Pretende-se um estudo mais amplo e profundo que exige dos interessados um esforço de leitura, de análise, de apreensão das principais categorias em sua relação crítica e criadora, durante um bom período de tempo. Por isso, vai exigir persistência e paciência.

Optamos por tratar das "temáticas" enfrentadas por Florestan, para que possamos compreender seu pensamento e refletir em direção à compreensão da realidade atual, buscando sua transformação revolucionária. Assim, para se entender o pensamento de um dos maiores intérpretes do Brasil, teremos que ter muita disciplina com os estudos, com a pesquisa, com a ciência. Esse é o convite: deixar que Florestan Fernandes nos conduza por esses caminhos, pela teimosa e necessária tenacidade com os estudos.

O roteiro aqui proposto pretende: a) propiciar aos interessados, através do acesso direto aos textos de Florestan, um conhecimento sistemático de seu pensamento, aberto à problematização e à reflexão crítica; b) possibilitar a apreensão da dinâmica de seu pensamento, seguindo uma abordagem dos grandes temas estudados por Florestan – temas que continuam atuais, em novos patamares de complexidade, e que deverão ser decifrados por nossa geração; c) contribuir com a formação de militantes com domínio do seu pensamento e obra para que possam atuar em outros espaços de formação, em cursos de militantes e escolas; d) Conhecer, com mais profundidade, a realidade da luta de classes em nosso país e contribuir com os processos organizativos, formativos e de lutas dos trabalhadores no contexto atual de crises.

Na sequência, apresentamos as temáticas com uma ementa acompanhada de indicações de obras do autor, bem como indicação de documentários, entrevistas ou aula pública que possa enriquecer as abordagens. Trata-se de um roteiro, portanto, está aberto a novas incorporações e ajustes que se fizerem necessários.

Entendemos que estudar a obra do Florestan é um grande desafio, mas também uma necessidade emergente para aqueles que alimentam e lutam por uma sociedade emancipada que, necessariamente, terá que ser *partejada* no processo da revolução brasileira. Como disse Florestan, a revolução não é uma palavra de ordem, mas, uma realidade histórica que nos convoca na atualidade: socialismo ou barbárie!

Desejamos persistência, entusiasmo, disciplina, coletividade e profícuas interpretações acompanhados do mestre Florestan Fernandes e do seu espírito rigoroso, combativo e coerente com as aspirações revolucionárias e socialistas que devem ser assumidas e levadas adiante pela classe trabalhadora.

Primeira Temática: Vida e Obra de Florestan Fernandes

Ementa: Conhecer sua origem, as dificuldades da sua vida, as barreiras que ultrapassou, sua formação e compreender as bases teóricas da obra do Florestan na sua relação com o pensamento sociológico clássico e com o pensamento crítico brasileiro. Quem é Florestan Fernandes?

Sugestão de textos:

a) FERNANDES, Florestan. Em busca de uma sociologia crítica e militante (A formação) – Capítulo 8, [p. 142-212]. *In*: *A sociologia no Brasil*: Contribuição para o estudo de sua formação e desenvolvimento. 2. ed. Petrópolis: Vozes, 1980.
b) CERQUEIRA, Laurez. *Florestan*: Vida e obra. São Paulo: Expressão Popular, 2004.
c) FERNANDES, Heloisa. Florestan Fernandes, um sociólogo socialista [p. 9-35]. *In*: Dominación y desigualdad: el dilema social latinoamericano. Bogotá: Siglo del Hombre Editores y CLACSO, 2008. Localizar em: http://biblioteca.clacso.edu.ar/clacso/se/20100830102416/fernandes.pdf.

Sugestão de documentários:

a) *Florestan Fernandes: o mestre.* É um documentário produzido pela TV Câmara que presta uma homenagem a Florestan: sua trajetória política, sua contribuição teórica. O documentário recebeu em 2004 o prêmio Vladimir Herzog, a mais importante premiação jornalística da área de direitos humanos do país. Disponível em: https://www.youtube.com/watch?v=jB3TDIv4POk.
b) *Pensando a Realidade Brasileira – Florestan Fernandes:* é um bom documentário em que traz um panorama geral da vida e do legado teórico e político de Florestan Fernandes. Disponível em: https://www.youtube.com/watch?v=YmInJnZVRaY.
c) Florestan Fernandes – vários pequenos vídeos, depoimentos sobre a vida de Florestan e seu legado (Antonio Candido, FHC...) Disponíveis em: https://www.youtube.com/watch?v=1ku80sIm_zk; https://www.youtube.com/watch? v=6sn0FwQKi1k; https://www.youtube.com/watch? v=AmDfuadOWkI; (importante depoimento de Antonio Candido feito na ENFF); https://www.youtube.com/watch?v=CsOt2mxMto0.

Segunda Temática: relações entre classe e raça – Sociologia e militância política

Ementa: Compreender a elaboração teórica do Florestan acerca da problemática racial e realçar as raízes da formulação do seu método de pesquisa e de interpretação da sociedade brasileira. A partir destas pesquisas, Florestan postula a necessidade de uma Segunda Abolição, agora sim, para valer, pois, "o que está em questão não é a redenção do negro. É a redenção do homem", que deverá ser conquistada a duras penas, graças à luta política.

Sugestão de textos:

a) FERNANDES, Florestan. *Brancos e negros em São Paulo.* Em colaboração com Roger Bastide. São Paulo: Editora Nacional, 1959. Disponível em: https://bdor.sibi.ufrj.br/bitstream/doc /353/1/305%20 PDF%20-%20OCR% 20-%20RED.pdf
b) FERNANDES, Florestan. *A integração do negro na sociedade de classes.* São Paulo: Contracorrente, 2021.
c) FERNANDES, Florestan. A persistência do passado, [p. 104-130]. *In*: *O negro no mundo dos brancos.* 2. ed. revista – São Paulo: Global, 2007 (escritos entre 1965 e 1969, publicados em 1972).
d) FERNANDES, Florestan. Luta de raças e de classes, [p. 77-87]. *In*: *O significado do protesto negro.* São Paulo: Expressão Popular, 2017.

Sugestão de documentários:

a) *Florestan Fernandes – A integração do negro na sociedade de classes.* É uma introdução a esta importante obra de cunho sociológico por meio de uma aula de 6 min.
Disponível em: https://www.youtube.com/watch? v=1hve89CscFI
b) *Florestan Fernandes | Sociologia Brasileira – Brasil Escola*
Disponível em: https://www.youtube.com/watch?v=C-L8yAKTF8g

Terceira Temática: a sociologia de Florestan Fernandes e um novo estilo de pensar a realidade social tendo em vista a sua transformação – A "sociologia crítica e militante"

Ementa: estudar a interpretação de Florestan sobre "o já pensado" na sociologia brasileira. Compreender o método, a maneira de pensar de Florestan e sua contribuição para a constituição da Sociologia como ciência, relacionando pensamento crítico e história; a criação da Sociologia crítica e uma nova forma de interpretar o Brasil e de compreender a Sociologia a serviço da luta de classes na perspectiva dos trabalhadores.

Sugestão de textos:

a) FERNANDES, Florestan. *Fundamentos empíricos da explicação sociológica*. 2. ed. São Paulo: Editora Nacional, 1972.
b) FERNANDES, Florestan. *A sociologia no Brasil*: contribuição para o estudo de sua formação e desenvolvimento. Petrópolis: Vozes, 1980.
c) FERNANDES, Florestan. *A natureza sociológica da sociologia*. São Paulo: Ática, 1980.
d) IANNI, Otávio (org.). *Florestan Fernandes*: sociologia crítica e militante. São Paulo: Expressão Popular, 2004.

Sugestão de documentário

Palestra sobre o pensamento de Florestan Fernandes com Mirian Limoeiro Cardoso.

Disponível em: https://www.youtube.com/watch?v=NjGVnOZrlfc

Quarta Temática: capitalismo dependente, classes sociais, mudança social e democracia

Ementa: Estudar a forma específica de integração do Brasil no desenvolvimento do sistema capitalista internacional. Em decorrência desse processo, analisar a formação/construção das classes, bem como a estrutura e o desenvolvimento da luta de classes no Brasil. Entender o processo de formação e comportamento das classes dominantes e da burguesia brasileira, bem como o processo de formação e debilidades das classes trabalhadoras e da classe operária no Brasil. Entender o padrão de dominação burguesa e o controle dos processos de mudança social numa sociedade capitalista subordinada e dependente do imperialismo.

Sugestão de textos:

a) FERNANDES, Florestan. *Mudanças sociais no Brasil*: aspectos do desenvolvimento da sociedade brasileira. 3. ed. São Paulo: Difel, 1979.
b) FERNANDES, Florestan. *Capitalismo dependente e classes sociais na América Latina*. São Paulo: Global Editora, 2009.
c) FERNANDES, Florestan. *As classes sociais na América Latina*. Rio de Janeiro: Paz e Terra, 1977.
d) FERNANDES, Florestan. *Nós e o marxismo*. São Paulo: Expressão Popular, 2009.

Sugestão de documentários

Programa Roda Viva de 1994. Nesses vídeos, Florestan Fernandes fala criticamente em relação ao governo de FHC e o programa de reformas neoliberais; o papel das organizações na sociedade civil; o monopólio dos meios de comunicação; o papel da USP e dos intelectuais; o crescimento da barbárie social. Disponível em:

Parte I – https://www.youtube.com/watch?v=NUsXjka4BPI;
Parte II – https://www.youtube.com/watch?v=dF6yzQQzTsU;
Parte III – https://www.youtube.com/watch?v=yXXPj9MSlYU;
Parte IV – https://www.youtube.com/watch?v=znnRfZkMzrs.

Quinta Temática: o dilema educacional no Brasil – "Feita a revolução nas escolas o povo a fará nas ruas"

Ementa: Estudar o pensamento do Florestan acerca da problemática educacional no Brasil. Suas concepções, análises e proposições dotando a educação de uma extraordinária importância no processo de emancipação humana. A universidade brasileira: sua crise, seu caráter de classe e as lutas que devem estar contidas no seu interior na perspectiva dos avanços possíveis na "revolução dentro da ordem". A revolução educacional como ponto de partida para outros tipos de revoluções.

Sugestão de textos:

a) FERNANDES, Florestan. *Universidade Brasileira: reforma ou revolução?* São Paulo: Expressão Popular, 2020.
b) FERNANDES, Florestan. *O desafio educacional*. São Paulo: Expressão Popular, 2020.

c) FERNANDES, Florestan. Reforma Educacional: a contribuição de Fernando de Azevedo. In: *A contestação necessária: retratos intelectuais de inconformistas e revolucionários* (p. 179-195). São Paulo: Ática, 1995.
d) Artigos e elaborações no bojo da constituinte e como membro da Comissão de Educação.

Sugestão de documentários

Aula Pública: O que a vida de Florestan Fernandes nos ensina sobre o direito à educação? É uma aula pública com Haroldo Ceravolo Sereza – Doutor em letras pela USP, jornalista e autor do livro *Florestan, a Inteligência Militante.*

Disponível em https://www.youtube.com/watch?v=ta89wV7MpRU

Sexta Temática: a problemática da revolução: revolução burguesa e contrarrevolução

Ementa: Analisar a obra do Florestan acerca da sua interpretação da Revolução Burguesa no Brasil, que fecha suas possibilidades com a contrarrevolução de 1964. Aprofundar o significado do pacto histórico de classes firmado pelas elites em torno da contrarrevolução; pacto que, de certa maneira, se manteve na nova república prolongando-se com novas roupagens até a atualidade.

Sugestão de textos:

a) FERNANDES, Florestan. *A revolução burguesa no Brasil*: ensaio de interpretação sociológica. São Paulo: Contracorrente, 2020. (parte terceira)
b) FERNANDES, Florestan. *Circuito fechado*: quatro ensaios sobre o "Poder Institucional". 2. ed. São Paulo: Hucitec, 1979.
c) FERNANDES, Florestan. *Apontamentos sobre a "teoria do autoritarismo"*. São Paulo: Expressão Popular, 2019.
d) FERNANDES, Florestan. *Brasil*: em compasso de espera. Rio de Janeiro: Edufrj, 2011.
e) FERNANDES, Florestan. *A ditadura em questão*. 2. ed. São Paulo: T. A. Queiroz, 1982.
f) FERNANDES, Florestan. *A transição prolongada*: o período pós-constitucional. São Paulo: Cortez, 1990.

Sugestão de documentários

a) *Florestan Fernandes e a revolução brasileira*, palestra com Roberto Leher. Disponível em https://www.youtube.com/watch?v=QjkXa53VTXA
b) Painel *"A revolução burguesa no Brasil em questão?"* – Plínio de Arruda Sampaio Jr. faz uma análise sobre os limites da burguesia brasileira num capitalismo dependente pela ótica de Florestan Fernandes. Disponível em https://www.youtube.com/watch?v=p QQiwqbySog

Sétima Temática: revolução "dentro" e "contra" a ordem – a revolução brasileira, a revolução socialista

Ementa: Discutir a concepção de revolução em Florestan, o caráter da revolução brasileira e seu horizonte socialista. A dialética revolução "dentro da ordem" e revolução "contra a ordem", como táticas de um mesmo processo revolucionário. Os sujeitos da revolução e a importância da construção de organizações autônomas, revolucionárias, com táticas e estratégias adequadas à situação estrutural da sociedade brasileira. Desafios atuais para a esquerda brasileira, do ponto de vista organizativo, teórico e da luta de classes em geral.

Sugestão de textos:

a) FERNANDES, Florestan. *Movimento socialista e partidos políticos.* São Paulo: Expressão Popular, 2021.
b) FERNANDES, Florestan. *O que é revolução.* São Paulo: Expressão Popular, 2018.
c) FERNANDES, Florestan. Reflexões sobre as "Revoluções Interrompidas" (uma rotação de perspectivas, 1981). In: *Poder e contrapoder na América Latina.* São Paulo: Expressão Popular, 2015.
d) FERNANDES, Florestan. *Em busca do socialismo.* São Paulo: Xamã, 1995.
e) FERNANDES, Florestan. *Marx, Engels e Lenin*: a história em processo. [1978, 1983]. São Paulo: Expressão Popular, 2012.

Oitava temática: Florestan Fernandes e a América Latina

Aprofundar os principais elementos indicados por Florestan acerca dos padrões de dominação externa na América Latina, ou seja, da dinâmica histórica que forjou a dependência da região na sua inserção no mercado mundial capitalista, em contra face ao imperialismo. Analisar a formação histórica da América Latina, seus dilemas, impasses e possibilidades forjadas pela luta dos trabalhadores. Debater acerca de fenômenos políticos como o fascismo, neofascismo, o autoritarismo, as guerrilhas e outros processos que decorrem da forma específica do capitalismo dependente na região. Compreender o "tipo" de imperialismo sob a hegemonia dos Estados Unidos e os dilemas latino-americanos. Compreender a função das classes sociais no continente, a dificuldade de conceituá-las sob a dinâmica do capitalismo dependente e suas relações com o poder.

Sugestão de textos:

a) FERNANDES, Florestan. Poder e contra poder na América Latina. Expressão Popular, São Paulo, 2019.

b) FERNANDES. Capitalismo dependente e classes sociais na América Latina. Global Editora, 4ª ed. São Paulo, 2009.

c) FERNANDES. Da guerrilha ao Socialismo. Expressão Popular, São Paulo, 2007.

d) FERNANDES. Apresentação ao Que fazer? In: LENIN, V.I. *Que Fazer? Questões candentes do nosso movimento.* Expressão Popular, 2010, p. 277-288

Este livro foi composto com tipografia Garamond Pro e
impresso em papel lux cream 60g na gráfica Paym, para a
Editora Expressão Popular, em agosto de 2021.